C·H·Beck
PAPERBACK

Eva Gruberová
Helmut Zeller

Taxi am Shabbat

Eine Reise zu den
letzten Juden Osteuropas

C.H.Beck

Mit 19 Abbildungen und einer Karte
© Peter Palm, Berlin

Originalausgabe
© Verlag C.H.Beck oHG, München 2017
Satz, Druck und Bindung: Druckerei C.H.Beck, Nördlingen
Umschlaggestaltung: Geviert, Grafik und Typografie, Michaela Kneißl
unter Verwendung eines Fotos von David Turnley/Corbis/gettyimages
Printed in Germany
ISBN 978 3 406 71297 5

www.beck.de

Inhalt

Vorwort

«Für den Westen waren wir nach der politischen Wende unsichtbar, bestenfalls stellte man sich uns als tanzende Chassiden vor.» Der tschechische Landesrabbiner Karol Sidon, ein ehemaliger Dissident, kennt nur zu gut die Klischees und Vorurteile, die osteuropäischen Juden noch heute, ein Vierteljahrhundert nach der Wende, begegnen. Auf unseren Reisen nach Ungarn, Tschechien, Polen, Litauen, Weißrussland, in die Slowakei und die Ukraine wollten wir die Schicksale der Menschen in Erfahrung bringen, die den Holocaust überlebt hatten, nach ihrer Rückkehr aus den Lagern aber unerwünscht waren und erneut litten: Ihr Eigentum hatten sich andere angeeignet, von kommunistischen Regimen wurden sie verfolgt und zur Assimilation gezwungen. Vielerorts mussten Überlebende wieder um ihr Leben fürchten, allein in Polen kamen bei Pogromen nach 1945 etwa 1500 Juden ums Leben. Als Reaktion darauf änderten viele ihre Namen, wendeten sich vom Glauben ab, heirateten Nichtjuden und verschwiegen ihre jüdische Herkunft. Der Niedergang der kommunistischen Regime brachte eine Wende, doch die Rückbesinnung auf die eigene Tradition und Geschichte fällt schwer. Erst jetzt entdeckten viele junge Osteuropäer ihre jüdischen Wurzeln, so manchen stürzte das in eine Identitätskrise. Für den Rabbiner Karol Sidon liegt die Zukunft des Judentums in Osteuropa in der Orthodoxie. Dagegen spielen etwa in Krakau die halachischen Gebote keine so große Rolle mehr. Nichtjüdische Mitglieder sind willkommen, gerade auch in kleineren Städten mit ihren überalterten Gemeinden. Die Alten fahren mit dem Taxi vom Shabbat-Abendessen im Jüdischen Gemeindezentrum JCC – der Fußweg wäre unzumutbar – zu ihren Wohnungen am Stadtrand. Manche Beobachter sprechen von einem virtuellen Judentum, kritisieren auch die Kommerzialisierung des jüdischen Erbes. Aber hinter all dem «jüdischen Kitsch», der in Städten wie Prag oder

Krakau angeboten wird, gibt es ein wirkliches jüdisches Leben. Wir haben den Aufbruch gesehen: in Krakau, Budapest, Prag, Kiew oder Odessa. Wird es aber so bleiben? Viele Junge sehen ihre Zukunft aus wirtschaftlichen Gründen und auch wegen der zunehmenden Judenfeindlichkeit eher in den USA oder in Israel. Von einer Renaissance des jüdischen Lebens, wie vielerorts behauptet, würden wir deshalb nur bedingt sprechen.

Unsere Reisen führten uns in eine durch den nationalsozialistischen Massenmord verloren gegangene Welt, das einstige Herzland der jüdischen Diaspora in Europa. 80 Prozent der heutigen Juden haben ihre Wurzeln in Ostmitteleuropa. Heute leben in den postkommunistischen Ländern nur noch ungefähr drei bis vier Prozent der weltweit insgesamt 14,2 Millionen Juden. Wie sehen sie sich, welche Zukunft erhoffen sie sich? Viel hängt davon ab, ob die jüdische Geschichte den ihr zustehenden Platz in den nationalen Erinnerungskulturen einnehmen wird. Danach sieht es nicht aus: In den postkommunistischen Staaten, die um ihre Selbstbestimmung und Identität ringen, erstarken nationalistische, fremdenfeindliche und antisemitische Bewegungen. Ein Opferstreit trübt den Blick auf die schmerzvolle Geschichte: Die ethnischen Mehrheitsgesellschaften stellen ihr Leid im 20. Jahrhundert über das der Juden, Diskussionen über die Kollaboration mit den Deutschen und die Beteiligung nicht weniger Ukrainer, Slowaken, Polen oder Ungarn am Holocaust lösen eine starke emotionale Abwehr aus. Wer hätte gedacht, dass 26 Jahre nach der wieder gewonnenen Freiheit ins slowakische Parlament eine rechtsextreme antisemitische Partei einzieht, oder dass der Westukrainer Stepan Bandera, dessen Organisation der Ukrainischen Nationalisten am Judenmord beteiligt war, zum Nationalhelden erklärt wird. Die hoch betagten Holocaust-Überlebenden im Altenheim Ohel David in Bratislava fragen sich ängstlich, ob es wieder einmal so weit ist? Erneut werden «die Juden» in einem Atemzug mit den kommunistischen Verbrechen genannt, womit man ihnen unterstellen will, sie selbst hätten Schuld am Holocaust gehabt. Seit den 1990er Jahren gibt es Versuche, den Genozid zu verharmlosen und zu relativieren. In das Europa des noch jungen 21. Jahrhunderts ist der Hass zurückgekehrt, im Westen gar mit tödlichen Anschlägen auf Juden. 2016 beklagte der Europarat einen schwelenden Antisemitismus, vor allem in osteuropäischen EU-Ländern. Doch Brüssel reagiert nicht. Diese Entwicklung gefährdet die viel beschworene demokratische Wertegemeinschaft in ihrem Kern. Um kein Missverständnis aufkommen zu lassen: Der Holocaust wurde von Deutschland geplant und systematisch ausgeführt. Osteuropa hat jedoch seine eigene mörderische Vergangenheit, der es sich stellen muss, fordert der Historiker Jan T. Gross. Deutschland hat dazu Jahrzehnte gebraucht. Ob das ohne Anstöße von außen geschehen wäre, ist fraglich.

Wir sprachen mit Holocaust-Überlebenden, Rabbinern, Vertretern der jüdischen Gemeinden, jüdischen Intellektuellen und Studenten, Arbeitern und Rentnern. Für uns als Journalisten stehen die einzelnen Menschen im Vordergrund, ihre Schicksale betten wir in die Mikrogeschichten der Regionen ein, in denen sie heute leben. All unseren Gesprächspartnern, die uns ihr Vertrauen schenkten, möchten wir an erster Stelle danken. Für Rat und Hilfe danken wir Dr. Júlia Vajda, Ágnes Böhm, Prof. Ágnes Heller und Stefan Hajdu (Budapest), Dr. Boris Zabarko (Kiew), Roman Schwarcman (Odessa), Pavel Rubín und Milan Augustín (Karlsbad), Birgit Matuscheck-Labitzke und Katalin Szegö (München) sowie Jana Šplíchalová (Prag). Für aufklärende Gespräche danken wir zwei ehemaligen Botschaftern in Weißrussland: Yosef Shagal (Israel) und Miroslav Mojžita (Slowakei). Wir danken dem IBB «Johannes Rau» Minsk für seine Unterstützung. Unser großer Dank gilt unserer Lektorin, Dr. Christine Zeile. Sie hat uns über alle Hindernisse hinweg begleitet und fachlich wie menschlich in bester Weise betreut. Dem Verlag C.H.Beck danken wir für die Aufnahme ins Programm, dem Programmleiter des Bereichs C.H.Beck Paperback, Dr. Sebastian Ullrich, für seine Unterstützung, ebenso Carola Samlowsky für die kritische Durchsicht des Manuskripts. Danken möchten wir auch der Robert Bosch Stiftung (und dem Literarischen Colloquium in Berlin), die die Arbeit an diesem Buch im Rahmen des Programms «Grenzgänger» großzügig gefördert hat, ebenso der Stiftung *die schwelle* in Bremen und der Ursula Lachnit-Fixson Stiftung in Berlin.

Tschechien

«Ich hatte keine Ahnung,
dass es irgendwo eine Synagoge gibt»

Der lange Weg von «zionistischen Provokateuren»
zu respektierten jüdischen Gemeindemitgliedern

Jüdisches Rathaus in der Maiselgasse in Prag

S eit gut zwanzig Minuten bahnt sich die Tram 18 schon ihren Weg durch die verstopften Prager Straßen. Dann hält sie an der Haltestelle «Zentrales Militärkrankenhaus» im Villenviertel Střešovice. Im vierten Stock eines seitlich gelegenen Pavillons klebt an der Tür die Aufschrift «Abteilung für Kriegsveteranen». Eine alte Frau mit Brille und prüfendem Blick öffnet die Tür. «Miloš wartet schon», sagt sie. Ihr Lebensgefährte bekommt gerade seine tägliche Insulinspritze und scherzt gut gelaunt mit der jungen Krankenschwester. Miloš Kocman wirkt gebrechlich, aber sein Gedächtnis und seine geistige Frische sind beeindruckend. «Kennen Sie den Unterschied zwischen der Gestapo und dem kommunistischen Geheimdienst?», fragt der 91-Jährige und grinst erwartungsvoll. Die Antwort gibt er gleich selbst. «Die Gestapo wollte von den Menschen die Wahrheit wissen. Der kommunistische Geheimdienst zwang sie, auch das zuzugeben, was sie nicht getan hatten.» Miloš Kocman hat beides erfahren. Er war 21, als ihn zwei Gestapo-Männer an seinem Arbeitsplatz in der Prager Rüstungsfirma Avia verhafteten und in ihre Zentrale im Petschek-Palais brachten. In der berüchtigten Abteilung 400, dem Referat zur Bekämpfung des Kommunismus, band man ihm Hände und Füße zusammen. Sie wollten Namen. Die Schläge prasselten auf seinen Hintern. Der Schmerz war nicht auszuhalten. «Miloš Lederer!», schrie er. Er log nicht, allerdings war sein Freund zu diesem Zeitpunkt bereits tot. «Es ging darum, Zeit zu gewinnen. Verstehen Sie?»

Prag, vielfach umkämpft

Am 15. März 1939, kurz vor neun Uhr, rumpelten über die verschneiten Prager Straßen die ersten deutschen Panzer. Am Abend war die Stadt besetzt. Miloš Kocman, Sohn einer bitterarmen Familie, schloss sich kurz nach der Errichtung des «Protektorats» dem kommunistischen Widerstand an. Als Anführer einer fünfköpfigen Gruppe von jungen Gymnasiasten gab er die verbotene Parteizeitung «Rotes Recht» heraus. Am Morgen des 27. Mai 1942 griffen in der Nähe einer Straßenbahnhaltestelle im Prager Vorort Libeň zwei tschechoslowakische Fallschirmspringer den dunkelgrünen Mercedes des stellvertretenden Reichsprotektors Reinhard Heydrich an. Einige Tage später starb der SS-Obergruppenführer an den Folgen seiner Verletzungen. 1300 Menschen wurden in einem Racheakt ermordet, zwei tschechische Dörfer, Lidice und Ležáky, dem Erdboden gleichgemacht, die männlichen Dorfbewohner über 16 erschossen, Frauen und Kinder in die Konzentrationslager deportiert. Ein Jahr später wurde Miloš Kocman verhaftet. Neun Monate verbrachte der junge Kommunist im Prager Gefängnis Pankrác, bevor ihn die Gestapo in die Kleine Festung nach Theresienstadt verlegen ließ. Da er perfekt Deutsch sprach, arbeitete er in der SS-Kantine. Niemand ahnte, wer der junge Mann war, der die Offiziere bediente. «Wie kommen Sie darauf!», spielte er den Empörten, wenn man ihn fragte, ob seine Mutter etwa eine Jüdin sei. Ihr Mädchenname war Elsner, das klang verdächtig. Damals ahnte er nicht, dass er es ihr zu verdanken hatte, noch am Leben zu sein. Als Angestellte der Prager jüdischen Gemeinde hatte sie seinen Namen aus der Kartei entfernt. Ende 1944, nach mehreren Gestapo-Verhören und Gefängnissen, wurde Miloš Kocman in die Haftanstalt des Oberlandesgerichts nach Dresden überstellt. Die Anklage lautete auf Hochverrat. Er wäre hingerichtet worden – wenn auf Dresden in der Nacht auf den 15. Februar 1945 nicht alliierte Bomben gefallen wären. Im Feuerinferno gelang ihm die Flucht.

Es duftete nach Flieder, als er am 9. Mai 1945 über das zerstörte Kopfsteinpflaster Prags ging. Um Geld zu verdienen, meldete er sich als Lehrer für das entvölkerte Grenzgebiet, studierte extern Jura und schaffte in nur drei Jahren das Staatsexamen. Mit der kommunistischen Machtübernahme im Februar 1948 ging für ihn ein Lebenstraum in Erfüllung. Nach dem schrecklichen Krieg war der Sozialismus doch das Beste, was den Menschen passieren konnte, davon war er überzeugt. Seine Herkunft aus der Arbeiterklasse, die frühe Parteizugehörigkeit, sein Widerstand während des Protektorats machten aus ihm einen zuverlässigen Parteigenossen und katapultierten ihn direkt ins Zentrum des neuen Staatssicherheitsapparates. Er fing bei der Spionageabwehr an, wollte nach Nazi-Kollaborateuren suchen und sie vor Gericht bringen. Schon bald musste er aber feststellen,

Miloš Kocman zeigt ein Plakat, mit dem er am
17.11.1989 gegen das Regime protestiert hatte.

dass der Geheimdienst ganz andere Ziele verfolgte: «Man wollte sie
enttarnen und für die Mitarbeit gewinnen.» Enttäuscht wechselte er
in eine andere Abteilung, analysierte von nun an Verhörprotokolle
und beriet Ermittler. Mit den Ausreden der Verhörten kannte er sich
bestens aus, hatte er sie als Opfer in Gestapo-Verhören doch selbst
verwendet. Mit Beginn des Kalten Krieges unterwanderten Nachrich-
tendienste in Ost und West ihre jeweiligen Gegner. Es gab Doppel-
agenten, im Land tummelten sich auch einige Ex-Nazis, angeheuert
vom amerikanischen Geheimdienst. Miloš Kocman deckte ihre Netz-
werke auf. «Gute Erkenntnisse lieferte uns damals die Aktion Grenz-
stein», erzählt er stolz von einer der umstrittensten Aktionen des frühen tschechoslowakischen Geheimdienstes. Getarnte Agenten boten
Republikgegnern und Ausreisewilligen an, dass sie sie sicher über die
grüne Grenze nach Westdeutschland bringen würden. An einer eigens
erbauten Grenzanlage warteten auf sie englischsprachige Mitarbeiter
der Staatssicherheit in Uniformen des US-Militärgeheimdienstes
CIC. Die nichtsahnenden Flüchtlinge, die sich im Westen wähnten,
erzählten bereitwillig über ihre Tätigkeit und gaben Kontaktpersonen
preis. Erst vor einigen Jahren begann in Tschechien die historische
Aufarbeitung der heimtückischen Aktion, die zwischen 1948 und 1951
Dutzende Menschen in kommunistische Gefängnisse gebracht hatte.

Miloš Kocman findet daran nichts Verwerfliches. «Es waren Bewaffnete und Spione dabei, die uns schaden wollten», wehrt er sich beleidigt. Aber die Menschen wollten doch nur Freiheit? «Das waren nur wenige.» Miloš Kocman hatte das Leid der deutschen Okkupation selbst erfahren und kein Verständnis für Gegner der neuen Gesellschaftsordnung. Er wollte ein guter Kommunist sein. Sein Glaube an eine gerechte Gesellschaft ohne Klassenunterschiede war unerschütterlich. Erst spät merkte er, dass Kriegsgewinnler, Gauner und Bürokraten nur auf ihre Karriere aus waren.

Der Angeklagte bittet um die Todesstrafe

Seit 1949 geriet der tschechoslowakische Geheimdienst zunehmend unter die Kontrolle des KGB. Die Agenten aus Moskau sollten «bourgeoise Elemente» und Tito-Anhänger entlarven und aus der Partei sowie Staatsämtern entfernen. Ins Fadenkreuz gerieten Kommunisten, die während des Krieges im Exil oder in den Lagern waren, sowie Juden in hohen Parteipositionen. Sie galten als Zionisten und Spione des Westens. Als wichtiges Instrument der sowjetischen Macht in den Satellitenstaaten erwiesen sich die Schauprozesse. In der Tschechoslowakei begannen die Verhaftungen 1950, kurz nach dem Prozess gegen den Außenminister László Rajk in Ungarn. Es verging kaum eine Woche ohne Festnahmen. Im Januar 1951 wurde der ehemalige Spanienkämpfer Osvald Závodský, Miloš Kocmans Vorgesetzter, verhaftet und drei Jahre später hingerichtet. «Die Atmosphäre, die Anfang 1951 in Prag herrschte, war beinahe so schlecht wie während des Krieges», schrieb in ihrem Buch «Eine Jüdin in Prag» die Auschwitz-Überlebende Heda Margolius-Károly. Ihr Mann Rudolf, Vize-Außenhandelsminister, war einer der 14 Parteifunktionäre, die im November 1952 auf der Anklagebank saßen. Bis auf drei waren alle Juden, was der Ankläger während des Prozesses mehrmals süffisant betonte. Als Kopf der angeblichen trotzkistisch-zionistischen Verschwörung galt der jüdische Generalsekretär der Partei, Rudolf Slánský. Die Angeklagten mussten vorgefertigte Texte, in denen sie sich selbst als Feinde bezichtigten, auswendig lernen. Den ganzen

Prozess übertrug der Rundfunk. Er sei «ein Spion der amerikanischen Imperialisten» und «ein Agent des Zionismus», sagte Slánský über sich und bat den Richter um seinen Tod. Die perfide Propaganda zeigte Wirkung: Die öffentlichen Geständnisse täuschten sogar manche Familienangehörige der Angeklagten, die für die «Verräter» die Höchststrafe verlangten. Am 3. Dezember 1952 wurden elf der 14 Angeklagten gehängt, ihre Leichen verbrannt und die Asche an einem unbekannten Ort verstreut. Es war der traurige Höhepunkt des stalinistischen und antisemitischen Terrors in einem einst demokratischen Land.

Vize-Außenminister Artur London kam mit dem Leben davon. Miloš Kocmans Lebensgefährtin Zuzka kannte ihn. Die Theresienstadt-Überlebende arbeitete damals in seinem Ministerium als Fremdsprachenkorrespondentin. Er riet ihr nach Slánskýs Verhaftung, sofort ihren Arbeitsplatz zu wechseln. Sie hörte auf ihn. Die landesweite Verhaftungswelle traf auch Juden, die man als Zeugen missbrauchen wollte. «Wenn er über die Juden sprach, zitierte er aus einem Buch über die Rothschilds, sagte, dass wir Juden die Weltherrschaft anstreben würden. Als ich ihm entgegnete, dass die Gestapo und die SS früher genauso sprachen (…), schlug er mich in die Brust und schleuderte meinen Kopf gegen die Wand (…). Während der ganzen Zeit beschimpfte er mich als jüdisches Schwein», erzählte Adolf Reich 1963 der Untersuchungskommission des Tschechoslowakischen Innenministeriums über seinen Peiniger im Prager Pankrác-Gefängnis. Der jüdische Rentner aus der Slowakei saß dort von 1951 bis 1953 und sollte gegen Slánský aussagen, einen Mann, den er nicht kannte. Der Kampf gegen den Zionismus, womit die Juden gemeint waren, blieb mit Ausnahme der sechziger Jahre fester Bestandteil der kommunistischen Politik.

«Ich war damals nur ein kleiner Fisch.» So erklärt sich Miloš Kocman, warum man ihn in Ruhe ließ. Gleich nach der Ankunft der sowjetischen «Berater» wollte er die Spionageabwehr verlassen. Einige Kollegen begannen, hinter seinem Rücken seine jüdische Herkunft zu thematisieren. Anfang 1951 gelang es ihm, in die Zentrale Parteischule zu wechseln. Er blieb dort bis 1953, dem Jahr von Stalins Tod. Die jüdische Bevölkerung der Tschechoslowakei stand nach dem Slánský-Prozess unter Schock. Viele veränderten aus Angst ihre jüdisch klingenden Namen, kaum jemand traute sich noch, außerhalb der eigenen vier Wände über seine jüdische Identität zu sprechen. Der neue Wind kam ausgerechnet aus Moskau. Nach Chruschtschows Geheimrede auf dem 20. Parteitag der KPdSU, in der er Stalins Verbrechen kritisierte, öffneten sich in allen Staaten des sowjetischen Einflussbereiches die Gefängnistore. Heraus kamen gebrochene, ausgemergelte Menschen, die meistens so krank waren, dass sie kurze Zeit später starben. Miloš Kocman absolvierte 1957 die Diplomatenschule und bekam eine Stelle in der juristischen Abteilung des Prager Außenministeriums. Die neue Führung suchte nach Kommunisten, die mit dem Stalinismus nichts zu tun hatten. Er zählte zu den wenigen Juden, die in der poststalinistischen Tschechoslowakei noch einen wichtigen Partei- oder Staatsposten bekleideten. An einen Austritt dachte er keine Sekunde. Er war überzeugt, dass die Partei aus ihren früheren Verfehlungen gelernt hatte. Mit seinem Glauben an ihre Reformfähigkeit stand er nicht allein. Viele bekannte tschechische und slowakische Intellektuelle, darunter spätere Wortführer des Prager Frühlings, Milan Kundera, Ladislav Mňačko oder Pavel Kohout, waren wie er Kommunisten. Den Prager Frühling erlebte der begeisterte Dubček-Anhänger Kocman als Diplomat in Peking. Als er von dessen Festnahme in Moskau erfuhr und im Fernsehen die verzweifelten Prager am Wenzelsplatz sah, regte sich in ihm der alte Widerstandsgeist. Mit bewegter Stimme erzählt der 91-Jährige, wie er und andere Diplomaten in China ihren eigenen «Prager Frühling» organisierten. «Wir verteilten in Botschaften der Länder des Warschauer Paktes Protestflugblätter, warben für die Reformen, forderten die Freilassung Dubčeks sowie den Abzug der Panzer aus Prag.» Die Parteirebellen wurden nach Prag zurückbeordert. 1970 schloss ihn die Partei aus, an deren Reformierbarkeit er trotz stalinistischer Verbrechen, Antisemitismus und Israelfeindlichkeit all die Jahre geglaubt hatte. «Ich war ein sozialistischer Narr», sagt Miloš Kocman rückblickend. An der Idee einer klassenlosen und gerechten Gesellschaft findet er dennoch nichts Negatives. Das unterscheidet ihn von vielen Tschechen, die früher stramm auf Parteilinie standen und nach der politischen Wende über Nacht glühende Antikommunisten geworden sind.

Zuzka erwacht aus ihrem Nickerchen und wirft ihm besorgte Blicke zu, weil er schon seit Stunden redet. Miloš Kocman zieht aus einem Dokumentenstapel ein Plakat heraus. Er steht auf und hält es stolz vor die Kamera. «Kampf für Freiheit, Demokratie, gegen die Totalität.» Damit nahm er am 17. November 1989 teil an der «Samtenen Revolution», jenem gewaltfreien Protest der Prager Studenten, der das Ende des totalitären Systems in der Tschechoslowakei einleitete. Er war damals 67 Jahre alt. Auch ein Vierteljahrhundert nach dem Zusammenbruch des kommunistischen Regimes, ärgert Miloš Kocman sich, herrsche in der Gesellschaft das Geschichtsbild von heldenhaften Tschechen und passiven jüdischen Opfern vor. Dabei kämpften allein in den tschechoslowakischen Exilarmeen an die 60 000 tschechische und slowakische Juden, viele waren wie er im kommunistischen oder bürgerlichen Widerstand. Im staatlichen Verband der antifaschistischen Kämpfer waren Juden aber nicht willkommen. «Wir sind nicht daran interessiert, Gruppierungen zu glorifizieren, die passiv in die Gaskammer gingen, ohne Widerstand zu leisten», hetzte der erste Verbandspräsident Jan Vodička.

Anfang der neunziger Jahre trat Miloš Kocman der jüdischen Gemeinde bei. Im Alter kommen die Erinnerungen an seine Kindheit zurück, an seine geliebte Großmutter, die in Treblinka vergast wurde. Als er einmal ausländischen Freunden das ehemalige jüdische Viertel zeigen wollte, rief er im Büro der Gemeinde an und bat um den besten Fremdenführer. So kam Zuzka in sein Leben. Beide waren verwitwet und wurden späte Lebensgefährten. Heute gehören sie zu den etwa 400 Holocaust-Überlebenden in der Tschechischen Republik. «Ich fühle mich als Jude», sagt ein Mann, dessen einzige Religion früher der Kommunismus war. Es seien vor allem die Kultur und die Ethik des Judentums, die ihm imponierten. «Ich war aber schon immer gern in der Gesellschaft von Menschen, die Ähnliches erlebten. Das hat mit Vertrauen zu tun.» Der 91-Jährige stockt und sucht nach den richtigen Worten, was es für ihn bedeutet, ein Jude zu sein. «Ich fand im Judentum mein Zuhause, das ich so lange suchte», sagt er dann und wischt sich die Tränen aus den Augen.

Glanz und Trauer der Prager Judenstadt

Der 72 Jahre alte Landesrabbiner Karol Sidon, ein humorvoller Mann mit Herz und Verstand, empfängt in seinem Büro im Jüdischen Rathaus. Sein Schreibtisch ist übersät von Papieren, dazwischen steht ein Aschenbecher. Nur in Prag, nirgendwo sonst in der Diaspora besaßen Juden ein eigenes Rathaus. In dem spätbarocken Gebäude in der Maiselgasse entschied einst der Ältestenrat über alle wichtigen Angelegenheiten der Judenstadt und sprach Recht. Durch das offene Fenster dringt Straßenlärm herein. Das Jüdische Rathaus liegt nicht weit weg von einer der Hauptsehenswürdigkeiten Prags, dem Alten jüdischen Friedhof. Zwölftausend verwitterte, schiefe und abgesunkene Grabsteine drängen sich dort zusammen und zeugen vom katastrophalen Platzmangel im mittelalterlichen Ghetto. Das berühmteste Grabmal ist das von Judah Löw ben Bezalel, besser bekannt als Rabbi Löw. Der Talmudgelehrte, ein Zeitgenosse Kaiser Rudolfs II., genoss schon zu seinen Lebzeiten hohes Ansehen. Richtig berühmt machte ihn aber erst eine Legende. Sie schrieb ihm die Erschaffung des Golems zu, jenes geheimnisvollen Riesen aus Ton und Lehm, der die Juden im Ghetto vor Pogromen schützte. Auch Rabbi Löw ist es zu verdanken, dass die rudolfinische Periode in die Geschichte Prags als das goldene Zeitalter von Wissenschaft, Kunst und Kultur einging. Unter der Regentschaft des kunstliebenden Habsburgers Rudolfs II., der 1576 den böhmischen Thron bestieg, erlebten die Prager Juden ihre beste Zeit. Ungefähr 7000 Menschen lebten damals im Ghetto, in dem Kultur und Gelehrsamkeit blühten. 1620, nach der Niederlage der protestantischen Stände in der Schlacht am Weißen Berg, verlor das Königreich Böhmen seine Selbständigkeit und wurde für weitere 300 Jahre von Wien aus regiert. Die Prager Judenstadt entwickelte sich zum größten jüdischen Zentrum Europas, hatte eine autonome Stellung und verfügte über Sonderrechte auf religiösem Gebiet. Doch das blieb nicht so. Die Wiener Regentin Maria Theresia ließ alle Juden im Februar

1745 aus der Stadt vertreiben, weil sie glaubte, böhmische Juden trügen Schuld an ihrer Niederlage gegen die Preußen. Einige Monate später nahm sie ihre Anweisung zurück, der wirtschaftliche Schaden fiel durch die ausbleibenden Steuern doch zu hoch aus. Deutlich besser erging es den Juden unter ihrem Sohn Josef II. In Prag lebten damals 80 000 Einwohner, etwa ein Zehntel von ihnen im Ghetto. Zum ersten Mal seit ihrer Ansiedlung in böhmischen Ländern durften die Juden öffentliche Schulen und Universitäten besuchen, ein Handwerk erlernen und sich außerhalb des Ghettos niederlassen. Jeder, der es sich leisten konnte, zog aus. 1850 wurde das Viertel als fünfter Stadtteil an Prag angegliedert und zu Ehren Josefs II. in Josefov umbenannt. Der neue Stadtteil war ein schmutziges Labyrinth von ineinander verschachtelten Häusern, verborgenen Verbindungsgängen und engen Gassen. 1897 begann der Abbruch. 260 Gebäude fielen dem radikalen Eingriff zum Opfer, darunter drei Synagogen. Anstelle maroder Ghettohäuser entstanden prachtvolle Jugendstilbauten.

Heute ist Josefov eines der teuersten Wohnviertel Prags. Wenn die Sonne untergeht und Touristen weg sind, scheint in manchen Ecken und Gassen die Vergangenheit wieder aufzuleben. Glanz und Trauer sind hier auf engstem Raum ineinander verwoben. Sechs Synagogen, das Rathaus und der Alte Friedhof erinnern an die einstige europäische Bedeutung der tausend Jahre alten Diaspora, die 77 297 Namen der jüdischen Naziopfer aus Böhmen an den Wänden der Pinkas-Synagoge an ihren Untergang.

1989: Wiedergeburt und Touristenattraktion

Rabbiner Karol Sidon schreibt Romane. Inwieweit er sich bei seinem neuesten Buch, das Elemente der jüdischen Mystik und der Science-Fiction-Literatur verschmilzt, von der Golem-Legende und der vielbeschworenen Magie des ehemaligen Judenviertels inspirieren ließ, ist nicht bekannt. Als Rabbiner lehnt er wie schon sein berühmter Vorgänger Rabbi Löw jeden Wunderglauben ab. Als er 1992, drei Jahre nach dem friedlichen Sturz des kommunistischen Regimes, den Posten des Oberrabbiners der Prager Gemeinde übernahm, bestand das eigentliche Wunder darin, dass es in der Stadt überhaupt noch Juden gab. Das Durchschnittsalter der etwa 800 Mitglieder lag bei 80 Jahren. Auf den ehemaligen Dissidenten, Schriftsteller und Weggefährten Václav Havels wartete viel Arbeit. Nach jahrzehntelanger sozialistischer Lethargie dürsteten die Tschechen nach neuen geistigen Impulsen. An den Grenzübergängen zu Bayern bildeten sich Autokolonnen, jeder wollte wissen, wie die Welt hinter dem Eisernen Vorhang aussah. Alles schien möglich: In der Prager Altstadt tanzten glatzköpfige Hare Krishna-Mönche, in Kneipen rauchten Studenten Marihuana und diskutierten über die neueste Literatur. Etwa 30 000 junge Amerikaner ließen sich in den neunziger Jahren in der tschechischen Metropole, dem «Paris des Ostens», nieder. Der frühere Regimegegner und Dramatiker Václav Havel wurde Staatspräsident, in der Burg empfing er die Rolling Stones, die Rocklegende Frank Zappa ernannte er zum Kulturattaché seines Landes. Auch das frühere Judenviertel erhob sich aus seiner Erstarrung. Die grauen Gebäude erhielten einen neuen Anstrich, Cafés, Restaurants und Buchläden öffneten. Gleich mehrere benannten sich nach Franz Kafka. Das blasse, schmale Gesicht des Schriftstellers starrt bis heute von Kaffeebechern jedes Souvenirladens. Auf Prager Straßen wimmelte es von Jugendlichen mit einer Davidkette um den Hals, was weniger mit ihrem Interesse am Judentum zu tun hatte als vielmehr mit dem Hype um die damals populärste Rockband Tschechiens, die nichtjüdische «Shalom». Touristen aus aller Welt kamen, darunter Juden aus Israel und den USA. Sie staunten über die mittelalterlichen Synagogen und fotografierten die Uhr mit hebräischem Zifferblatt auf dem Turm des Rathausgebäudes, meist ohne zu ahnen, dass hinter seinen Mauern ein authentisches jüdisches Leben erwachte. «Wir waren für sie unsichtbar, oder man stellte sich uns so vor», sagt Karol Sidon, hebt seine Arme hoch und macht einen tanzenden Chassiden nach.

Das wollte er ändern. Zehn Jahre nahm sich er sich dafür vor, danach wollte er gehen. Nach Israel, vielleicht. Aber wie schon manchen jüdischen Schriftsteller vor ihm, ließ ihn Prag nicht los. Er blieb, und in nunmehr zwei Jahrzehnten gelang es ihm, das Prager Judentum wiederzubeleben und zu neuem Selbstbewusstsein zu führen. Mit ihren rund 1600 registrierten Mitgliedern ist die Prager Gemeinde zwar nach wie vor winzig, dafür aber erstaunlich vital. Ihren Kern bildet heute die sogenannte zweite Generation, der Altersdurchschnitt sank auf 57 Jahre. Diese Entwicklung ist umso bemerkenswerter, als der orthodoxe Rabbi von Anfang an die Religion ins Zentrum der Erneuerung stellte und streng auf die Einhaltung der Halacha, des jüdischen religiösen Gesetzes, pochte. Nur halachische Juden dürfen Mitglieder der Prager Gemeinde sein, solche also, die von einer jüdischen Mutter abstammen oder zum orthodoxen Judentum konvertiert sind. Menschen, die jüdische Vorfahren haben, aber eine nicht-jüdische Mutter, können außerordentliche Mitglieder werden. Sie dürfen jedoch weder wählen noch gewählt werden. In der überwiegend säkularen Gemeinde war damit Ärger programmiert. Viele können nicht verstehen, warum sie plötzlich keine Juden sein sollen, obwohl sie sich ihr ganzes Leben lang so fühlten und dafür Nachteile in Kauf nehmen mussten. Andere beschweren sich, dass der Rabbiner selbst «nur» ein Konvertit ist, der jetzt alle zur Orthodoxie zwinge, obwohl vor dem Zweiten Weltkrieg Prag doch das Zentrum des progressiven Judentums in Europa gewesen sei. «Die Situation war damals ganz anders», entgegnet Karol Sidon gelassen. In der Stadt habe es mehrere funktionierende Synagogen gegeben und Menschen mit verschiedenen Ansichten. Einige waren mehr reformorientiert, die anderen orthodox. «Sie waren aber alle Juden. Das ist heute anders.» Wenn man etwas richtig bauen wolle, müsse das Fundament stimmen. Sonst drohe seiner Gemeinde die vollständige Assimilierung, der Verlust des inneren Rückgrats, wie er es nennt. «Eine Lockerung der Regeln hätte zur Folge, dass wir in zehn, zwanzig Jahren keine Juden mehr in der Gemeinde hätten, sondern Tschechen, Mähren und Slowaken.» Karol Sidon macht sich nichts vor: Ein Leben wie in einer orthodoxen Kommunität in Israel oder in den USA wird es in Prag nie mehr geben, dafür ist die Gemeinde auch zu klein. Die meisten Mitglieder sind ältere, assimilierte Juden, die sich von anderen Tschechen kaum unterscheiden. Sie fahren am Shabbat Auto, essen unter der Woche in der Gemeindekantine brav die koscher zubereiteten

Speisen, sonntags gibt es dann zu Hause den obligatorischen Schweinebraten. Der Rabbiner kennt die Mentalität seiner Leute, schließlich ist er hier aufgewachsen. «Wir achten auf die Regeln hier in der Gemeinde. Ich krieche niemandem in die Wohnung hinein, um zu kontrollieren, ob er zu Hause koschere Küche hat.»

Vom Dissidenten zum Landesrabbiner

Sein eigener Weg zum Judentum war nicht einfach. Als er 1942 in Prag zur Welt kam, war der Krieg noch im vollem Gange. Die Ermordung seines jüdischen Vaters 1944 in Theresienstadt verfolgt ihn, seitdem er denken kann. Nach dem Krieg heiratete seine nichtjüdische Mutter einen jüdischen Überlebenden. Ihre Tischgespräche kreisten meistens um die Vergangenheit, für die Religion interessierte sich niemand: «Ich hatte keine Ahnung, dass es irgendwo eine Synagoge gibt. Das Judentum existierte für mich nur im Zusammenhang mit der Shoa», sagt Karol Sidon. Von den 118 000 tschechischen Juden überlebten den Krieg nur 40 000, die meisten von ihnen in der Emigration. Eine große Auswanderungswelle setzte ein. 1948, nach der kommunistischen Machtübernahme, lebten auf tschechischem Gebiet etwa 15 000 Juden. Von den insgesamt neun jüdischen Gemeinden war die Prager mit 10 000 Mitgliedern die größte, bis 1950 schrumpfte die Zahl auf 3000 bis 4000. Trotz aller Repressionen gab es in der Tschechoslowakei während der gesamten sozialistischen Ära ein jüdisches Leben, wenn auch ein recht bescheidenes. Mit seiner vermeintlichen religiösen Toleranz prahlte der kommunistische Staat im Westen. Die Parteiideologen wussten, dass die Situation der Juden in der Tschechoslowakei genau beobachtet wurde. Die Gemeinden konnten arbeiten, jedoch nur unter ständiger Aufsicht der Staatlichen Behörde für Kirchenangelegenheiten, die beim Schul- und Aufklärungsministerium angesiedelt war. Sie hatten ihre eigene Presse, in manchen Großstädten konnte man legal koscheres Fleisch kaufen. Für die religiösen Zugeständnisse mussten die Gemeinden eng mit der Staatsbehörde kooperieren und absolut loyal sein. Sie waren chronisch unterfinanziert, es fehlte Geld für Friedhofs- und Gebäudesanierungen sowie für Geistliche, ohne die die rituellen Begräbnisse und Hochzeiten, Beschneidungen und Bar Mitzvas undenkbar waren. Jeder öffentliche Auftritt, jeder Programmentwurf, jedes Interview mit der ausländischen Presse wurde zensiert. In den Ordnern des Kirchenbeauftragten lagen Personalakten mit Informationen über Gemeindefunktionäre. Als verlässlich galt nur, wer Mitglied der Partei und Atheist war. Kontakte zu Israel, ganz zu schweigen von Emigrationsplänen, weckten Misstrauen und konnten Probleme in der Arbeit mit sich bringen. Jeder wusste, dass der Geheimdienst in den beiden funktionierenden Synagogen, der Jerusalemer und der Altneuen, seine Spitzel hatte. Die Juden sollten sich völlig an die tschechoslowakische Gesellschaft assimilieren.

Durch die öffentlich inszenierten Schauprozesse der spätstalinistischen Phase kehrte die Angst zurück. «Meine ältere Schwester bekam hysterische Anfälle, schrie, dass sie keine Jüdin sein wolle. Sie war es auch nicht, aber ihre Freundinnen hielten sie für eine», erzählt Karol Sidon. 1960 begann er sein Studium an der Prager Filmhochschule, arbeitete später als Dramaturg und schrieb Drehbücher fürs Staatsfernsehen. Dort kam er zum ersten Mal in Berührung mit der Zensur. In einem seiner Drehbücher stand das Wort «Jude», er musste die gesamte Szene umschreiben. Es fiel ihm auch auf, dass die Staatssicherheit viel öfter Juden als Nichtjuden beschattete. Dennoch war die zweite Hälfte der sechziger Jahre für ihn wie für Millionen Tschechen und Slowaken eine Zeit der Hoffnung. Der Wunsch nach mehr Freiheit wurde immer stärker. Die jüngere Generation der Parteifunktionäre forderte eine Korrektur des Regierungskurses und Reformen. Die Zensur in den Medien wurde schrittweise aufgehoben, auch Reisen ins westliche Ausland waren unter Auflagen wieder möglich. Das neue Lebensgefühl konnte man überall spüren. Die Jugend hörte Bigbeat und las Kundera, Hrabal und Ginsberg, Fremde lächelten sich auf dem Weg in die Arbeit an. Die jüdischen Gemeinden knüpften Kontakte mit anderen im westlichen Ausland, von 1964 an erhielten Überlebende Unterstützung von der Claims Conference. Auch nichtjüdische Intellektuelle interessierten sich auf einmal für jüdische Themen. In den Kinos lief «Der Laden auf dem Korso», ein 1965 gedrehter, Oscar-prämierter tschechoslowakischer Film über den Holocaust und die bislang verschwiegene Kollaboration der Slowakei mit Hitlerdeutschland. Historiker und Zeitzeugen diskutierten vor vollen Auditorien über den Antisemitismus der frühen fünfziger Jahre. Die plötzliche Empathie für das jüdische Schicksal war Ausdruck des Protests gegen ein Regime, das alles Jüdische aus der Erinnerung verbannt hatte. Die Frage, warum die Tabuisierung des Holocaust in der Bevölkerung so lange auf so breite Zustimmung gestoßen war, stellte allerdings niemand.

Das Schicksalsjahr 1968 sollte den jungen Intellektuellen Sidon mit einer neuen Welt bekannt machen. Er nahm Kontakte zur Prager jüdischen Kommunität auf und begann, Hebräisch zu lernen. Außerdem war er das jüngste Redaktionsmitglied der Literaturzeitschrift Literární Listy, einer kritischen und einflussreichen Stimme innerhalb der tschechoslowakischen Reformbewegung. Im Januar konnte der Reformflügel den Machtkampf um die Führung in der Kommunistischen Partei für sich entscheiden. Der neue Generalsekretär, Alexander Dubček, wurde mit seinem Programm eines «Sozialismus mit menschlichem Antlitz» zur Identifikationsfigur weit über das Land hinaus. Am 21. August beendeten sowjetische Panzer den kurzen Frühlingstraum. Schon am ersten Tag des Einmarsches gab es in Prag 22 Tote. Kaum ein Ereignis symbolisierte die vergebliche Hoffnung auf einen demokratischen Sozialismus besser als ein Bild, das damals um die Welt ging: Junge Prager trugen über den Wenzelsplatz eine blutbefleckte tschechoslowakische Fahne wie ein Leichentuch. Die Okkupation durch sozialistische Bruderarmeen traf die Menschen wie ein Blitz aus heiterem Himmel. Eine große Protestbewegung breitete sich im ganzen Land aus. Im April wurde Dubček von dem moskautreuen Gustáv Husák abgelöst, der das Land dorthin zurückführte, wo es schon mal war: unter die sowjetische Macht. Die Zeit der Abrechnung kam. Eine riesige Säuberungswelle, im offiziellen Staatsjargon als «Normalisierung» verklärt, erfasste politische, wissenschaftliche und kulturelle Institutionen, Medien, Universitäten und Betriebe. Auf den Parteiindex kam alles, was auch nur einen Hauch von Prager Frühling hatte, Bücher, Filme, wissenschaftliche Studien.

Das gerade erst wiederbelebte jüdische Leben wurde zurückgedrängt, Repräsentanten der jüdischen Gemeinden mussten ihre Posten räumen. Sie wurden als zionistische Staatsfeinde gebrandmarkt. Ein großer Teil der tschechischen und slowakischen Juden verließ bis Ende 1969 das Land. Dann fiel der Eiserne Vorhang wieder. Der Assimilierungsdruck auf die etwa 4000 Verbliebenen wuchs weiter. Viele verheimlichten ihre Identität, heirateten Nichtjuden und erzogen ihre Kinder nicht religiös. Das Wort «Jude» verschwand aus der Öffentlichkeit. Nach dem Tod des tschechischen Oberrabbiners Richard Feder im Jahr 1970 blieben jüdische Gemeinden ohne Rabbiner. Zwei Jahre später startete der Geheimdienst unter dem Codenamen «Pavouk», Spinne, eine landesweite, streng geheime Aktion. In jeder Bezirksstelle der Geheimpolizei setzten die kommunistischen Machthaber einen Beamten ein, der für die «Judenevidenz» zuständig war. Sie erfassten und meldeten alle «Personen jüdischer Herkunft», die Verbindungen zu ausländischen jüdischen Organisationen hatten, jüdische Presse abonnierten, Synagogen besuchten, Mitglieder eines jüdischen Kulturvereins waren oder Jiddisch lernten. Die mit Namen, Adressen und weiteren persönlichen Daten versehenen Karteien enthielten zudem Angaben über Eltern, Kinder und Geschwister.

Die Niederschlagung des Prager Frühlings brachte Karol Sidon endgültig zum Judentum. «Mir erschienen plötzlich die ersten Worte aus dem Jeremia Klagelied über die Zerstörung Jerusalems», sagt der Rabbiner. Seine Zeitung wurde aufgelöst, er schlug sich als Hilfsarbeiter und Zeitungsverkäufer durch und ging regelmäßig in die Altneu-Synagoge, damals ein Treffpunkt von zugewanderten orthodoxen Juden aus der Slowakei und der Karpato-Ukraine. Erst dort, erzählt er, sei ihm klar geworden, dass er aus halachischer Sicht gar kein Jude war. «Das störte mich sehr und ließ mich nicht mehr los.» Es dauerte aber noch zehn Jahre, bis er konvertierte. Anfang Januar 1977 gehörte Karol Sidon zusammen mit Václav Havel zu den Erstunterzeichnern der «Charta 77». Sie verurteilten darin die Einschränkung von Bürgerrechten in der Tschechoslowakei. Sidon geriet ins Visier der geheimen Staatspolizei. Es folgten Verhöre und Schikanen, für eine kurze Zeit musste er ins Gefängnis. Schließlich drängte ihn der Geheimdienst aus dem Land hinaus. 1983 emigrierte der damals 41-Jährige nach Westdeutschland. Er studierte in Heidelberg an der Hochschule für Jüdische Studien, schrieb Theaterstücke und Bücher. Nach dem Zusammenbruch des Regimes im November 1989 holten ihn Funktionäre der Prager Gemeinde zurück. 1992, nach seiner rabbinischen Ordination in Jerusalem, wurde Karol Sidon der erste postkommunistische tschechische Landesrabbiner sowie Oberrabbiner der Prager Gemeinde.

In letzter Zeit denkt er häufig über seinen Rücktritt nach. Seine Arbeit ist größtenteils getan, ein Jüngerer kann jetzt übernehmen. Was er machen wird, weiß der 72-Jährige genau. «Ich bin ein Schriftsteller», sagt er. Drei Monate nach unserem Treffen im Jüdischen Rathaus gab Karol Sidon tatsächlich seinen Rücktritt als Oberrabbiner bekannt, aus Altersgründen, wie es zuerst hieß. Den Posten des Landesrabbiners behielt er. In Prag hielt sich allerdings schon seit Wochen ein Gerücht, das dem dreimal verheirateten Rabbiner noch eine andere Liebe als die zur Literatur zuschrieb. Er habe sich in eine 28-jährige Frau, eine frühere Studentin, verliebt. Wenig später offenbarte Karol Sidon die neue Beziehung und heiratete im Oktober 2016. Wie immer in solchen Fällen, hagelte es hämische Kommentare. Eines aber kann dem Rabbiner niemand streitig machen: Er hat die Prager Juden wieder sichtbar gemacht.

Die Kinder der Maiselgasse

In der Gemeinde gibt heute die Generation der Achtundsechziger den Ton an. Das hat mit einem für das damalige sozialistische Osteuropa fast einmaligen Phänomen zu tun: Im Jüdischen Rathaus in der Maiselgasse trafen sich in den liberaleren sechziger Jahren regelmäßig junge Juden. Sie musizierten, spielten Theater, feierten jüdische Feste und lernten Hebräisch. Die meisten von ihnen waren säkular und wussten nur wenig über das Judentum. Während in Westberlin Studenten ihre Eltern nach ihrer Rolle im NS-Regime fragten, wollten junge jüdische Prager von ihren Vätern und Müttern endlich alles über deren Verfolgung erfahren. Nach 1968 emigrierten die meisten oder zogen sich zurück, blieben aber in Kontakt. Nach der politischen Wende besetzten die Rebellen von einst die Posten der kommunistischen Gemeindefunktionäre. Ein «Kind der Maiselgasse» ist auch Jan Munk, ein höflicher Mann mit einem modisch kurz geschnittenen, weißen Bart. Das Büro des Vorsitzenden der Prager jüdischen Gemeinde liegt ein Stockwerk über dem Rabbinat. Als junger Gymnasiast rezitierte er Gedichte, die von Konzentrationslagern und vom Tod handelten. Von seinen Mitschülern erntete er dafür nur Spott. Seit dem Zusammenbruch des Kommunismus erlebt das Thema Holocaust in Tschechien eine ungeahnte Konjunktur. Es werden Spielfilme und Dokumentationen gedreht, Gedenktafeln enthüllt und Konferenzen veranstaltet. Anfang der neunziger Jahre zogen im Städtchen Terezín die letzten Soldaten aus. Das Ghettomuseum entstand. Seit 1991 leitet Jan Munk die Gedenkstätte Theresienstadt, 2012 wählte man ihn zum Vorsitzenden der Prager jüdischen Gemeinde. Der Doppeljob ist nicht einfach, sein Mobiltelefon lässt der 70-Jährige nicht aus der Hand. «Ich muss ran, meine Mitarbeiter aus Terezín rufen mich an», sagt er mit einem entschuldigenden Lächeln, als es schon wieder läutet. Einmal pro Woche, meistens donnerstags, fährt Jan Munk in die Hauptstadt, um sich um Angelegenheiten seiner Gemeinde zu kümmern. Die restlichen Tage verbringt er im 60 Kilometer entfernten Terezín. Zum Glück übernahm er eine Gemeinde, in der vieles von selbst läuft. Während in den meisten jüdischen Gemeinden in postkommunistischen Ländern Geld an allen Ecken und Enden fehlt, geht es den Pragern gut. Sie konnten sich ein modernes Seniorenheim leisten, unterhalten eine koschere Kantine und ein Restaurant, außerdem drei Kindergärten, eine Grundschule und ein Gymnasium. Dass die Geschäfte so gut laufen, hat mit dem großzügigen Restitutionsgesetz unter der Präsidentschaft von Václav Havel zu tun. 1994 bekam die Gemeinde vom Staat das Jüdische Museum zurück, bestehend aus vier Synagogen, der ehemaligen Zeremonienhalle, der Robert-Gutman-Galerie und dem Alten Jüdischen Friedhof. Mit jährlich 500000 bis 600000 Besuchern gehört es zu den meistbesuchten Museen landesweit. Der Gemeinde gehören außerdem viele restituierte historische Gebäude, die hohe Mieteinnahmen bringen. Das ist aber nicht der einzige Grund, warum Jan Munk zuversichtlich in die Zukunft blickt. «Es kommen Kinder zur Welt. Eltern haben sogar Probleme, im Kindergarten einen Platz zu bekommen.» Die demographischen Aussichten in der Prager Gemeinde waren wie überall in der europäischen Diaspora vor 15 Jahren noch düster. Inzwischen ziehen russischsprachige jüdische Familien nach Prag, aber auch einige jüdische Geschäftsleute aus den USA und Israel. Vor allem in Israel hat die Tschechische Republik einen guten Ruf. Das hat mit der relativ stabilen Wirtschaft und der Attraktivität Prags zu tun, aber auch damit, dass es vergleichsweise wenig Antisemitismus gibt. Rechtsextreme Parteien haben bei Weitem nicht so viele Anhänger wie etwa in Ungarn oder in Polen. Nach 1989 knüpfte die Regierung mit Zustimmung der Bevölkerung an die alte israelfreundliche Politik an. Tomáš Kraus, Generalsekretär der Föderation Jüdischer Gemeinden in Tschechien und Mähren, – auch er ist ein Kind der Maiselgasse – spricht sogar von einer versteckten Bewunderung vieler Tschechen für Israel. Im April 1990 reiste Václav Havel als erster Staatspräsident eines postkommunistischen Landes nach Tel Aviv und beendete die diplomatische Eiszeit. Ein Problem hat die kleine Gemeinde aber schon: Unverheiratete junge Männer und Frauen haben es sehr schwer, innerhalb einer derart kleinen Gemeinde einen geeigneten Ehepartner zu finden. Die Gemeindeleitung wünscht sich natürlich Hochzeiten unter halachischen Juden. Nur so kann die schwache Bindung an Traditionen, Bräuche und Werte des Judentums wachsen. Jan Munk rät zum Internet, wo es spezielle Partnervermittlungsseiten für halachische Juden gibt. Romantisch sei das zwar nicht, gibt er zu. Aber es funktioniert. «Ein Gemeindemitglied fand seine Ehefrau in Litauen. Jetzt leben beide hier», erzählt er. Er selbst halte sich an die orthodoxen Regeln nur bedingt, räumt er ein. Während der Feiertage gehe er natürlich in die Synagoge, schließlich habe er als Gemeindevorsitzender eine Vorbildfunktion. Das Problem sind die Essensvorschriften: «Ich kann nur schwer koscher essen, wenn ich nur einmal pro Woche hier bin.» Jan Munk seufzt und wirft einen schnellen Blick auf die Wanduhr. Seit einer Weile zieht verführerischer Speisegeruch durch das Treppenhaus herauf. Es ist zwölf Uhr. Er muss sich beeilen, wenn er noch einen freien Platz finden will. Im Speisesaal sitzen und plaudern schon viele Gemeindemitglieder, unter ihnen auch die letzten Zeugen des nationalsozialistischen Massenmords. Fast könnte man meinen, in das Leben der Prager Juden sei wieder Normalität eingekehrt, würden nicht vor dem Haustor und an beiden Enden der Maiselgasse bewaffnete Männer stehen.

«Ich bade im Judenhass», warnte einst Franz Kafka

Mit Sorge beobachtet Leo Pavlát, Direktor des Prager Jüdischen Museums, wie in Europa mehr als siebzig Jahre nach Kriegsende der Antisemitismus wieder erstarkt. Wie kaum ein anderer personifiziert der großgewachsene Mann mit schwarzen Augenbrauen unter weißem Haar das neue Selbstbewusstsein des Prager Judentums. Seine Stimme hat Gewicht. Man kennt sie aus Radio und Fernsehen, aus Vorträgen und Büchern. In ihrem Hass auf die Juden und auf Israel seien sich die extreme Rechte, die extreme Linke und radikale Islamisten trotz unterschiedlicher ideologischer Ausgangspositionen einig, warnt der 65-Jährige. Die Situation in Tschechien sei zwar besser als in den meisten europäischen Ländern. Noch gehört das Land zu den für Juden am sichersten. «Die Atmosphäre verschlechtert sich aber auch hier, und das schon seit den neunziger Jahren.» Die Zahl der judenfeindlichen Übergriffe hat sich in den letzten Jahren vervierfacht. Vor allem das Internet spielt dabei eine große Rolle. Antisemiten verbreiten eine Verschwörungstheorie, wonach die Juden für die «Islamisierung» Europas verantwortlich seien; so, wie man ihnen im 20. Jahrhundert vorwarf, die Nationalstaaten untergraben zu wollen.

Den Judenhass seiner Landsleute bekam schon Franz Kafka zu spüren. 1899 wurde in einem Wald nahe des Städtchens Polná die Leiche von Anežka Hrůzová gefunden, einer jungen Katholikin. Da jemand ihre Kehle aufgeschlitzt hatte, war sofort von einem Ritualmord die Rede. Der Verdacht fiel auf den jüdischen Schuster Leopold Hilsner. Tschechische Antisemiten nutzten den Mord, um gegen die Juden zu hetzen. Im ganzen Land kam es zu antijüdischen Protesten, bei denen Angehörige der tschechischen Intelligenz eine unrühmliche Rolle spielten. In einem Indizienprozess verurteilte ein Gericht den damals 22-jährigen Hilsner zum Tode, später wandelte der Kaiser das Urteil in eine lebenslange Gefängnisstrafe um. Das verdankte er Tomáš Garrigue Masaryk, Philosophieprofessor an der Karlsuniversität in Prag. In seinen Schriften verurteilte er scharf den Antisemitismus seiner Landsleute. Am 24. März 1918, nach 28 Jahren in einem österreichischen Zuchthaus, kam Leopold Hilsner frei. Ein halbes Jahr später zerfiel die Monarchie, und die Erste Tschechoslowakische Republik mit Masaryk als ihrem Präsidenten entstand. Der neue Staat eröffnete den Juden völlig neue Perspektiven. Die tschechoslowakische Verfassung garantierte ihnen die bürgerlichen und politischen Rechte. Der Jüdische Nationalrat, politischer Vertreter der Juden Böhmens und Mährens, erreichte die Anerkennung der jüdischen Nationalität in der tschechoslowakischen Verfassung. Sie war ein Privileg, kein Stigma wie in den Sowjetrepubliken. Jeder tschechoslowakische Jude konnte sich frei entscheiden, welche Nationalität er wählte. Doch der Hass verschwand nicht sofort. In den ersten Jahren der noch jungen Republik wurden Juden oft auf offener Straße, in Straßenbahnen und Parks beschimpft und verprügelt. «Den ganzen Tag bin ich jetzt auf den Gassen und bade im Judenhass», schrieb Kafka 1920 seiner Freundin Milena Jesenská über die Pogromstimmung auf den Straßen um das Jüdische Rathaus. Masaryks Präsidentschaft zeigte Wirkung. In den dreißiger Jahren wurde die Tschechoslowakei zum Zufluchtsort Tausender Juden und politischer Gegner Hitlers aus dem Deutschen Reich und von 1938 an auch aus Österreich. Sie war eine Insel der Demokratie in einem vom Antisemitismus und aggressiven Nationalismus geprägten Mitteleuropa. An tschechoslowakischen Hochschulen studierten jüdische Studenten aus Ländern, die für Juden einen Numerus clausus eingeführt hatten. Kafka erlebte das nicht mehr, er starb 1924. Seine jüdischen Freunde, die Schriftsteller Felix Weltsch und Max Brod, saßen im März 1939 im allerletzten Zug, der kurz vor dem Einmarsch der Wehrmacht die Stadt verließ. Von den insgesamt 39 400 Prager Juden überlebte den Krieg nur jeder Fünfte.

2015 stellte der populäre tschechische Blogger und Vorsitzende der rechtspopulistischen Partei «Nein zu Brüssel – Neue Demokratie»,

Adam B. Bartoš, an dem Ort, wo einst Anežka Hrůzová ermordet worden war, ein Schild auf. Darauf war von «der Notwendigkeit der Lösung der Judenfrage» zu lesen. Zwei Jahre davor veröffentlichte er, offenbar animiert von der Jobbik-Partei in Ungarn, eine Namensliste von bekannten tschechischen Juden. Doch fehlt den Tschechen heute ein Masaryk. Niemand gebot dem Hetzer Einhalt, schlimmer noch: Einige etablierte politische Gruppierungen arbeiten mit seiner Partei zusammen. «Was früher als Skandal galt, geht heute als freie Meinungsäußerung durch», kritisiert Leo Pavlát. Er stellt eine «xenophob-chauvinistische Verschiebung» in der Gesellschaft fest. Betroffen sind vor allem die Roma. Schätzungen zufolge leben in Tschechien, einem Land mit 10 Millionen Einwohnern, 250 000 bis 300 000 Roma, die allermeisten in Armut und sozialer Isolation. Das Verhältnis der meisten Tschechen zur Roma-Minderheit ist von einer besonders starken Intoleranz und Abneigung geprägt, darin unterscheidet sich Tschechien kaum von anderen ost- und südosteuropäischen Staaten. Auf dem Protektoratsgebiet existierten zwei Roma-Lager, als Bewacher waren Tschechen eingesetzt. Die Nazis deportierten etwa 5500 tschechische Roma nach Auschwitz, nur jeder Zehnte überlebte. Man könne die Situation von damals zwar nicht auf heute übertragen, sagt Leo Pavlát. Doch die menschenfeindliche, populistische Anti-Roma-Rhetorik habe Schleusen geöffnet: «Man braucht nur Roma mit Juden auszutauschen, schon hätten wir eine geschichtliche Parallele. Auch damals ging es um Vorurteile, Verallgemeinerungen und um die Kollektivschuldthese.» Eine noch größere Hetze erleben in Tschechien derzeit Flüchtlinge. Auf dem Wenzelsplatz finden immer wieder Anti-Islam-Demonstrationen statt, der tschechische Präsident Miloš Zeman spricht im Zusammenhang mit Flüchtlingen von einer «Invasion» und bezeichnet den Islam als «Kultur der Mörder». Jaroslav Vodička, Vorsitzender des Verbandes der tschechischen Freiheits-kämpfer, schimpfte im Mai 2016 bei der Gedenkfeier für die Opfer von Theresienstadt auch auf die Flüchtlinge. Sie würden flüchten, um das Sozial- und Wirtschaftssystem der Tschechen auszunutzen, sagte er. Landesrabbiner Karol Sidon erklärte dazu: «Die Juden sind damals nicht nur deshalb umgekommen, weil die Deutschen sie ermordet haben, sondern auch aus einem anderen Grund: Weil ihnen der Großteil der Welt den Weg in die Sicherheit verbaut hat.»

Karlsbad: Vom Nehmen und Geben auf der Welt

Der Kantor aus Prag hätte schon vor einer halben Stunde da sein müssen. Die Sonne versinkt langsam hinter den Bergen, über Karlsbad bricht Dunkelheit herein. Höchste Zeit für das Kol Nidre-Gebet, das am Vorabend von Jom Kippur in allen Synagogen auf der Welt erklingt. Pavel Rubín schaut nervös auf seine Uhr und rennt aus der Synagoge hinaus. Ausgerechnet in seiner Gemeinde droht der höchste jüdische Feiertag zu einem Fiasko zu werden. Ein verspäteter Besucher betritt den Gebetsraum. Der 83-Jährige hat einen aufrechten Gang, trägt ein gut sitzendes Sakko aus dunklem Tweed, dazu Jeans und braune Schuhe. «Na, Otto, wieder einmal da?», grüßt ihn ein bärtiger junger Mann übertrieben laut und reicht ihm die Hand. Otto Maier blickt verlegen in die überraschten Gesichter: «An so einem Tag muss man ja, aber lange bleibe ich nicht, ich bin nur kurz … meine Frau ist krank.» Seit fünfzehn Jahren war er nicht mehr hier. Warum sollte er auch? Jeder, der ihn kennt, weiß, dass er mit Gott hadert. Der 83-Jährige bereut es schon, dass er sich bei einem deftigen Schweinegulasch im «Schwejk» überreden ließ, uns zu begleiten. Pavel Rubín hat jetzt aber ganz andere Sorgen, als sich um den Heimgekehrten zu kümmern. 15 Männer und 13 Frauen warten ungeduldig in dem festlich dekorierten Gebetsraum in der Bezručova Straße auf den Beginn des Gottesdienstes. Für eine Gemeinde mit gerade mal 86 Mitgliedern sind so viele Besucher fast schon eine Sensation. Was soll er ihnen nur sagen, wenn der Kantor nicht kommt? Otto Maier wäre es egal. Seinen Glauben hat er vor langer Zeit verloren, in der Kinderbaracke in Theresienstadt. 13 Jahre alt war er, als er Nacht für Nacht Gott um Hilfe anflehte. Als der Krieg endete, hatten er und sein zwei Jahre älterer Bruder Arthur schon so viel Böses erlebt, dass manch Erwachsener daran zerbrochen wäre. Das Gefühl, stigmatisiert zu sein, blieb. Anstelle des gelben Sterns trugen sie eine weiße Armbinde mit dem Buchstaben «N» für Němec – Deutscher. Einmal noch versuchte er zu beten. Das war 1989. Arthur war an Krebs erkrankt. Doch wieder half es nichts. Otto Maier weiß viel vom Geben und Nehmen auf dieser Welt. Nationalsozialisten und Kommunisten, sie alle haben nur genommen – zurückgegeben wurde ihm nichts, auch nicht von den Hurra-Demokraten nach der politischen Wende.

Vier Frauen und drei Männer, aber immer noch kein Kantor, stehen an der Eingangstür und schauen sich neugierig um. Sie sprechen Russisch, so laut, dass jeder sie hören kann. Eine Frau geht auf Otto Maier zu und stellt sich auf Englisch als New Yorkerin vor, die gerade in Karlsbad – «what a nice city» – eingetroffen sei. Sie ist um die sechzig, trägt Sportschuhe und einen schwarzen Jogginganzug, ihr Kopf ist mit einer Kapuze verhüllt. Otto Maier verdreht die Augen und wendet ihr den Rücken zu. «Ja», sagt er leise, «aus New York wollen heute all diese Angeber sein.» Der Blick der Frau fällt auf eine gerahmte Fotografie an der Wand. «Wot kakaja krasota!», was für eine Schönheit, ruft sie und winkt ihre Begleiterinnen zu sich. «Oooh ...», seufzen alle im Chor. Die alte Karlsbader Synagoge war wirklich schön. Das Bauwerk, 1877 im maurischen Stil errichtet, ging im November 1938 in Flammen auf. Die Russinnen nehmen endlich ihre Plätze hinter einem weißen Vorhang ein. Sie kichern unentwegt. «Kurgäste. Und natürlich orthodox», flüstert eine alte Frau, die hinter ihnen sitzt, ihrer Nachbarin ins Ohr. Wegen solcher Besucher, die früher wie sie in einem atheistischen Staat lebten, vielleicht sogar Kommunisten waren und jetzt auf streng religiös machen, ist die Karlsbader Gemeinde orthodox geworden. Das ruft viel Unmut unter den überwiegend säkularen Mitgliedern hervor. Pavel Rubín gibt aber nicht nach. Unter den vielen jüdischen Touristen der Kurstadt seien eben praktizierende, orthodoxe Juden, argumentiert der 66-Jährige. Für die will er die Synagoge offenhalten. Also müssen sich die Karlsbader Juden an den orthodoxen Ritus anpassen. Den großen Gebäudekomplex mit dem Betraum bekam die Gemeinde 1996 in der Restitution zurück. Vor dem Krieg waren hier das Hospiz und das Altenheim der Karlsbader Juden untergebracht. Einen eigenen Rabbiner haben sie seit 1968 nicht, koscheres Essen gibt es nur im teuren Kurhotel Loreta, das die Gemeinde 2005 als Entschädigung für die

Otto Maier, Karlsbad, 2016

zerstörte Synagoge erhielt. Auf russischsprachige Gäste sind die meisten Karlsbader aber sowieso nicht gut zu sprechen. Mitte der neunziger Jahre entdeckten neureiche Russen, Profiteure der Jelzin-Ära, den tschechischen Kurort für sich. Auf der Promenade entlang dem Flüsschen Teplá übertönt seitdem die russische Sprache alle anderen. Fast jedes Restaurant, Hotel und Geschäft wirbt in kyrillischer Schrift um die kauffreudigen Besucher. Ganze Häuserzeilen und die meisten Hotels gehören heute Russen, Ukrainern und Kasachen. Viele Karlsbader werfen deshalb den Politikern den Ausverkauf ihrer Stadt vor. Die «Rusáci», so der Schmähname für Russen, sind für sie die schlimmste Sorte Kapitalisten. Gegen Glaubensbrüder und -schwestern aus dem Osten hätten die Karlsbader Juden eigentlich nichts einzuwenden. Es ist etwas anderes, was auf sie verstörend wirkt: Juden in der Diaspora, mit Ausnahme der ultrareligiösen, sind wie andere Minderheiten stark von der Mehrheitsgesellschaft geprägt. Die allermeisten unterscheiden sich weder in Sprache noch im Verhalten von den unbeliebten nichtjüdischen Russen. Otto Maier nimmt auch in dieser Frage die Position eines Außenseiters ein. «Ich werde nie vergessen, wer mich befreit hat.»

Der 83-Jährige bewegt sich unauffällig dem Ausgang zu. Es reicht ihm. Da und dort wechselt er ein paar Worte und schüttelt Hände, und als er es schon fast geschafft hat, rennt breit lächelnd der Kantor zur Tür herein. Er wirft sich schnell einen Tallit über die Schulter, öffnet den Schrein und holt die Torarollen heraus. Jetzt kann Otto Maier nicht mehr gehen. Als der Kantor die Tora an den Betenden vorbeiträgt, führt auch er zwei Finger der rechten Hand von seinem Mund an das silbergeschmückte Heiligtum. Aber er steht nicht auf, wenn alle sich erheben. «Gott hilft auch den Sitzenden. Oder keinem. Das ist wahrscheinlicher.»

«Unsere Familie war eine der reichsten in der Stadt»

Im milden Licht der Herbstsonne scheint in der steil abfallenden Sadová die Zeit stehen geblieben zu sein. Jugendstilhäuser mit Erkern und Türmchen säumen die stille Straße, bilden einen pastellfarbenen Bogen, der am unteren Ende in den Dvořák-Park ausläuft. Die orthodoxe Kirche St. Peter und Paul dominiert das Bild, ihre goldschimmernden Kuppeln und türkisfarbenen Dächer werfen die letzten Sonnenstrahlen zurück. Im Volksmund nannte man die Parkstraße, wie die Sadová früher hieß, West End, weil es die vornehmste Adresse in der Stadt war. Heute ist sie es wieder. Die Besitzer der Luxushäuser auf den sanft geschwungenen Hügeln oberhalb der historischen Kolonnaden sind aber nicht mehr jüdische Geschäftsleute, Ärzte oder Hoteliers. Nicht weit vom russischen Generalkonsulat steht ein auffälliges, fünfstöckiges Haus. Die Villa Splendid ist ein Jugendstiljuwel, das an Schönheit die meisten Nachbargebäude übertrifft. Mit ihren vielen Zimmern und Gängen, schmiedeeisernen Balkonen, kleinen Türmen und filigranen Details entsprach sie dem erlesenen Geschmack ihres ursprünglichen Besitzers, Otto Maiers Onkel Arthur. Der Porzellanfabrikant bewohnte einen Flügel, den Rest vermietete er an Kurgäste und finanzierte damit seine Fernreisen und seine wertvolle Sammlung Alter Meister. Die Villa gehört heute einem ukrainischen Oligarchen, eine Nacht in der Präsidentensuite kostet tausend Dollar. Etwa 50 Meter weiter erstreckt sich auf der gegenüberliegenden Straßenseite das vierstöckige Hotel Čajkovskij, das frühere Tannhäuser. Es gehörte Arthurs Bruder Otto, der wiederum leidenschaftlich Bücher sammelte. Beide starben noch vor dem Krieg, die Kurhäuser beschlagnahmte 1948 der tschechoslowakische Staat. Vik-

tor, der dritte Bruder, bewohnte eine elegante Villa in der Theaterstraße. Sie bot Platz für seine Frau Luise, eine sudetendeutsche Katholikin, die gerne Goethe las und auf die Nazis schimpfte, seine drei
Töchter Sonja, Gloria und Dorothea und die beiden Söhne Arthur
und Otto. Am Shabbat und an Feiertagen nahm Maier seine Söhne
mit in die Synagoge in der Parkstraße. Der dunkelhaarige und, wie
alle sagten, unverkennbar jüdisch aussehende Arthur und Otto, blond
und blauäugig wie seine Mutter, wurden im jüdischen Glauben erzogen, die Mädchen waren getauft. Unvergessen blieben Otto Maier der
feste Druck der väterlichen Hand und die ehrerbietigen Grüße der
Gemeindemitglieder. «Unsere Familie war eine der reichsten in der
Stadt», sagt er.

Karlsbad und das jüdische Leben bis 1938

Auf den Kolonnaden unterhalb der Sadová wartet eine Menschen-
schlange vor dem funktionalistischen Bau aus Glas und Beton, in
dem der Karlsbader Geysir «Sprudel» fließt. Otto Maier denkt oft mit
Wehmut daran zurück, wie das Leben auf den Kolonnaden war, bevor
ihm das verheerende Jahr 1938 die Pulsader durchschnitt. Vornehme
ältere Herren flanierten im Schatten mächtiger Baumkronen und
schwangen elegante Gehstöcke, Damen trugen lange Kleider aus
raschelnder Seide, weiße Spitzenhandschuhe und zierliche Sonnen-
schirme. In der Luft lag ein unverwechselbarer Duft aus französi-
schem Parfüm, süßen Zimtwaffeln und herbem Zigarrentabak. «Für
mich war es damals so, als ob jeden Tag Sonntag wäre.»

Bis 1938 lebten in dem Kurort etwa 2600 Juden. Sie stellten neun
Prozent der Stadtbevölkerung und gehörten überwiegend der mittle-
ren oder höheren Gesellschaftsschicht an. Manche von ihnen hatten
einen bedeutenden Anteil am wirtschaftlichen und kulturellen Aufschwung der Stadt, allen voran Ludwig Moser, Gründer einer weltbe-
kannten Glasfabrik. Viele Kurhäuser und Hotels waren in jüdischem
Besitz, sieben Restaurants boten ihren Gästen koscheres Essen an.
Etwa die Hälfte aller Ärzte waren Juden, unter den Rechtsanwälten
lag ihr Anteil bei 80 Prozent. Die Karlsbader jüdische Gemeinde un-

terstützte aktiv die zionistische Bewegung; zweimal, 1921 und 1923, tagte in der Stadt der Zionistische Weltkongress. Die etwa 25 000 Juden im deutschsprachigen Grenzgebiet betrachteten die Erste Tschechoslowakische Republik als ihre Heimat, sogar die radikalsten Zionisten standen zur jungen Republik und ihrem Präsidenten Masaryk, einem überzeugten Humanisten.

Die Weltwirtschaftskrise traf Karlsbad hart. In der ersten Hälfte der 1930er Jahre mussten viele Hotelbesitzer Bankrott anmelden. Die Stimmung im industriell geprägten Grenzgebiet, wo die 3,2 Millionen Menschen zählende deutsche Minderheit den Großteil der Bevölkerung ausmachte, verschlechterte sich zunehmend. Die nationalsozialistische Ideologie des deutschen Nachbars fiel hier auf fruchtbaren Boden. Konrad Henleins Sudetendeutsche Partei unterstützte im November 1937 rückhaltlos die Pläne Hitlers. Mit ihrer Hilfe sollte die «Sudetenkrise» provoziert werden, die Berlin als Vorwand für den geplanten Angriff auf die Tschechoslowakei brauchte.

Karlsbader Juden bekamen den Hass sofort zu spüren. Jüdische Kaufleute, Ärzte und Rechtsanwälte wurden boykottiert, vor jüdischen Geschäften patrouillierten bewaffnete Henlein-Männer und notierten alle, die die Läden zu betreten wagten. Auf den Türen von Cafés und Lokalen, die früher von Juden besucht wurden, klebte jetzt die Aufschrift «Für Juden verboten». Viele Juden suchten Schutz im Landesinneren. Für eine Fahrt nach Prag verlangten die Taxifahrer das Mehrfache des normalen Preises. Nach dem «Münchner Abkommen» vom 30. September 1938 musste die Prager Regierung die mehrheitlich von Deutschen besiedelten Gebiete an Hitler abtreten. Sie verlor ein Fünftel des früheren Territoriums und ein Viertel der Bevölkerung. Hitler ging an die vollständige Zerschlagung der Tschechoslowakei: Am 1. Oktober 1938 überschritten erste Einheiten der Wehrmacht die Grenze.

«Juden, hier sind noch Juden!»

Auch Jüngere ringen um Atem auf der steilen Gasse, die an der barocken Maria Magdalena Kirche vorbei über Kopfsteinpflaster und Schlaglöcher zu dem ockerfarbenen Haus am Berghang hinaufführt. Seine Fassade bröckelt, der Wandanstrich im Treppenhaus ist verblasst, in der Baulücke nebenan wächst Unkraut. Hier bewohnt Otto Maier mit seiner Frau Marie eine Drei-Zimmer-Erdgeschosswohnung. Auf dem Wohnzimmertisch steht der frisch gebrühte Kaffee, zu dem Marie Karlsbader Oblaten reicht. Ihr Mann öffnet das Familienalbum. Er hebt zu einer Familiensaga an, in der ein kleiner Junge ausfährt und nie mehr wirklich heimfinden wird. Otto Maiers Schicksal ist eng mit Karlsbads Aufstieg und Niedergang verwoben und steht exemplarisch für die Geschichte der letzten deutschsprachigen Juden in der Tschechischen Republik.

Es kam nicht oft vor, dass Otto sich den Anweisungen der Eltern widersetzte. Doch an diesem Dienstag, dem 4. Oktober 1938, war alles anders. Schon am frühen Morgen läuteten in der Stadt Kirchenglocken und heulten Sirenen. Vom Theaterplatz drang durch die Fenster ein unglaublicher Lärm herein. Ein Mann brüllte ins Mikrophon, jedes Wort wie ein Schlag, dazwischen brandete immer wieder Jubel auf. Otto hielt es nicht mehr aus, stürzte die breite Treppe hinunter und lief zum Theaterplatz. Auf dem Balkon des Theaters stand ein Mann mit einem Bärtchen und ließ sich von der riesigen Menschenmenge feiern. Immer wieder wurden Sprechchöre laut: «Wir danken unserem Führer», «Ein Volk, ein Reich, ein Führer!». Karlsbad war in ein Hakenkreuzmeer getaucht. Zwischen den Zivilisten stolzierten Männer in Uniformen. Frauen, die meisten von ihnen in Tracht, fielen ihnen um den Hals, verteilten Oblaten und Zigaretten. «Die SS-Männer wurden wie wahre Wunder begrüßt. Die schwarzen Uniformen gefielen unseren lieben Karlsbadern besonders gut», berichtete die Karlsbader Deutsche Tageszeitung am nächsten Tag. Der Führer reagierte gerührt und dankte den «lieben Karlsbadern»: «Wie Ihr stolz seid auf dieses große Deutsche Reich, dessen Führer ich bin, so ist dieses Deutschland stolz auf Euch Sudetendeutsche. Deutschland, Sieg

Heil!» Otto Maier verstand das alles nicht wirklich, spürte aber, wie Angst ihm die Kehle zuschnürte. Voller Panik lief er zurück ins Haus. Seine Eltern saßen schweigend am Tisch im Wohnzimmer, ihre Gesichter waren bleich. In den folgenden Wochen und Monaten lief eine Verhaftungswelle durch die besetzten Gebiete. Etwa 10 000 sudetendeutsche Nazigegner wurden festgenommen, ein Drittel in Konzentrationslager deportiert. Besonders gefährdet waren die verbliebenen Juden, auf die im neu entstandenen Reichsgau Sudetenland sofort die Nürnberger Rassegesetze angewandt wurden. Wer sich weigerte, innerhalb von wenigen Tagen das neue Reichsgebiet zu verlassen, wurde dazu gezwungen oder kam in ein Sammellager. Am 7. November 1938 erschoss ein verzweifelter 17-jähriger jüdischer Emigrant in Paris den deutschen Diplomaten Ernst von Rath. Zwei Tage später brannten landesweit, auch im neuen Reichsgau Sudetenland, die Synagogen, jüdische Geschäfte wurden geplündert, Friedhöfe geschändet. Die Karlsbader Brandstifter warfen Juden aus ihren Wohnungen, schlugen Männer und trieben Alte, Frauen und Kinder durch die Straßen. Die schaulustige, mitleidlose Menge am Straßenrand ahnte nicht, dass diese Ereignisse ein paar Jahre später ihre eigene Vertreibung zur Folge haben würden.

Viktor Maier verbrachte jene Tage im Krankenhaus. Ein Taxifahrer hatte ihn auf dem Weg zum Postamt angefahren. Er erlitt mehrere Beinbrüche. Ende 1938, kurz nach seiner Entlassung aus dem Krankenhaus, kamen zwei SA-Männer in sein Haus und führten ihn ab. Nach stundenlanger Folter überschrieb Viktor Maier seine Porzellanfabrik-Aktien an die Karlsbader Filiale der Dresdner Bank. Erst dann ließen sie ihn gehen. Hastig bereiteten die Maiers die Flucht vor, doch es war zu spät. Die Schreie einer Nachbarin – «Juden, hier sind noch Juden!» – lockten einheimische Gestapo-Beamte ins Haus. Ottos Vater kam in ein Sammellager für sudetendeutsche Juden bei Karlsbad. Ein Jahr voller Ungewissheit verging. 1940 wollte die Gestapo die beiden Söhne in ein «jüdisches Kinderheim» nach Litzmannstadt bringen. Sie galten als «Mischlinge ersten Grades», die im Gegensatz zu ihren Schwestern im mosaischen Glauben erzogen worden waren. Luise Maier war empört. Sie sei doch eine Deutsche, das müsse ein Irrtum sein. «Luise, lass dich von mir scheiden, rette die Kinder», schrieb ihr Mann aus dem Lager. Sie tat es, nicht ahnend, dass sie den Lauf der Dinge ohnehin nicht mehr ändern konnte.

Dreharbeiten in Theresienstadt

August 1941: Die schweren Männerstiefel auf der Holztreppe des Elternhauses kann Otto Maier heute noch hören. Zu Hause waren nur er und seine ältere Schwester Josephine. «Ich schrie und weinte, klammerte mich an den Möbelstücken fest. Sie nahmen mich mit in die Gestapozentrale in der Oberen Schillerstraße.» Zwei Stunden später brachten die Männer Arthur. Seine Hosenträger waren abgerissen, mit einer Hand versuchte er, die kurze Hose zu halten. Sie wurden in Lager nach Kassel gebracht, später nach Hannover. Dann, am 18. März 1943, Ankunft in Theresienstadt. Otto Maier konnte vor Entsetzen keinen Laut herausbringen. «Schaut hin, Leichen, dort liegen Leichen!», schrie jemand hinter ihm. Eine ausgemergelte Gestalt in schmutziger, gestreifter Uniform zog eine Karre voller Leichen. Dahinter folgte eine, die mit Brotlaiben beladen war. Die Brüder kamen in das Heim L 414, zu den deutschsprachigen jüdischen Kindern, Arthur ist 13, Otto elf Jahre alt. Der Schlafsaal in der ehemaligen Kaserne roch nach Schweiß, Urin und Schmierseife und war überfüllt. Unten, das merkte Otto sofort, schliefen die Bettnässer. Er lag zum Glück ganz oben im dreistöckigen Etagenbett. Die paar Zentimeter zwischen Bett und Decke, das war seine Welt. Er flüchtete sich in Träume von Karlsbad, das Lichtermeer auf den winterlichen Promenaden, die Blumenbeete, seine Eltern. «Diese Träume, das war mein Lebenselixier.» Umso schlimmer war das Erwachen. Arthur wurde zur Gartenarbeit außerhalb des Ghettos eingeteilt. Er brachte dem schwachen Otto, dessen Körper mit Abszessen übersät war, fast jeden Tag etwas mit. Mal war es ein Apfel, mal eine Karotte, manchmal sogar Brot, das er gegen Gemüse eingetauscht hatte. Fast täglich verließen Theresienstadt Transporte in den Osten. Otto wollte sich auch melden, nichts könnte doch schlimmer sein, Arthur hielt ihn zurück. Manchmal erhielten sie sogar Post von ihrer Großmutter. Die Briefe unterlagen zwar strenger Zensur, aber sie konnten daraus erfahren, dass ihr Vater am 8. Juli 1942 in Sachsenhausen gestorben war. Auch ihre Mutter war zu dieser Zeit schon in einem Konzentrationslager. Luise Maier hatte versucht, ihre Söhne rauszuholen, traf sich in Berlin mit einem Schweizer Schlepper, der aber aufflog. Nach ihrer Rückkehr nach Karlsbad wurde sie verhaftet und nach Ravensbrück verschleppt.

An einem Sommertag im Jahre 1944 besuchten Filmleute Theresienstadt. Unter den etwa dreißig Kindern, die als Komparsen mitmachen sollten, war auch Otto. Für die Dreharbeiten bekam er eine neue Hose und ein sauberes Hemd, dazu eine warme Strickweste, die er nach Drehschluss behalten durfte. Am Appellplatz bauten Häftlinge provisorische Cafés auf, pflanzten Bäume ein, in einem eigens aufgestellten Altan spielte eine Kapelle. Otto und die anderen Kinder marschierten und sangen hebräische Lieder in einem der bekanntesten Propagandafilme der Nazis. Sein Titel: «Der Führer schenkt den Juden eine Stadt.» Am 8. Mai 1945 wurde Theresienstadt von der Roten Armee befreit.

Nach 1945: Bloß kein Deutsch reden

Zwei Monate schon waren Arthur und Otto im Erholungsheim für Kinder im Schloss Kamenice bei Prag. Von ihrer Mutter hörten sie nichts. Alleinstehende Kinder wurden im Auftrag der provisorischen tschechoslowakischen Regierung gesund gepflegt, während man nach ihren Familienangehörigen suchte. Die bemerkenswerte Hilfsaktion initiierte und leitete der evangelische Theologe und Pädagoge Přemysl Pitter. Er half auch deutschen Kindern. Viele lebten schon seit Wochen auf der Straße oder in tschechischen Internierungslagern. Für seine Entscheidung erntete er Unverständnis und Kritik. Otto und Arthur begriffen schnell, dass sie weiter auf der Hut sein mussten. Der Grund dafür war ihre Muttersprache. Jedes Mal, wenn sie durch das Dorf gingen, flüsterten ihre Betreuer ihnen ins Ohr: «Bloß kein Deutsch reden!» Durch die wiedergegründete Tschechoslowakei lief eine Welle der Gewalt gegen alles Deutsche. Viele Dorfbewohner sannen auf Rache an den deutschen Kindern, zumal manche von ihnen aus Mangel an Kleidung noch die Uniform der Hitlerjugend trugen. Nach sechs Jahren Nazi-Terror endete die achthundertjährige deutsch-tschechische Geschichte der böhmischen Länder in Blutbädern. Tausende Sudetendeutsche wurden in den ersten Nachkriegsmonaten Opfer von Massenerschießungen, Raubüberfällen, Vergewaltigungen und Vertreibungen. Anfang September 1945 stiegen Arthur und Otto in ein Auto, das sie nach Prag brachte, in das Büro von Přemysl Pitter. Die Tür stand offen, drinnen erblickten sie eine ältere Frau. Im ersten Moment erkannten sie sie nicht, starrten sie verlegen an. Die Frau streckte ihre dürren Arme aus, über ihr Gesicht flossen Tränen. Im nächsten Moment lagen sie ihr schon schluchzend im Arm. Noch heute, mehr als siebzig Jahre später, versagt Otto Maier die Stimme, wenn er über das Wiedersehen mit seiner Mutter spricht: «Unsere Freude war unbeschreiblich.»

«Sprechen Sie Tschechisch, oder besorgen Sie sich einen Dolmetscher!», herrschte die Frau am Schalter der Karlsbader Bezirksverwaltungskommission Luise Maier an. Sie bemühte sich, ruhig zu wirken, die Röte auf ihren Wangen verriet jedoch ihren Ärger. Nach stundenlangem Warten nun das. Tschechisch könne sie nicht, sagte sie mit fester Stimme, sie sei deutsche Antifaschistin, die dreieinhalb Jahre als politischer Häftling in Konzentrationslagern verbracht habe. Ihr Haus sei besetzt worden, sie brauche dringend eine Ersatzwohnung für ihre Kinder und die pflegebedürftige Mutter. Die Tschechin schüttelte nur den Kopf und rief einen anderen Wartenden herein. So hatte sich Luise Maier ihre Rückkehr nach Karlsbad nicht vorgestellt. Mit Bitterkeit dachte sie jetzt an die Worte des früheren französischen Ministerpräsidenten Édouard Daladier, den sie im Schloss Itter in Tirol, einem Außenlager des KZ Dachau, kennengelernt hatte. Kurz vor Kriegsende wurde sie dorthin verlegt, um einige prominente Geiseln der SS, unter ihnen Daladier, zu bedienen. «Gehen Sie nicht in die Tschechoslowakei zurück, bleiben Sie hier», warnte sie ausgerechnet der Mann, der am Münchner Abkommen mitgewirkt hatte, das für ihre Familie so fatale Folgen gehabt hatte. Die Stadt war kaum wiederzuerkennen. Auf den Straßen patrouillierten Männer mit den roten Armbändern der tschechischen Nationalgarden und Soldaten in

Uniformen der tschechoslowakischen und sowjetischen Armee. Karls-bad, während des Krieges eine Lazarettstadt für deutsche Soldaten, gehörte wieder zur Tschechoslowakei. War es früher schwer gewesen, hier mit Tschechisch durchzukommen, war es nun fast unmöglich, sich auf Deutsch zu verständigen. Jeden Tag zogen Flüchtlinge mit Gepäck durch die Straßen zur Grenze. Nach dem Dekret des Staats-präsidenten Edvard Beneš vom 19. Mai 1945 galten alle Deutschen, die sich nach 1929 zur deutschen Nationalität bekannt hatten, als staatlich unzuverlässige Personen, ihr Eigentum wurde unter natio-nale Verwaltung gestellt. Die Vertreibung der Deutschen begann, zu-nächst unter der Regie der örtlichen Militärvertretungen, Verwal-tungskommissionen, Nationalausschüsse, diverser Kommissare und selbsternannter Rächer. Vielerorts kam es zu Gewaltausbrüchen, der Mob unterschied nicht, ob jemand schuldig war oder nicht. Die Zahl der Internierungslager für Deutsche wuchs rasant, die der Todesopfer ebenso. Erst nach vielen Behördengängen erhielt Luise Maier auf die Fürsprache eines Verwandten hin das rettende Dokument: den Antifaschisten-Ausweis. Damit wurde ihr auch die tschechoslowaki-sche Staatsbürgerschaft zuerkannt, die sie und ihre Familie vor der Vertreibung schützte. Die 2000 bis 3000 sudetendeutschen Juden, die der Vernichtung entkommen waren, erlebten nach ihrer Rückkehr eine böse Überraschung. Václav Kopecký, einer der führenden Ideo-logen der Kommunistischen Partei, hatte schon im Moskauer Exil deutlich gemacht, welches Schicksal die «deutschen Juden» in der be-freiten Tschechoslowakei erwartet. Wer sich 1930 «zum Deutschtum» bekannte, wurde den Deutschen gleichgestellt. Sie waren in ihrer alten Heimat nicht willkommen und mussten wie sie eine weiße Armbinde tragen. «Die Deutschen müssen weg. Ich weiß nicht, warum man sich damit aufhalten sollte, zu untersuchen, ob diese Deutschen arische oder nichtarische Großmütter hatten», giftete am 6. Juni 1946 eine Redakteurin der tschechischen Zeitung «Dnešek» in ihrem Artikel, der den vielsagenden Titel «Das Unkraut jüdisch und nichtjüdisch» trug. Erst im September 1946 ordnete das Innenministerium an, dass Juden als «rassisch Verfolgte» die tschechoslowakische Staatsbürger-schaft behalten könnten und von den Aussiedlungslisten gestrichen werden müssten. Jetzt erst konnten sie ihr früheres Eigentum einfordern. Das allerdings erwies sich als äußerst schwierig. Den jüdischen Besitz hatten die Nazis «arisiert», was übrig blieb, konfiszierte nun der tschechoslowakische Staat als deutsches Eigentum. Die Beraubten brauchten Zeugen, die ihre Treue zur Republik während der Besatzungszeit belegen sollten. Üble Nachrede, Gerüchte und Denunziation aus Habgier und Neid waren die Folge.

Otto Maiers Elternhaus in der Theaterstraße gab die Stadt einer tschechischen Familie. Luise Maier forderte es schriftlich zurück, eine Antwort bekam sie nie. Die einst wohlhabende und einflussreiche deutsch-jüdische Familie Maier stürzte tief, auf ihren Lebensmittelkarten prangte wie ein Stigma der Aufdruck «Deutsche». Das bedeutete nicht nur, dass Luise Maier in den Geschäften gerne übersehen oder feindselig behandelt wurde. Sie und ihre Kinder mussten sich lange Zeit auch noch mit geringeren Essensrationen zufriedengeben. Als Ersatzunterkunft bekamen sie eine Zwei-Zimmer-Wohnung in der Prager Straße. Für eine sechsköpfige Familie, zu der Luise Maier, ihre 92-jährige Mutter und ihre vier Kinder gehörten – Josephine überraschte alle mit ihrer Entscheidung, für immer im Kloster bleiben zu wollen –, war sie viel zu klein. Aber jedes Mal, wenn Otto und Arthur über die ungerechte Behandlung klagten, tröstete ihre Mutter sie mit den Worten: «Immerhin sind wir frei.»

Die Kommunisten kommen

«Jude, ist es für dich zu viel Arbeit, oder was», sagte ein Arbeitskollege zu Otto Maier und grinste über das ganze Gesicht. Der Sechzehnjährige spürte, wie in ihm die Wut hochstieg. Am liebsten hätte er zugeschlagen, wo aber beginnen, wenn alle lachten? Also beugte er sich wieder zu Boden und arbeitete weiter. Es war Spätfrühling 1948, er pflanzte auf den Karlsbader Kolonnaden Blumen. Seit Anfang Mai waren Otto und Arthur zum Leidwesen ihrer Mutter Hilfsarbeiter in der städtischen Gärtnerei. Luise Maier, die früher so gerne gelesen, klassische Musik gehört und auf Bildung und gepflegte Umgangsformen großen Wert gelegt hatte, stellte sich die Zukunft ihrer Söhne anders vor. Aus dem sensiblen und musikalisch hochbegabten Arthur, der Klavier, Trompete und andere Instrumente spielte, sollte ein professioneller Musiker werden, aus Otto, den es mehr zur Technik zog, ein Uhrmacher oder ein Automechaniker. Die Realität holte sie jedoch schnell ein. Otto und Arthur hatten keine Schulzeugnisse. Nach vier Jahren in Nazilagern hatten sie den Anschluss an gleichaltrige Schüler verpasst, außerdem sprachen sie zu schlecht Tschechisch, als dass eine Schule sie aufgenommen hätte. Ein Verwandter gab ihnen drei Jahre lang Privatunterricht.

Seit Februar waren in Prag die Kommunisten an der Macht. Sanatorien und Kureinrichtungen wurden verstaatlicht, die Kurgäste aus dem westlichen Ausland waren weg. Auf den Kolonnaden machten Schwarzhändler ihre Geschäfte. Anfang 1949 mussten alle Hoteliers, Kellner, Küchenpersonal und Zimmermädchen politische Schulungen absolvieren, um sich auf die Bedürfnisse der künftigen Klientel aus volksdemokratischen Ländern einzustellen. Otto und Arthur Maier interessierte das nicht. Sie wollten nach Palästina, in ein Land, in dem Zitronen und Orangen blühen und Juden frei atmen können. «Mein Leben hätte ich dafür gegeben», sagt Otto Maier. Seit 1946 besuchte er viermal pro Woche den zionistischen Jugendverein Tror. Im Knopfloch ihrer Jacken trugen Arthur und er das blau-weiße Band der Zionisten, so konnte sie niemand mehr mit den Deutschen verwechseln. Nur unter Juden fühlten sie sich wohl, nach den Lagern brauchten sie die Gemeinschaft von Menschen, die Ähnliches erlebt hatten. Von den 2600 Karlsbader Juden waren nur 26 zurückgekehrt. Sie gründeten im Juli 1945 eine neue Gemeinde. 1948 hatte sie schon 971 Mitglieder, die meisten waren Zuwanderer aus der ganzen Republik und aus der Karpato-Ukraine. Es fanden wieder Hochzeiten und Feste statt, Kinder wurden geboren, aber ein jüdisches Leben wie vor dem Krieg war das nicht. Das Hospiz, Altenheim und andere Gebäude waren als deutsches Eigentum beschlagnahmt worden. Als Ersatz bekam die jüdische Gemeinde nur ein Haus im Kurzentrum, in dem ein Gebetsraum eingerichtet wurde. Otto Maier ging nur an Feiertagen dorthin. Anders als Arthur, der täglich seine Gebete sprach, war er nicht gläubig. Als aktiver Zionist wollte er lieber kämpfen, und zwar gegen alle, die sich dem künftigen Staat Israel in den Weg stellen oder ihn und seine Familie wieder bedrohen wollten. Ein Jude zu sein, vor allem einer mit deutscher Muttersprache, war auch drei Jahre nach Kriegsende nicht leicht. So einer wurde doppelt gehasst. Am 15. August 1947, kurz nach dem Spiel des Karlsbader Fußballvereins Slavia mit der jüdischen Mannschaft Hakas aus Wien, kam es zu Übergriffen. «Juden, raus! Alle totschlagen! Ab nach Palästina!», schrie nach dem verlorenen Spiel der einheimischen Mannschaft jemand aus dem Publikum. Ein 46-jähriger Jude aus der Karpato-Ukraine protestierte, zum Schluss prügelten sich fast 150 Menschen und brüllten antijüdische Parolen. Die Sicherheitskräfte aber verhafteten nur den Juden.

Die Tschechoslowakei war weltweit das vierte Land, das den jüdischen Staat nach seiner Gründung in Mai 1948 anerkannte. Als Israel sogleich von arabischen Staaten angegriffen wurde, trugen die massiven tschechoslowakischen Waffenlieferungen und die Ausbildung israelischer Kampfpiloten auf tschechoslowakischen Flugbasen entscheidend zum israelischen Sieg bei. Die Prager Regierung folgte damit der offiziellen Kremlpolitik, die einen neuen Verbündeten im Nahen Osten suchte. Jeden Tag verließen Gruppen von Karlsbader Juden die Stadt und machten sich auf den Weg ins Gelobte Land. Auch Otto und Arthur Maier hätten am liebsten ihre Koffer gepackt, aber ihre Mutter bremste ihre Begeisterung. «Entweder wir gehen alle oder keiner von uns», pflegte sie zu sagen und meinte damit Josephine, die immer noch im Kloster lebte. Obwohl Luise Maier selbst gläubige Katholikin war, gefiel ihr der Gedanke, dass ihre Tochter ihr Leben der Kirche opfern wollte, ganz und gar nicht. So verloren die Maiers wertvolle Zeit. Die Beziehung zu Israel verschlechterte sich, nachdem das Land sich den USA zugewandt hatte. Die kommunistische Staatssicherheit war überall, jede Bemerkung, jeder noch so harmlose Witz über die Partei oder über den Präsidenten Klement Gottwald konnte dazu führen, dass man auch ohne Prozess in giftigen Uranstollen, Gefängnissen oder Internierungslagern verschwand. 1950 löste die Staatssicherheit alle Klöster im Land auf, mehr als 2000 Geistliche kamen ins Gefängnis. Josephine kehrte nach Hause zurück.

«Jetzt seid ihr Juden endlich dran», kommentierte triumphierend ein Kollege Otto Maiers die Todesurteile gegen die angeblichen jüdischen Verschwörer in Prag. Nur in Israel, davon war der 20-Jährige mehr denn je überzeugt, konnten sich Juden sicher fühlen. Im Keller hielt er eine Pistole versteckt, die er im Haus eines vertriebenen Deutschen gefunden hatte. «Ich wollte mich wehren, wenn jemand käme, um mich in ein sowjetisches Lager zu verschleppen.» Die Mutter willigte endlich in die Ausreise ein, die offiziell aber nicht mehr möglich war. 1953 fuhr sie, begleitet von Arthur und Otto, zur israelischen Botschaft in Prag. Der Botschafter versprach zu helfen. Luise Maier war zwar keine Jüdin, hatte aber einen jüdischen Ehemann, ihre Kinder waren Mitglieder einer Jüdischen Gemeinde und Zionisten. «Erzählen Sie niemandem, dass Sie hier waren. Wir werden bespitzelt», warnte der Botschafter. Kaum waren die Maiers zu Hause angekommen, klopften zwei Männer an ihre Wohnungstür. «Was haben Sie bei der israelischen Botschaft gemacht?», wollten sie wissen. Luise Maier behauptete, nur nach finanzieller Unterstützung gefragt zu haben. «Gehen Sie kein zweites Mal hin, sonst werden Sie Probleme bekommen», drohten ihr die Männer. Die Staatssicherheit ließ sie nicht mehr in Ruhe. Mehrere Vorladungen zu Verhören folgten. Im Buchladen, in dem Arthur als Verkäufer arbeitete, wurde unangemeldet eine Finanzkontrolle durchgeführt. Nachdem die Männer nichts Belastendes fanden, versuchten sie, Arthur als Spitzel zu verpflichten. «Sie gehen ja öfter zu den Juden, erzählen Sie uns das nächste Mal, wie es dort so läuft, und wer über den sozialistischen Staat Unwahrheiten verbreitet.» Seit 1951 siedelte die Karlsbader jüdische Gemeinde im Haus Ananas direkt im Kurzentrum. Arthurs Nerven lagen blank. «Ich gehe nie wieder hin», sagte er zu seinem Bruder.

Fünf Jahre hielt die stalinistische Terrorwelle das Land in ihrer Gewalt. Eine Viertelmillion Opfer, 232 Todesstrafen, 178 davon vollstreckt – nirgendwo im kommunistischen Europa starben mehr Menschen durch Hinrichtungen. Nach allem, was passiert war, waren die meisten Menschen nur müde und misstrauisch. Jüdische Gemeinden standen nach wie vor unter Beobachtung. So beichtete am 28. Januar 1960 der Staatsbeamte der Karlsbader Kirchenbehörde, Josef Strnada,

in einem Brief an seine Vorgesetzten in Prag, dass es ihm nicht gelun-
gen sei, in der Führung der Karlsbader jüdischen religiösen Gemeinde
Kommunisten unterzubringen. Man habe versäumt, die hiesigen Juden umzuerziehen, jetzt bildeten sie eine isolierte Einheit. Manche
von ihnen würden durch ihr Auftreten, durch Überheblichkeit und
teure Kleidung «ihre Umgebung direkt reizen», was keinesfalls zur
Ruhe in der Kurstadt beitrage. Eines Nachts standen zwei Polizisten
vor Maiers Wohnungstür. Im Vorbeigehen hatten sie seltsame Ge-
räusche gehört und vermutet, es könnte sich um ein verbotenes Funk-
gerät handeln. Arthur und Otto spielten die Überraschten. Sie hörten
doch nur Radio, vielleicht etwas zu laut. Die Polizisten glaubten
ihnen und gingen weg. Gerade noch hatten die Brüder es geschafft,
die selbstgebastelte Antenne zu verstecken, mit der sie jede Nacht
heimlich Radio Jerusalem empfingen. Sie lebten in der Tschechoslowakei, ihr Herz aber gehörte Israel.

Die sechziger Jahre brachten Glück in das Leben von Otto Maier.
1963 lernte er die zwölf Jahre jüngere Marie kennen, Tochter eines
sudetendeutschen Ehepaares. Sie heirateten, zwei Jahre später kam ihr
Sohn Thomas zur Welt. Den Plan, nach Israel zu emigrieren, legte
Otto Maier vorerst auf Eis. Warum sollte er jetzt noch das Land verlassen? Es lief alles gut, in der Arbeit war er geschätzt und beliebt.
Trotzdem blieb er vorsichtig. Über die Vergangenheit und seine jüdische Herkunft sprach er lieber nur mit Verwandten. In dieser Atmosphäre erreichte ihn im Juni 1967 die Nachricht vom israelischen Sieg
im Sechstagekrieg. Die tschechoslowakische Führung schlug sich
nach Moskauer Vorbild auf die Seite der arabischen Staaten und brach
alle diplomatischen Kontakte zum jüdischen Staat ab. Nichtjüdische
Regimegegner unterstützten plötzlich Israel. Wir hätten uns nach dem
Münchner Diktat so verteidigen sollen wie Israel heute, sagten viele
und erinnerten an die Hilfe für Israel 1948. «Wir sind auf der Seite der
Juden», hörte Otto Maier auf einer Dienstreise von Kollegen. Er sagte
nichts und lächelte nur still vor sich hin.

1973 starb Luise Maier im Alter von 80 Jahren. «Einmal, wenn in
diesem Land wieder geordnete Verhältnisse herrschen, bekommt ihr
das Eigentum unserer Familie zurück», hatte sie oft zu ihren Kindern

gesagt. Das sollte nie wahr werden. Wie die meisten hielt sich Otto Maier fern der Politik und entwickelte Ehrgeiz in seinem Beruf. Bald schon wurde er der beste und innovativste Schaufensterdekorateur der Stadt. Vom Ersparten fuhren Marie und er mit ihrem Sohn, dessen gute Schulnoten sie mit Stolz erfüllten, jedes Jahr in die Hohe Tatra oder ans Schwarze Meer. Erst als Thomas das Gymnasium besuchte und Fragen stellte, erzählte ihm sein Vater über seine Kindheit und die Lager. Ende der siebziger Jahre wurde das Haus «Ananas», der Sitz der jüdischen Gemeinde, wegen seiner angeblich schlechten Statik abgerissen. Die Karlsbader Juden durften für ihre Treffen und Gebete nur noch eine Privatwohnung in der Straße der Ersten Tschechoslowakischen Armee nutzen. Sie lag im dritten Stock eines Gebäudes ohne Aufzug, für die überwiegend alten und gebrechlichen Gemeindemitglieder war das eine Tortur. Otto Maier ging nicht mehr hin. Die politische Wende im November 1989, eingeleitet durch die Studentendemonstration in Prag, erlebte er als Rentner. Er stand in der Masse jubelnder Karlsbader, die mit erhobenen Händen das Victory-Zeichen machten und die tschechoslowakische Hymne sangen, und dachte an seine Befreiung in Theresienstadt vor 44 Jahren. Aber auch diesmal gab es kein Geben ohne ein Nehmen. Im Alter von 59 Jahren starb einen Monat später Arthur, sein Schutzengel und einziger Freund.

Draußen auf den Kolonnaden verlöschen die Laternenlichter. Otto Maier beendet seine Erzählung, das lange Reden hat ihn erschöpft. Eine Sache in seinem Leben habe er falsch gemacht, sagt er: «Marie und ich hätten nach Israel auswandern sollen. Für Juden ist das Land das Wichtigste, was es überhaupt geben kann.» Er fühle sich als Jude, auch wenn er wegen seiner nichtjüdischen Mutter kein «Hundertprozentiger» sei. «Das hat auch mit diesem ungeheuren Unglück zu tun, das den Juden passiert ist.» Dann sei er ein typischer Karlsbader, denn es waren «fabelhafte Menschen» – und natürlich auch ein Sudetendeutscher, fügt er auf Tschechisch hinzu.

Slowakei

«Hören Sie auf Gottes Stimme und helfen Sie uns in unserem tiefsten Unglück»

Das Ringen um die Definitionsmacht, wer Täter und wer Opfer ist

Verwahrloster jüdischer Friedhof im westslowakischen Komárno

D ie Frage scheint die junge Frau an der Pforte des Martinský Friedhofs in Bratislava nicht zu überraschen. «Tiso? Parzelle Nummer zwölf, dort, wo so viele Blumen liegen.» Dann denkt sie kurz nach, springt auf und sperrt die Pforte zu: «Warten Sie, ich komme mit.» Ein Friedhofsangestellter in grüner Arbeitsjacke und Gummistiefeln drückt seine halbgerauchte Zigarette aus und schließt sich uns an. Er wisse genau, wo es ist, erzählt er unterwegs. «Ich musste damals die Knochen aus dem Sarg holen.» Im März 2007 wurde der einstige Präsident des klerikalfaschistischen Slowakischen Staates, Jozef Tiso, unter großer medialer Aufmerksamkeit exhumiert. Der Grund dafür waren Gerüchte, die sich im Land seit Jahrzehnten schon hielten. Das Grab sei leer, kommunistische Geheimdienstagenten hätten Tisos sterbliche Überreste Ende der vierziger Jahre heimlich ausgegraben und an einem unbekannten Ort verbrannt. 60 Jahre nach Tisos Hinrichtung beantragten die Ultranationalisten der «Andrej-Hlinka-Gesellschaft» die Graböffnung. Unser redseliger Begleiter erinnert sich genau. Drei Priester haben die Exhumierung beaufsichtigt. Neben Knochen lagen im Sarg eine Brille und ein schmutziger Priesterkragen. Das Ergebnis der DNA-Analyse eines Wiener Instituts konnte man später in allen slowakischen Zeitungen nachlesen: Im Grab ruhe «mit hoher Wahrscheinlichkeit» Jozef Tiso. Ein paar Tage nach der Veröffentlichung der brisanten Nachricht trafen sich am Martinský Friedhof etwa 500 ältere sowie junge Männer mit glattrasierten Köpfen und in schwarzen Uniformen. Andächtig lauschten sie den Worten des Pfarrers Štefan Herényi, der über Tiso, der moralisch und politisch für die Deportation von fast 60 000 Juden in die deutschen Vernichtungslager verantwortlich war, die Worte sprach: «Er war weder ein Mörder noch ein Verbrecher. Er war ein Mann, der sein Leben geopfert hat.»

Ein Grab in Bratislava

Ein warmer Junitag, elf Uhr vormittags. Ein leichter Wind streicht durch die Bäume, auf dem riesigen Martinský Friedhof ist es wohltuend still. Wir verlassen den Hauptweg und biegen nach links ab. Auf einer Nebenstraße parkt ein Auto. Ein Mann in weißem T-Shirt und in blauer Shorts lehnt an der Fahrertür, der andere steht neben ihm und telefoniert. Sie grüßen freundlich, der Mann in Shorts zieht aus der Hosentasche eine Visitenkarte. «Wir haben ein eigenes Beerdigungsinstitut. Sollten Sie uns irgendwann brauchen … Na, Sie wissen schon …» Wir erklären, dass wir nicht aus Bratislava sind und eigentlich nur Tisos Grab sehen wollen. Ein strahlendes Lächeln zieht in seinem Gesicht auf. «Sie suchen Herrn Präsidenten? Wir sind große Fans von ihm, schauen Sie her!», ruft er und klopft mit seinem Zeigefinger an die Fahrertür. Auf einem Aufkleber ist Tisos rundes Gesicht zu sehen, auch am Heck klebt ein Miniportrait des ehemaligen slowakischen Präsidenten. Der Mann zwinkert uns verschwörerisch zu und hebt den Daumen hoch: «Er war der beste!» Die Situation ist grotesk, nicht nur deshalb, weil wir auf dem Weg zum Grab eines verurteilten Kriegsverbrechers ausgerechnet zwei seiner Bewunderer begegnen. Die beiden sind Roma. Ahnungslos verehren sie einen Mann, unter dessen Präsidentschaft auf öffentlichen Plätzen Schilder mit der Aufschrift «Juden, Zigeunern und Hunden ist der Zutritt verboten» hingen. Junge Roma wurden in Arbeitslager deportiert und nach der Niederschlagung des Nationalaufstandes im Herbst 1944 Opfer von Massenerschießungen durch deutsche SS-Männer und ihre slowakischen Helfer. Bis heute ist der Roma-Genozid in der Slowakei ein kaum erforschtes Thema. Mehr als siebzig Jahre nach Kriegsende ist der Alltag der etwa 400 000 slowakischen Roma von Diskriminierung geprägt.

Der elegante Obelisk, eine Spende der Ultranationalisten, ist schon aus der Ferne sichtbar. «Dr. Jozef Tiso, Priester und Präsident. Opferte sein Leben für Glaube und Nation», steht auf dem schwarzen Granit. Auf dem Grab liegen Kränze mit Schleifen in den slowakischen Nationalfarben. Tisos sterbliche Überreste wurden 2008 ins westslowakische Nitra überführt und liegen auf der Burg begraben. Im März 2016 fanden Parlamentswahlen statt, die rechtsextreme «Volkspartei Unsere Slowakei» um Marián Kotleba erhielt auf Anhieb acht Prozent. Zum ersten Mal seit Kriegsende sitzen im Parlament Abgeordnete, die offen dem slowakischen Staat der Kriegsjahre huldigen und den Holocaust eine Lüge nennen. In dem fünfeinhalb Millionen Einwohner zählenden Land führte ihr unerwarteter Erfolg zu einem politischen Erdbeben. Politiker etablierter Parteien, die sich vor der Wahl einen Wettkampf in der Hetze gegen Flüchtlinge lieferten, schieben sich gegenseitig die Verantwortung zu. Neun Tage nach der Parlamentswahl, am 77. Jahrestag der Entstehung des slowakischen Staates, pilgerten Tisos Anhänger wieder einmal zu seinem symbolischen Grab. Mit dabei waren diesmal auch drei Abgeordnete der «Volkspartei». Unter dem wohlwollenden Blick eines Priesters, der die Deportationen von slowakischen Juden in Frage stellte, verbeugten sie sich ehrfürchtig vor ihrem Idol. Die provisorische Tafel, die jemand an dem Grabmal befestigt hatte, war in der Nacht davor entfernt worden. Darauf stand: «Mörder, Kollaborateur, Faschist.» 2017 hielten sich die «Volkspartei»-Abgeordneten gar nicht mehr zurück: «Gebe Gott, dass wir auch heute so einen Präsidenten bekommen», sagte eine «Volkspartei»-Abgeordnete.

Die mehrheitlich katholische Slowakei tat sich schon immer schwer mit Kritik an dem Priesterpräsidenten. Für nationalgesinnte Slowaken ist Jozef Tiso ein Held und der von ihm geführte Staat das glückliche Ende eines jahrhundertelangen Kampfes um die Unabhängigkeit. Um das zu verstehen, muss man einen Blick in die Geschichte werfen: Seit dem frühen 11. Jahrhundert gehörte das Gebiet der heutigen Slowakei zum ungarischen Königreich. Nach der Niederlage des ungarischen Heers gegen die Türken bei Mohács 1526 fiel das Land gemeinsam mit Böhmen und Mähren an die Habsburger. Von 1867 an gehörte es zur Doppelmonarchie Österreich-Ungarn. Auf ihren Ruinen wurde 1918 die Tschechoslowakische Republik gegründet. Der gemeinsame Staat der Tschechen und Slowaken bestand bis 1939 und dann erneut von 1945 bis zu seiner friedlichen Teilung 1992. Zwischen 1939 und 1945 hatten die Slowaken ihren eigenen Staat. Auf der Karte Europas erschien er am 14. März 1939, einen Tag vor dem Einmarsch der deutschen Wehrmacht in Prag. Der Slowakische Staat war souverän, musste sich aber in seiner Außen-, Militär- und Wirtschaftspolitik seiner «Schutzmacht» Deutschland unterordnen. Im Oktober 1939 wählten slowakische Landtagsabgeordnete Jozef Tiso zum Präsidenten. Während viele ethnische Slowaken den eigenständigen Staat begrüßten und als Befreiung von der Prager Bevormundung verstanden,

Jozef Tiso mit Adolf Hitler in Berlin, Oktober 1941.

begann für die slowakischen Juden ein Albtraum. Einer Volkszählung zufolge hatte die damalige Slowakei 2 650 000 Einwohner, 89 000 von ihnen waren Juden. Im September 1941 verabschiedeten slowakische Abgeordnete einen «Judenkodex», der neben den Nürnberger Rassegesetzen zu den schärfsten antijüdischen Gesetzen in Europa zählte. Für Ruhe im Land sorgte die Hlinka-Garde, eine nach dem Vorbild von SS und SA aufgebaute paramilitärische Organisation der Regierungspartei. Der erste Deportationszug mit tausend Juden verließ die Slowakei am 25. März 1942. Sein Ziel waren die deutschen Vernichtungslager im besetzten Polen. Am 15. Mai verabschiedete der slowakische Landtag nachträglich das Verfassungsgesetz über die Deportationen. Tiso unterschrieb es. Zu diesem Zeitpunkt waren die Deportationen schon im vollen Gange. Zwischen März und Oktober 1942 wurden 57 628 Juden, etwa zwei Drittel der gesamten jüdischen Bevölkerung, nach Auschwitz, Lublin-Majdanek und Sobibor verschleppt. Verschont blieben nur Konvertiten und solche, die eine sogenannte Präsidentenausnahme besaßen, «wirtschaftlich wichtige» Juden und Zwangsarbeiter in den slowakischen Arbeitslagern. Den Deportierten wurde die Staatsbürgerschaft aberkannt, ihr Eigentum wurde konfisziert. Für jeden Einzelnen musste die Slowakei an Berlin 500 Reichsmark zahlen. Der Blutzoll stammte aus dem geraubten jüdischen Eigentum. Manche nationalkonservative slowakische Historiker versuchen heute, die Schuld an den Deportationen auf die deutschen «Berater» zu schieben, die im Land tätig waren. Tatsächlich aber war die Slowakische Republik das einzige nicht besetzte Land, das bereits 1942 mit der Deportation seiner jüdischen Einwohner begann und sie selbstständig ausführte.

Dem nationalsozialistischen Völkermord fielen bis Ende des Zweiten Weltkrieges 72 000 slowakische Juden zum Opfer. Nach der Rückgabe der südlichen Gebiete, die das Land im November 1938 an Ungarn verloren hatte, lebten in der Nachkriegsslowakei etwa 30 000 Juden. Sie gründeten ihre Gemeinden neu und bemühten sich um ein einigermaßen normales jüdisches Leben. In kleinen Ortschaften war es allerdings schwierig, zehn Männer zusammenzubekommen, die für einen Gottesdienst notwendig sind. Die kommunistische Machtübernahme und die Gründung Israels 1948 führten wie im tschechischen Teil der gemeinsamen Republik zu einer großen Emigrationswelle. Mehr als ein Drittel aller slowakischen Juden wanderte aus, weitere Auswanderungswellen folgten Mitte der sechziger Jahre und nach der Niederschlagung des Prager Frühlings im August 1968. Heute leben in der Slowakei, einem Land mit fünfeinhalb Millionen Einwohnern, nur noch etwa 3000 Juden.

In der Frage der Bewertung von Jozef Tiso ist die slowakische Gesellschaft tief gespalten. Jeder zweite Slowake sieht ihn und seinen Staat nicht nur negativ. Das ist das Ergebnis einer repräsentativen Umfrage des Instituts für öffentliche Angelegenheiten, mit dessen Direktor Grigorij Meseznikov wir uns in seinem Büro im Stadtzentrum treffen. Der Trend zur Relativierung der eigenen Schuld und Verantwortung setzte sich in der Slowakei unmittelbar nach dem Zerfall des kommunistischen Regimes durch und verstärkte sich während der Diskussionen um die Teilung der Tschechoslowakischen Republik Anfang der neunziger Jahre, wie der 61-Jährige erklärt. Nicht nur Nationalisten und Rechtsradikale sprechen mit Sympathie von Tiso, sondern auch mehrere Politiker aus demokratischen Parteien. Aus Angst vor dem Verlust an Wählerstimmen tun sie es aber nur hinter vorgehaltener Hand. Weniger Hemmungen haben dagegen Teile des katholischen Klerus. Unter dem Etikett einer «objektiven Neubeurteilung» streben sie mit Hilfe konservativer Historiker die Rehabilitierung des Priesterpräsidenten an. «Ich schätze Tiso sehr, weil ich mich erinnere, wie arm wir waren, als ich noch ein Kind war. Als er kam, ging es uns besser», sagte der slowakische Erzbischof Ján Sokol im Dezember 2006 im slowakischen Nachrichtensender TA 3. Auch staatliche Medien machen bei der gefährlichen Verklärung der Vergangenheit gelegentlich mit: Am 14. März 2012, dem 73. Jahrestag der Entstehung des Slowakischen Staates, sendete das Slowakische Fernsehen in den Abendnachrichten einen Beitrag, aus dem die Zuschauer erfuhren, dass Tiso durch seine Präsidentenausnahmen «fünf bis sechs Tausend Juden gerettet» habe. Die Deportation von fast 60 000 Juden, die er selbst befürwortet hatte, wurde nicht erwähnt. Der damalige Sprecher des Zentralverbandes der Jüdischen Religionsgemeinden in der Slowakei, Jaroslav Franek, reagierte empört: «Es ist, als ob jemand in einen Beitrag über den Pariser Louvre vier pornografische Filme reinschneiden würde, weil es ihm so gefällt», zitierte ihn die slowakische Zeitung SME. «Im Grunde haben wir es hier mit einem slowakischen Revisionismus zu tun», meint Grigorij Mesežnikov. Wie in fast allen mittel- und osteuropäischen Ländern, die seit dem Untergang des kommunistischen Regimes im neuen Europa um ihre Identität und Selbstbestimmung ringen, hat auch in der Slowakei antisemitisches, faschistisches und nationalistisches Gedankengut Konjunktur. Die Diskussionen um die Verteilung von Kriegsflüchtlingen, die Weigerung der slowakischen Regierung, ihnen zu helfen, der Wahlerfolg der Rechtsextremen – all das sind Belege für die wachsende Intoleranz. Mesežnikov, ein russischer Jude, der seit 1981 in der Slowakei lebt, hat damit selbst schon Erfahrungen gemacht. Im März 2008 attackierten ihn im Zentrum von Bratislava zwei Männer und riefen dabei antisemitische Parolen. Zu einer offenen antijüdischen Hetze kommt es in der Slowakei nicht, dafür sind auch viel zu wenige Juden hier. Vor allem die älteren unter ihnen reagieren besorgt darauf, dass antisemitische Ressentiments in einem Teil der Gesellschaft wiederaufgelebt sind. Der Tiso-Kult, die Versuche, den Priesterpräsidenten zu rehabilitieren, empören sie und machen ihnen Angst. Die Hauptstadt beherbergt die größte der insgesamt zwölf jüdischen Gemeinden im Land. 700 Juden leben in Bratislava. 1998 wurde in der Stadt das einzige jüdische Altenheim der Slowakei errichtet.

In der Wohnstätte Davids

Ohel David liegt in einer ruhigen Seitenstraße nicht weit vom Stadt-zentrum entfernt. Rechts und links säumen alte Bäume den Weg, die Fassaden der meisten Häuser blättern ab. Das renovierte Gebäude mit dem frischen hellblauen Anstrich fällt sofort ins Auge. Die Wände des Flurs im Erdgeschoss schmücken schwarz-weiße Fotografien mit Motiven aus Israel, weiter hinten führt eine Glastür in den Innenhof mit einem gepflegten Garten. Dreißig Frauen und Männer leben zur-zeit im Ohel David. Das fünfstöckige Gebäude ist kein gewöhnliches Altenheim. Die «Wohnstätte Davids» bietet Überlebenden des Holo-caust eine Art Heimkehr. Fast alle hatten in den Jahrzehnten seit Kriegsende ihre jüdische Identität versteckt, sich ins Schweigen zu-rückgezogen. Am Ende ihres Lebens können sie im Ohel David ge-meinsam mit anderen fast vergessene religiöse Bräuche pflegen, den Shabbat heiligen und über ihre Erfahrungen reden – auf Slowakisch, Ungarisch oder Deutsch, je nachdem, aus welchem Landesteil sie kommen.

Blanka Dvorská sitzt allein in einer Ecke. Alles wirkt noch fremd auf die 94-jährige Frau, der Speisesaal, die Menschen, die schweigend essen, die Küchenhilfe im weißen Kittel, die das Frühstücksgeschirr abräumt. Ein lautes Weinen würde hier auffallen, also schluchzt sie leise vor sich hin. Eine Stationsschwester reicht ihr lächelnd eine Tasse Tee. Sie weiß, wie sich die Neue fühlt. «Danke», sagt Blanka Dvorská und wischt sich verlegen die Tränen weg. «Wissen Sie, ich war immer eine Einzelgängerin, das hier ist nicht meine Welt.» Vor einer Woche erst hat ihr älterer Sohn Peter sie ins Ohel David gebracht. Drei Frauen am Nebentisch beobachten sie. Dvorská sei früher Mathe-matiklehrerin an einem Gymnasium in Bratislava gewesen, erzählt Božena Denková, und habe ihre Enkelin unterrichtet. «Sie war zwar streng, aber eine fantastische Lehrerin», sagt sie sehr laut, damit es die Neue hören kann. Blanka Dvorská reagiert nicht, also wiederholt Božena Denková ihre letzten Worte, zieht die Silben theatralisch in die Länge: «Fan-tas-tic-ká!» Mehrere Altenheimbewohner schauen jetzt neugierig in die Richtung der alten Frau mit blondiertem Haar und einem Buckel. Die 94-Jährige hebt plötzlich ihren Kopf hoch: «Warum schimpfen Sie über mich?» Ihre Verärgerung ist nur gespielt, das Kompliment tat ihr gut. In diesem Augenblick betritt Soňa den Speisesaal. «Da bekomme ich richtig Angst vor Ihnen, Frau Dvorská, Mathematik war nie meine Stärke», sagt die 50-jährige Heilpäda-gogin. Die Stimmung im Saal hat sich schlagartig verändert. Einige lachen, rufen Soňas Namen, eine Frau hält der «lieben Sonička» kokett ihre Wange zum Kuss hin, eine andere greift nach ihrer Hand. Soňa hatte zwei Wochen Urlaub, eine lange Zeit für Menschen, die auf jede Veränderung mit Verlustangst reagieren. Gleich nach ihr kommt Lenka, die zweite Therapeutin. Die junge Frau mit pech-schwarzen langen Haaren, die der jüdischen Philosophin Hannah Arendt verblüffend ähnlich sieht, ist für das mentale und körperliche Training zuständig. «Einatmen, Bauch raus, ausatmen. Nicht ein-schlafen, los, rechts und links», macht Soňa die Übungen vor. Die Frauen und Männer strengen sich an, Blanka Dvorská macht, wenn auch noch etwas ungeschickt, mit. Dann sind die Füße dran. Vier-zehn Paare karierte und gestreifte Filzpantoffel kreisen langsam über dem Boden.

«Zeigen Sie uns Ihren Rock, Lenka, so etwas Schönes habe ich schon lange nicht mehr gesehen», schmeichelt die 96-jährige Edita Polanová der jungen Therapeutin nach der Übung. Wie mehrere hier sitzt sie im Rollstuhl. Mit Kennermiene prüft die schlanke Frau mit sorgfältig frisiertem Haar den Stoff. In den dreißiger Jahren war Edita Polanová eine angesehene Klavierlehrerin, wöchentlich pendelte sie zwischen Bratislava, Wien und Budapest. In Bratislava lebten damals etwa 18 000 Juden, die meisten von ihnen sprachen wie sie Deutsch. Im Vergleich zu den größtenteils säkularen Prager Juden waren viele sehr religiös. Im 19. Jahrhundert war die Stadt, in der der Rabbiner Chatam Sofer und seine Nachkommen wirkten, das Zentrum der jü-dischen Orthodoxie in Ungarn. Strenggläubige Juden lebten meistens im Stadtzentrum, wo seit 1926 eine repräsentative orthodoxe Syna-goge stand. Daneben gab es auch eine große Reformgemeinde. Edita Polanová kann wegen ihrer Arthrose nicht mehr Klavier mehr spielen. Außerdem hört sie nicht mehr gut. Der Musik bleibt sie aber treu.

«Ich liebe Chopin und Schumann», ruft sie und lacht über das ganze Gesicht. «Hören Sie auf, Deutsch zu reden!», herrscht Rozália Gutmanová sie unwirsch an. «Ich mag die Deutschen nicht und habe einen guten Grund dafür.» Auf einmal ist es wieder still im Saal. Sie muss nichts erklären, der Grund für ihre Abneigung ist auf ihrem rechten Unterarm deutlich zu sehen, die Auschwitz-Nummer 7116. «Sie spricht nie darüber», sagt uns später Monika. Die Krankenschwester sitzt im Gemeinschaftsraum des Pflegepersonals im ersten Stock und trinkt Kaffee. Ihre gebräunten, schlanken Beine legt die 37-Jährige auf den Tisch, sie habe heute eine lange Schicht und wolle ihre Füße schonen, erklärt sie. Nur einmal brach der Schmerz aus Rozália Gutmanová heraus. Vor ein paar Wochen kam sie in der Nacht ins Schwesternzimmer und schrie: Erschießt mich endlich, wie lange werde ich noch leiden müssen! «Wir wussten sofort, dass sie im Traum wieder dort war», sagt Monika. Sie weckte die 86-jährige Schlafwandlerin vorsichtig auf und brachte sie in ihr Zimmer. Seit sechs Jahren arbeitet die junge Frau im Ohel David, die Sanitätsschwester Oľga, die an der Tür zum Garten raucht, drei Jahre länger. Jeden Morgen fahren die beiden mit dem Zug zur Arbeit. Am liebsten würden sie ihr Dorf verlassen und in die Hauptstadt ziehen, aber das ist bei den hohen Lebenshaltungskosten unmöglich. Wenn Oľga von Fahrgästen gefragt wird, wo sie arbeitet, sagt sie nur, «in einem Altenheim». «Ich bin mir nicht sicher, wie die Leute reagieren würden, wenn sie wüssten, dass es ein jüdisches Altenheim ist.» Monika pflichtet ihr bei. «Auch bei mir weiß es nur meine Familie.» Früher arbeitete Oľga in einem «normalen Altenheim», wie sie es nennt. Dort seien die Menschen nicht so anspruchsvoll und verwöhnt wie hier. «Sie hatten früher keine Dienstmädchen zu Hause, die sie gebadet und angezogen hätten.» Monika nickt. «Manchmal betrachten sie uns als ihre Dienerinnen.» Man merkt, die beiden haben sich schon öfter über das Thema unterhalten. Sie mögen die Altenheimbewohner, sind aber nicht ganz frei von Vorurteilen. Früher wurden alle Juden für reich gehalten. Das wirkt nach.

Verbitterung und Sozialneid brauchen ein Ventil. In der Slowakei, noch vor einem Jahrzehnt ein Musterland des Neoliberalismus, geht die Schere zwischen Arm und Reich immer weiter auf. Von den 1000 Euro, die eine Krankenschwester in Bratislava im Monat durchschnittlich verdient, kann man hier nicht leben. Eine Mietwohnung in der wirtschaftlich boomenden Hauptstadt ist fast so teuer wie in einigen Außenbezirken Wiens. Nur 60 Kilometer – und eine Grenze – trennen beide Städte. Ein Heim wie Ohel David, in dem jeder eine kleine Ein-Zimmer-Wohnung hat, rund um die Uhr betreut und verpflegt wird, das zudem hell, modern und sauber ist, ragt weit über den slowakischen Standard hinaus. Der Zentralverband der jüdischen Gemeinden hat das Haus erbaut und finanziert die Einrichtung. Geld kommt auch aus dem staatlichen Entschädigungsfond für die Holocaust-Opfer und vom Landkreis Bratislava. Mit den Renten der Bewohner werden die Betriebskosten gedeckt. Viele Krankenschwestern pendeln täglich in die österreichische Hauptstadt, weil sie dort wesentlich mehr verdienen. Auch Monika spielte schon öfters mit diesem Gedanken, entschied sich dann aber doch für Ohel David. Sie habe hier zwar weniger Geld, aber dafür keinen Stress. «Ich will damit nicht sagen, dass es eine leichte Arbeit ist», betont die Frau mit feuerrotem, kurz geschnittenem Haar: «Die Menschen hier haben Furchtbares erlebt, deshalb sind sie vielleicht so besitzergreifend. Es dauert lange, bis man ihr Vertrauen gewinnt.»

Nach der morgendlichen Gymnastikübung setzt sich Lenka kurz zu Blanka Dvorská. Die 94-Jährige zittert am ganzen Körper und kämpft mit den Tränen. Beschämt nimmt sie das angebotene Taschentuch und entschuldigt sich für ihr Benehmen. «Wissen Sie», erzählt sie, «seit dem Tod meines Mannes habe ich nie mehr darüber gesprochen, dass ich eine Jüdin bin. Und jetzt bin ich hier, in einem jüdischen Altenheim.» 1951, auf dem Höhepunkt der stalinistischen Terrorwelle gegen die angeblichen Verschwörer um den jüdischen Generalsekretär der Tschechoslowakischen Kommunistischen Partei, Rudolf Slánský, wurde Blankas jüdischer Ehemann verhaftet und in einem Schauprozess zu 15 Jahren Haft verurteilt. Ohne jeden Schutz musste er in den Uran-Minen im tschechischen Jáchymov Zwangsarbeit leisten. Kurz nach seiner Amnestierung Ende der fünfziger Jahre starb er an den Folgen der radioaktiven Strahlung. Auch Blanka Dvorskás Bruder, ein ehemaliger Widerstandskämpfer, kam damals ins Gefängnis. Anders als in Prag, musste in der Slowakei der Vorwurf des Zionismus nicht erst konstruiert werden. Die zionistische Bewegung war hier sehr populär. Führende Zionisten, die für die Auswanderung nach Israel warben, landeten hinter Gittern. Auch waren anders als in Tschechien viel weniger Juden in hohen Parteiämtern vertreten. Der Glaube war ihnen wichtiger. «Juden haben alles Mögliche erlebt», sagt Blanka Dvorská seufzend. 1942 entkam sie als Lehrerin den ersten Deportationswellen. «Die Deutschen wollten mich nicht haben», sagt sie und spielt auf ihre Behinderung an. Am 29. August 1944 brach in der Slowakei der Nationalaufstand aus. An dem Kampf gegen die eigene Regierung und Hitlerdeutschland waren neben 60 000 Soldaten der regulären slowakischen Armee bürgerliche Gruppierungen sowie 18 000 Partisanen beteiligt. Auch viele junge Juden, die sich noch im Land befanden, schlossen sich dem bewaffneten Widerstand an. Blanka Dvorská versorgte eine ostslowakische Partisanengruppe mit Essen und Nachrichten. Nach der Besetzung des Landes durch die deutschen Truppen flüchtete sie in die Berge und versteckte sich wochenlang in Heuschobern. «Ich war dort ganz allein, es war mir ziemlich egal, was mit mir passiert.» Die Sätze sprudeln aus ihr heraus. Längst begrabene Erinnerungen kommen wieder hoch, die frühere Mathematiklehrerin versucht, sie mühsam zu einem Bild zusammenzufügen. «Das alles müssen wir gründlich besprechen, Frau Dvorská. Ich komme am Nachmittag zu Ihnen ins Zimmer», verspricht Lenka, streichelt die schmale Hand der alten Frau und geht. «Wir leben», flüstert Blanka Dvorská.

«Die Neuen reden sofort über die Vergangenheit. Es ist ihre Art, sich vorzustellen», sagt Soňa. Zusammen mit Lenka wartet die Heilpädagogin im Foyer des fünften Stockwerks auf die Heimbewohner. «Meistens enden sie dann beim Holocaust.» Viele sprachen darüber noch nie ein Wort, nicht einmal in ihren Familien, weil sie ihre Kinder schonen wollten. «Manche kommen erst jetzt darauf, dass es vielleicht nicht richtig war.» Aber wer kann schon sagen, was richtig und was falsch sei. Sie selbst, sagt Soňa, fange mit dem Thema nicht an, um keine alten Wunden aufzureißen. Aber die Vergangenheit holt die

Altenheimbewohner manchmal auch bei banalen Dingen ein. Nach und nach trudeln sie ein; trotz der Augusthitze wollen viele vor dem Mittagessen noch auf der Dachterrasse sitzen. Der geräumige Platz mit roten Geranien und zwei großen Sonnenschirmen ist ihr Lieblingsort. Von hier aus reicht der Blick weit über die Stadt. Auf der linken Seite erstrecken sich die mittelalterlichen Mauern der Burg von Bratislava, rechts sieht man die Dächer des historischen Stadtkerns. Die Brücke des Slowakischen Nationalaufstandes, eine futuristisch anmutende Stahlkonstruktion, verbindet die beiden Ufer der Donau. Ihr Anblick erinnert an einen schmerzlichen Verlust: Für den Bau der Brücke und der Schnellstraße durch die Stadt wurde 1973 das einstige jüdische Viertel abgerissen. Auch die prächtige Synagoge der Reformgemeinde fiel den Baggern zum Opfer, die orthodoxe war schon in den 1950er Jahren zerstört worden. Es dürfte kein Zufall gewesen sein, dass die Stadtplaner das Brücken-Projekt ausgerechnet 1968 beschlossen haben. Nach dem Sechstagekrieg Israels gegen Ägypten hatte die Tschechoslowakei wie die meisten Staaten im kommunistischen Ostmitteleuropa die diplomatischen Beziehungen zu Israel abgebrochen. Den jüdischen Friedhof mit dem Grab des weltberühmten Gelehrten Chatam Sofer hatte man schon 1942 unter einer Betondecke begraben. 60 Jahre lang rollten Schwerlastwagen und Straßenbahnen über die Grabstätte, bis Bratislava 2002 endlich Geld ausgab, um ihre Reste zu retten. Heute ist Sofers Grab eine Pilgerstätte für Orthodoxe und Ultraorthodoxe aus der ganzen Welt. Koscheres Essen besorgen sich die meisten Besucher schon in Wien. Das einzige koschere Restaurant in Bratislava und im ganzen Land, Chez David, verpachtete der Zentralverband der Jüdischen Religionsgemeinden zum Entsetzen vieler Gemeindemitglieder nämlich an einen Bierlokal-Betreiber. Wer in der Stadt lebt und sich koscher ernähren möchte, muss entweder ins nahe Wien fahren oder in der Kantine der jüdischen Gemeinde speisen. Das sind aber ohnehin nur wenige. In der Stadt steht nur noch eine Synagoge, es gibt ein rituelles Bad, einen jüdischen Kindergarten und Friedhof, das ist es aber dann auch. «In Bratislava gibt es heute keine starke religiöse Überzeugung», bedauerte in einem Zeitungsinterview Oberrabbiner Baruch Myers, der vor mehr als zwei Jahrzehnten aus New Jersey kam. Die Synagoge in der Heydukova Straße besuchen am Shabbat gerade mal 20 Menschen, an hohen Feiertagen etwa zehnmal so viel. Die wenigen jungen orthodoxen Juden haben es nicht leicht in Bratislava. Ihre Chancen, in der Slowakei einen jüdischen Lebenspartner zu finden und eine Familie zu gründen, sind äußerst gering. Die meisten wandern nach Israel oder nach Prag aus. Maroš Borský, Historiker und bekanntester Vertreter der dritten Generation slowakischer Juden in Bratislava, sieht die Zukunft pessimistisch. In 20 Jahren, sagte er in einem Interview mit der Soziologin Alena Heitlingerová, werden slowakische Juden nur eine «virtuelle Kommunität» bilden. Sie werden über Internet kommunizieren und während der Besuche ihrer Eltern in der Slowakei von den «guten alten Zeiten» reden. Die Bewohner von Ohel David gehören vermutlich also zu den letzten slowakischen Juden, die noch ein echtes jüdisches Leben in diesem Land kannten.

Im Altenheim steht jetzt mentales Training auf dem Programm. Wer kann schnell die Vornamen nennen, die mit dem Buchstaben «Z» beginnen? Frau Denková strengt sich an, will unbedingt die Beste sein. Nicht alle machen mit, die heiße Sonne macht schläfrig. Edita Polanová ist in ihrem Rollstuhl bereits vor einer halben Stunde eingenickt, auch der an Alzheimer erkrankte Pavel Šimko hat die Augen geschlossen. Blanka Dvorská hat Wichtigeres zu tun, ihr Sohn ist zu Besuch gekommen, und mit ihm auch ihre jüngere Schwester Hilda, eine vitale Frau mit rundem Gesicht und drei eintätowierten Ziffern auf dem Unterarm. Die vierte Ziffer hat sie sich schon vor Jahren mit selbstgemachten Präparaten entfernt, erzählt sie kichernd. Die Stelle entzündete sich aber so schlimm, dass sie den Rest der Auschwitz-Nummer lieber am Arm ließ. Draußen auf der Terrasse liest Soňa gerade einen Artikel über die Farbenlehre: «Mit einem schwarzen Anzug kann man bei einem indischen Begräbnis einen Fauxpas begehen.» Die Wachen lachen. «Laut Umfragen ist die gelbe Farbe die unpopulärste von allen», heißt es weiter. «Ich glaube, das liegt daran, weil viele Menschen mit Gelb den Judenstern assoziieren», unterbricht sie die 84-jährige Verona Javorová. Einige protestieren. Die 74-jährige Helena Kopecká, die Jüngste in der Runde, erzählt ihrer Tischnachbarin, dass auch sie ein solches «Sternchen» getragen hat. Als sechsjähriges Kind musste sie sich mit ihrer Mutter in verschiedenen Kellern vor der SS verstecken, einmal krochen sie und 20 andere in ein Latrinenloch. «Wie die Ratten waren wir dort eingepfercht.» Ihren Onkel, den die Deutschen kurz vor Kriegsende in ein Konzentrationslager verschleppt hatten, hat sie nie mehr gesehen. Die kurzhaarige Frau im grünen Sommerkleid will weitererzählen, aber Magda Gymešová unterbricht sie. «Hören Sie auf, ständig vom KZ zu reden! Sie waren ja gar nicht dort! Was soll ich da sagen. Ich verlor sieben Familienmitglieder in Lagern!» Frau Kopecká verstummt und zieht sich beleidigt zurück. Wenn Überlebende untereinander streiten, wer mehr litt oder in welchem Lager es schlimmer war, sprechen Trauma-Forscher vom «Opferneid». Soňa kennt das und versucht, unauffällig das Thema zu wechseln. Niemand könne das erlittene Schicksal von außen bewerten, das Leiden jeder Person sei einzigartig und werde ganz individuell erlebt, sagt sie. Božena Denková beginnt, von ihren Kindern zu erzählen, die sie regelmäßig besuchen, erwähnt auch ihre beiden Schwestern, die in Israel leben. «Und meine Schwester kam gestern aus Auschwitz zurück. Den ganzen Weg bis nach Budapest ging sie zu Fuß», unterbricht sie plötzlich Edita Polanová und nickt dabei ernst mit dem Kopf. Jetzt sind alle wach, starren verlegen auf die Tischkante. Nur Blanka Dvorská, deren Besuch gerade gegangen ist, führt Selbstgespräche. «Heute war ich den ganzen Tag sehr ungeschickt.»

Nach dem Mittagessen, das in der koscheren Küche der jüdischen Gemeinde zubereitet wird, legen sich die meisten Heimbewohner schlafen. Helena Kopecká bleibt wach, sie muss auf ihre Zahnprothese warten, außerdem will sie ihre Geschichte zu Ende erzählen. Auf dem kleinen Tisch ist Kaffee vorbereitet, den ihr ihre Tochter aus Wien gebracht hat. Dort lebt sie mit ihrem Mann, einem gläubigen Juden, und arbeitet als Psychotherapeutin. Bei einem christlichen Ehemann wäre die Gefahr groß, dass er ihr bei jedem Streit vorwerfen würde, dass sie eine Jüdin sei, sagte sie einmal zu ihrer Mutter. Helena Kopecká macht sich deshalb Sorgen. Anders als ihre Tochter, wollte sie nach dem Krieg unbedingt einen Christen heiraten, mit der Vergangenheit abschließen und mit den Juden nichts mehr zu tun haben.

Doch der Holocaust blieb immer gegenwärtig. 1944 schloss sich Helenas Vater dem Aufstand an, sie und ihre Mutter blieben in ihrem Dorf allein zurück. Als Angestellte einer Holzfabrik, die während des Krieges Holz nach Nazideutschland exportierte, wurde Helenas Mutter und mit ihr auch sie von der ersten Deportationswelle im Jahre 1942 verschont. Zwei Jahre später, als die Deutschen das Land besetzten, nützte ihr das Dokument nichts mehr. «Zuerst versteckte mich meine Mutter bei den Nonnen, dort ging es mir gut. Später holte sie mich raus, sagte zu mir, wenn wir sterben sollen, dann gemeinsam.» Helena aber wollte nicht sterben. Außerdem verstand sie nicht, warum sie jetzt statt im warmen Zimmer in einem feuchten Erdloch schlafen musste. Ende der fünfziger Jahre fand Helena Kopecká eine Stelle als Sekretärin in einer staatlichen Firma. «Ich war immer unter Christen. Zur Sicherheit.» Sie macht eine Pause und geht zur Tür, lauscht angespannt den Geräuschen im Flur. Dann dreht sie sich um und flüstert mit verschwörerischem Blick: «Wissen Sie, vielleicht haben wir Juden es uns selbst zuzuschreiben. Wer sich nicht anpasst, muss bezahlen.» Die 76-Jährige ist nicht die Einzige, die von solchen unbegründeten, aber schmerzhaften Gedanken überfallen wird. Das Gefühl des Anderssein begleitete sie immer. Wegen ihrer jüdischen Herkunft waren sie in der sozialistischen Tschechoslowakei stigmatisiert. Das Wort «Jude» existierte im offiziellen Sprachgebrauch nicht, wurde als Synonym für Betrüger und geldgierige Wucherer benutzt oder als Schimpfwort. Eine Erinnerungskultur, eine Auseinandersetzung mit dem Holocaust gab es nicht. Selbst der getöteten Juden, die am Aufstand teilnahmen, wurde nur allgemein als «tschechoslowakische Antifaschisten» gedacht. Die enorme Aufmerksamkeit, die Zeitzeugen seit 30 Jahren in Westeuropa und besonders in den USA erfahren, wurde den slowakischen Überlebenden nie zuteil.

Die 100-jährige Magda Gymešová ist die Älteste. Geduldig wartet sie in ihrem Zimmer auf Oberschwester Eva, die ihr aus dem Rollstuhl hilft und sie ins Bett bringt. In Gedanken ist die alte Frau offensichtlich immer noch bei der Diskussion auf der Terrasse, denn plötzlich sagt sie: «Ich bin eine Antisemitin! Ich mag die Juden nicht, weil sie böse zueinander sind. Wir hätten uns anpassen sollen, dann wäre uns das alles nicht passiert.» In der Trauma-Forschung ist das Phänomen bekannt: Ein Gewaltopfer übernimmt die Sichtweise des Täters, entwickelt Selbsthass. Oberschwester Eva erlebt solche Ausbrüche nicht zum ersten Mal. Sanft streichelt sie den Rücken der alten Frau, spricht beruhigend auf sie ein: «Sie dürfen sich nicht aufregen und solche schlimmen Dinge sagen.» Vor drei Wochen, erzählt sie später im Flur, kam es zwischen zwei Heimbewohnerinnen zu einem derart heftigen Streit, dass er in großer Runde und mit der Direktorin ausdiskutiert werden musste. Eine Frau warf einer anderen vor, sich wie eine SS-Aufseherin zu benehmen. «Schade, dass Dich die Deutschen damals auf der Rampe vergessen haben!», schrie diese beleidigt zurück. Es flossen Tränen, die Frauen entschuldigten sich schließlich. Aber der Vorfall beunruhigte die Heimbewohner und beschäftigt sie noch heute.

Verona Javorová, eine kluge Frau mit traurigen Augen, hat Verständnis: «Wir sind alle gezeichnet. Ich verzeihe den Menschen hier ihre Ausrutscher, denn ich weiß, was sie durchmachen mussten.» Ihr selbst helfe am besten Musik. Immer, wenn sich dafür eine Gelegenheit anbietet, geht Verona in den Speisesaal und spielt Klavier. Im Sozialismus, erzählt sie, verkrochen Juden sich aus Angst in ihre Schneckenhäuschen. Ihr blieb der Glaube. Jeden Freitagnachmittag zündet Verona Javorová im Speisesaal von Ohel David die Shabbat-Kerzen an und spricht dabei das Gebet. Sie und Herr Blau sind die Einzigen, die Hebräisch können. Meistens ist zwar noch Licht draußen, aber darauf kommt es nicht an. «Es geht darum, sich unserer alten Traditionen wieder bewusst zu werden», sagt Verona Javorová. Bis auf die Bettlägerigen und Heimbewohner, die gerade Besuch haben, sind heute alle da, gekommen sind auch Lenka, Soňa und einige Stationsschwestern. Nach dem Gebet trinkt jeder einen Schluck kosheren Wein und isst ein Stück Barches. Manche bleiben danach noch sitzen und unterhalten sich, andere gehen gleich zurück auf ihre Zimmer. Pünktlich um 19 Uhr ertönen im ganzen Heim die Fernsehnachrichten. «Sie sind manchmal der Depressionsauslöser», sagt Soňa. Wenn die Heimbewohner sehen, wie die slowakischen Neo-

nazis im Parlament sitzen, merken, dass ein Teil der älteren Generation nostalgisch auf den Slowakischen Staat und seinen Präsidenten
zurückblickt, bekommen sie Angst. Die meisten slowakischen Juden
reagierten auf die friedliche Trennung der Tschechoslowakei in den
Jahren 1992/1993 mit Furcht vor der Zukunft. Die selbständige Slowakei und der wieder aufflammende Nationalismus weckten die schreck-
lichsten Erinnerungen an den Staat Tisos. «Manchmal kommen sie
zu uns und fragen, ob die jungen Männer mit Glatzen, die sie im
Fernseher sehen, für sie gefährlich werden könnten. Oder ob die Glastür unten wirklich sicher ist.»

Bevor sich Verona Javorová zum Schlafen legt, sitzt sie noch eine
Weile in ihrem Rollstuhl. «Jeden Abend sehe ich meine Toten, sie
defilieren vor mir wie in einem Theaterstück», sagt sie. Die großen
blauen Augen der alten Frau füllen sich mit Tränen. 1940 musste Verona Fröhlich das Gymnasium in Zvolen verlassen, ihre beste Freundin hörte auf, sie zu grüßen. Das 16-jährige Mädchen, bis dahin die
Klassenbeste, fühlte sich gedemütigt: «Wenn man uns damals an eine
Mauer gestellt hätte, wäre es für mich wahrscheinlich einfacher gewesen.» Zehn Jahre später saß sie bei einem Klassentreffen ihren
Mitschülern gegenüber, einige von ihnen hatten sich während des
Krieges der faschistischen Hlinka-Garde angeschlossen. Sie taten so,
als ob nichts geschehen wäre. Abend für Abend steigt die Erinnerung
an die Ermordeten auf: An die drei der sieben Geschwister, an die
247 Mädchen und Frauen, die 1944 mit ihr im Deportationszug
saßen. «Viele waren noch sehr jung und nahmen sich auf die Reise
einen Lippenstift mit», erzählt Verona Javorová. Ihr Vater, ein Apotheker mit Beziehungen, habe sie im letzten Moment aus dem Zug
herausgeholt. Noch nie hat Verona über die Vergangenheit gesprochen, nicht einmal mit ihren Kindern. Zuerst wollte sie sie schonen,
später fragten sie nicht mehr. Sie hat aber auch eine Erinnerung, die
ihr den Glauben an das Gute im Menschen zurückgab. Der Bürgermeister des ostslowakischen Dorfes Ochtiná versteckte sie und ihren
Mann 1944 bei sich im Keller. Jeder im Dorf wusste davon, doch keiner zeigte ihn an. Dabei hing an der Tür seines Hauses ein deutsches
Plakat mit ihren Namen als Gesuchte. In seiner Küche wohnte ein

junger SS-Offizier. Eines Nachts traf Verona ihn bei der Latrine im Hof. «Er fragte mich, wer ich sei. Ich starb fast vor Angst. Zum Glück kam der Bürgermeister heraus und erklärte, ich sei seine Nichte.» Nach dem Krieg änderten Verona und ihr Mann ihre deutsch klingenden Namen, arbeiteten als Freiwillige für das Rote Kreuz und begannen zu studieren. Sie wurde Lehrerin. Einmal fragte ein Besucher aus der Schweiz sie und die anderen, ob sie im Ohel David glücklich seien. «Glücklich?» wiederholten die alten Frauen und Männer überrascht seine Frage. «Wir sind alle Juden, keiner beschimpft uns, und wir fühlen uns hier nicht allein», antworteten sie ihm.

Es ist 21 Uhr, Monika macht ihren letzten Rundgang. Elena Polanová sitzt in ihrem Bett und hört eine Opernübertragung im ORF. Die Porträts ihrer Lieblingskomponisten, Chopin und Schumann, hängen an der Wand, ihnen gehört ihr letzter Blick, bevor sie einschläft. Auch Blanka Dvorská ist noch wach. Sie steht in ihrem dünnen Nachthemd im Bad und wartet. «Ich bin so froh, dass Sie da sind», begrüßt sie Monika. «Ich habe nachgedacht und bin darauf gekommen, dass ich die Dinge so nehmen muss, wie sie sind. Mir geht es hier doch ganz gut, wozu soll ich also weinen. Jeder muss ja einmal sterben, also hat es keinen Sinn, sich davor schon schlechte Laune zu machen.» Der erfahrenen Krankenschwester reicht ein einziger Blick, um festzustellen, dass die schwierige Anpassungsphase für Blanka Dvorská bald überstanden sein wird. Sie will sie vor dem Schlaf noch aufheitern. «Frau Blanka, warum reden Sie denn über das Sterben. Was ist mit der großen Liebe, die sie noch treffen werden?» Die Frau guckt verblüfft. Dann öffnet sich ihr Mund zu einem seligen, zahnlosen Lächeln.

Bánovce nad Bebravou.
Die letzte Jüdin von Bánovce

Der Busfahrer drückt aufs Gaspedal, der Stau hinter Bratislava hat seinen Zeitplan durcheinandergebracht. Die Sonne steht schon hoch am Himmel, als wir den kleinen Busbahnhof von Bánovce nad Bebravou erreichen. Das 150 Kilometer nordöstlich von Bratislava liegende

Städtchen, ein sauberer, grüner Ort mit ein paar historischen Häusern, ist in eine sanfte Hügellandschaft eingebettet. Viel hat die Provinzstadt aber nicht zu bieten. Gleich hinter dem Bahnhof ragen die ersten realsozialistischen Wohnblöcke auf. Sie sind nicht ganz so hoch wie die in der Hauptstadt und haben frisch gestrichene, pastellfarbene Fassaden. Bausünden aus den siebziger und den frühen achtziger Jahren begegnen wir auch im Stadtzentrum, nur einige historische Häuserzeilen blieben von der Abrisswut der kommunistischen Architekten verschont. Alle Gebäude gruppieren sich um die klassizistische Kirche der Heiligen Dreifaltigkeit in der Mitte des Hauptplatzes. Sie dominiert die ganze Umgebung und zeugt von der Bedeutung des Katholizismus in dieser Region. Man braucht schon viel Fantasie, um sich an diesem kühl und seltsam gesichtslos wirkenden Ort das bunte Markttreiben der Vorkriegszeit vorzustellen. Damals gingen hier Menschen werktags ihren Geschäften nach, an den warmen Abenden verwandelte sich der «Ring» in einen belebten Stadtkorso. Fast alle Läden rund um die Kirche, zwei Geldinstitute, eine Druckerei und einige Kleinbetriebe waren in jüdischem Besitz. Nur am Shabbat kehrte auf dem verlassenen Platz Ruhe ein. Die Gemeinde war orthodox und hatte ungefähr 500 Mitglieder. Oberrabbiner Moses Reich betreute nicht nur sie, sondern auch die Juden in 33 umliegenden Dörfern. In Bánovce wirkten mehrere jüdische Beamte, drei jüdische Anwälte und ebenso viele jüdische Ärzte. Die Gemeinde besaß eine Synagoge und einen kleineren Gebetsraum, eine Mikwe, eine Schule und einen Friedhof. Für Hilfsbedürftige gab es eine Suppenküche, das koschere Fleisch kam aus dem eigenen Schlachthof. Mehr als die Hälfte der erwachsenen Gemeindemitglieder engagierte sich vor dem Krieg in der zionistischen Bewegung. Fünf Vertreter der Jüdischen Partei, der damals größten politischen Organisation der Juden in der Tschechoslowakei, saßen 1938 im Stadtrat. Sonntagvormittags spazierten durch den «Ring» auch festlich gekleidete Kirchgänger. Von den 3200 Einwohnern von Bánovce waren 2630 Katholiken. Das christlich-jüdische Zusammenleben verlief nicht ohne Spannungen. Viele Christen beschwerten sich über die «jüdische Dominanz» in der Stadt, größere Probleme gab es bis 1938 aber nicht. Der alte Rabbiner war ein auch unter Christen angesehener Mann, umgekehrt schätzte die jüdische Bevölkerung den katholischen Pfarrer, dem die Stadt sehr am Herzen lag. Zum ersten Mal kam Jozef Tiso nach Bánovce vor dem Ersten Weltkrieg. Damals war er ein junger Kaplan und Religionslehrer. 1924 kehrte er in die Stadt zurück, diesmal als Pfarrer. Gleich nach seiner Ankunft gründete er einen Kindergarten, drei Jahre später, da saß er schon als Gesundheits- und Sportminister in der tschechoslowakischen Regierung, sorgte er dafür, dass die Stadt eine neue Wasserleitung und Kanalisation erhielt. Auf Tisos Initiative wurde in Bánovce 1934 eine katholische Lehreranstalt errichtet, eine Zeit lang leitete er sie als Direktor. Als er 1939 das Präsidentenamt übernahm, gab es in der Slowakei keine glücklichere Stadt. Auch während der Kriegszeit hielt Jozef Tiso dem kleinen Ort am Fluss Bebrava die Treue. Jeden Samstagnachmittag ließ er sich von seinem Chauffeur nach Bánovce fahren, übernachtete im Pfarrhaus und zelebrierte am nächsten Tag in der Kirche auf dem Marktplatz einen Gottesdienst. Am Abend kehrte er nach Bratislava zurück. Die katholischen Stadtbewohner rechneten es ihm hoch an, dass er sich auch als Präsident für sie Zeit nahm, bei Versammlungen der Hlinka-Gardisten auftrat oder die neue Volksschule einweihte. Wenn er sprach, waren die Auditorien voll. Seine Reden waren voller Lob für Hitler und Hass auf die Bolschewisten, Ungarn, Tschechen und Juden. Obwohl in halb Europa Krieg herrschte und slowakische Truppen bis 1943 mit der deutschen Wehrmacht gegen die Sowjetunion kämpften, fühlten sich die Christen in Bánovce wohl. Das öffentliche Leben lief weiter, niemand musste hungern, nach der Vertreibung der Juden aus den öffentlichen Ämtern gab es neue Arbeitsplätze. Auch die jüdische Bevölkerung hatte anfangs ihre Hoffnung auf Tiso gerichtet, schließlich kannte man sich vom Sehen, führende Gemeindevertreter standen mit ihm persönlich in Kontakt. Die Zeiten seien schlimm, aber der Präsident werde dem radikalen Flügel in der Regierung bald Einhalt gebieten, davon waren sie überzeugt. Erst spät erkannten sie seine wahren Absichten. Schon 1938 verschleppten Hlinka-Gardisten 48 staatenlose Juden aus Bánovce in ein Internierungslager an der Grenze zu Ungarn. Die Jüdische Partei wurde aufgelöst und ihr Eigentum beschlagnahmt. 1940 mussten jüdische Kinder die städtischen Schulen verlassen und auf jüdische wechseln. Dann begann der große Raubzug. Im Laufe des Jahres wurden im Bezirk Bánovce Dutzende Werkstätten aufgelöst, 25 Betriebe, 85 Häuser und Wohnungen wurden «arisiert», genauer gesagt «slowakisiert». 50 jüdische Männer, die ihr Gewerbe verloren hatten, kamen im November 1941 in das Arbeitslager im westslowakischen Nováky. Einige Betriebe gingen an Tisos Verwandte. Anfang März 1942, drei Wochen nach der Deportation der ersten slowakischen Juden in die deutschen Vernichtungslager, hielt sich Tiso wieder einmal in der Stadt auf. Während einer Veranstaltung übergab ihm Moses Reich einen Brief, in dem die slowakischen Rabbiner verzweifelt baten, die bevorstehenden Deportationen zu stoppen: «Die Maßnahmen kann man nennen, wie man will, und sie mit verschiedenen Motiven begründen. Fest steht, dass sie unter diesen Umständen die physische Vernichtung der slowakischen Juden bedeuten […] Hören Sie auf Gottes Stimme und helfen Sie uns in unserem tiefsten Unglück …» Das Schriftstück wurde im Nachkriegsprozess gegen Tiso als Beleg dafür gewertet, dass die Verantwortlichen schon damals sehr wohl wussten, was mit den deportierten Juden geschah. Der Präsident zeigte sich unbeeindruckt, mehr noch: Auf dem Höhepunkt der Deportationen, im August 1942, brüstete er sich auf dem Erntedankfest im westslowakischen Holíč öffentlich mit seiner Gnadenlosigkeit: «Ob es christlich ist, was hier mit den Juden passiert? Ist es unmenschlich? Ist es nicht ein Diebstahl? Ich frage, ob es unchristlich ist, wenn ein Volk seinen ewigen Feind loswerden will. Dass das jüdische Element das Leben der Slowaken bedroht, davon muss niemand überzeugt werden. Es wäre noch schlimmer gewesen, hätten wir uns nicht rechtzeitig von ihnen befreit. Und wir taten es dem Gottesgebot nach: Slowake, schüttle sie ab, befreie dich von deinem Schadenstifter!»

Dem nationalsozialistischen Massenmord fielen insgesamt 72 000 slowakische Juden zum Opfer. Nach Bánovce kehrten 80 zurück, die meisten von ihnen wanderten 1949 nach Israel oder Nordamerika aus. Die Synagoge verwaiste und diente als Möbellager, 1990 übergab man sie der evangelischen Kirchengemeinde. An der Stelle, wo früher die Mikwe war, ist heute ein Parkplatz. Nur der jüdische Friedhof zeugt noch von der Existenz jüdischen Lebens in Bánovce nad Bebravou. Um ihn kümmert sich Alžbeta Schicková, die letzte Jüdin in der Stadt.

Die Wächterin über die Toten

Die alte Frau im rosafarbenen Kurzarmpullover umklammert mit beiden Händen das Treppengeländer und setzt vorsichtig ihren linken Fuß auf die erste Stufe. Dann zieht sie den rechten nach, dann den linken. So geht es über zwei Stockwerke, schwer atmend müht sich die 88-Jährige die Treppe herunter. Als sie endlich an der Eingangstür ihres Wohnblocks steht, fasst sie sich entsetzt an den Kopf. «Ich habe meinen Hut vergessen.» Noch nie hat Alžbeta Schicková den orthodoxen Friedhof ohne Kopfbedeckung betreten. Die Toten können zwar nicht sehen, aber Tradition ist Tradition. Sie dreht sich um und verschwindet im Treppenhaus. Als sie wieder in der Tür erscheint, sitzt auf ihrem grauen Haar ein Sommerhut, um den Hals trägt sie einen eleganten Seidenschal. Vor dem Wohnhaus wartet Lacko. Es sind dreißig Grad im Schatten, die Hitze verwandelte sein Auto in einen Backofen. Der überaus höfliche Mittfünfziger mit Glatze und Schnurrbart nahm sich extra einen Tag frei, um seine frühere Nachbarin und deren Gäste zu begleiten. Die Tante Alžbeta kenne ihn schon seit seiner Geburt, erzählt er während der Fahrt. Seine Mutter und sie seien Freundinnen gewesen. Wir steigen aus. Die Tür zur Gedenkstätte für die ermordeten Juden aus Bánovce und Umgebung ist zugesperrt, Besucher müssen sich bei Alžbeta Schicková voranmelden. Sechs Glastafeln mit den Namen der Opfer schmücken die Wände des kleinen Betonhäuschens am Eingang des Friedhofs. Durch Schlitze im Beton fällt Licht in den kargen Raum. An der Wand neben der Tür steht in slowakischer und hebräischer Sprache die Mahnung «Erinnere Dich». «Ich wollte hier noch ein hebräisches Zitat haben. Aber keiner kümmerte sich darum, und ich konnte nicht mehr», sagt Alžbeta enttäuscht. Trotzdem merkt man ihr an, wie stolz sie auf die Gedenkstätte ist, die ohne sie nie gebaut worden wäre. «Bei den Frauen fehlen die Mädchennamen, es gibt auch keine Geburtsdaten. Wir hatten keinen Platz», sagt sie und fährt mit dem Zeigefinger über die Oberfläche einer der Tafeln. Auch der Name ihres Vaters steht dort. Bis 1942 bewohnte der Spediteur Viliam Tauber mit seiner Frau und Tochter ein Haus am Marktplatz. Tiso kannte ihn, sein Chauffeur war bei der Familie öfters zu Besuch. Es war Viliam Taubers Pferdefuhrwerk, mit dem 1936 die Statue Ľudovít Štúrs in die Stadt gebracht wurde. Der 1815 in einem Dorf bei Bánovce geborene Schriftsteller ist einer der großen slowakischen Aufklärer. Die Idee, ihm neben der Kirche ein Bronzedenkmal zu errichten, kam von Tiso. «Guten Tag», grüßte Alžbeta den stattlichen Mann mit dem schwarzen Hut jedes Mal höflich, wenn sie ihm auf dem Marktplatz begegnete. Tiso erwiderte den Gruß und schenkte dem jüdischen Mädchen ein wohlwollendes Lächeln.

Durch die offene Tür dringen heiße Mittagsluft und Vogelgezwitscher herein. Alžbeta sitzt auf einer Bank, die Füße tun ihr weh. Die Namen der Toten bilden um sie einen symbolischen Kreis. «Die Gedenkstätte war nicht meine Idee», sagt die zierliche Frau bescheiden. 2002 erfuhr sie von einem Bekannten, dass ein Überlebender aus Bánovce, er war nach Kanada gegangen, im Stadtzentrum ein Denkmal für ermordete Juden wolle. Der umtriebigen alten Dame gefiel der Plan sofort. Sie ließ sich bei dem Bürgermeister einen Termin geben, doch der reagierte abweisend. «So lange ich hier Bürgermeister bin, werden weder Juden noch Anhänger von Tiso auf dem Marktplatz ein Denkmal haben», sagte er zu ihr. Alžbeta verstand. Vor nichts fürchtete sich der Lokalpolitiker mehr als vor einer erneuten Blamage. Am 8. Juli 1990, kurz nach der politischen Wende, enthüllten Tisos Bewunderer auf der Rückseite des Gebäudes der ehemaligen katholischen Lehranstalt eine Gedenktafel mit seinem Namen. Es war die Zeit, als mehrere ehemalige Angehörige der Hlinka-Volkspartei aus ihrem Exil in die Slowakei zurückkehrten und ihr Idol rehabilitieren wollten. Auch einheimische Sympathisanten schöpften Hoffnung. Unter den Kommunisten wurde Tisos Name totgeschwiegen. Der offiziellen Lesart zufolge waren die Tschechen Opfer von Hitlerdeutschland und die Slowaken Helden, weil sie 1944 im Nationalaufstand gegen die Wehrmacht gekämpft hatten. Über das Tiso-Regime und

Alžbeta Schicková, Bánovce n. Bebravou, 2015

die slowakische Schuld am Holocaust stand in den Schulbüchern kein Wort. In Bánovce galt eine andere Sicht der Geschichte. Hier blieb der Name Tiso in guter Erinnerung, daran konnten auch die Kommunisten nichts ändern. Viele alte Menschen hatten den Priesterpräsidenten noch persönlich gekannt. Für sie war er der Retter der slowakischen Nation, ein Märtyrer, an dem die Tschechen und die Juden nach dem Krieg Rache nahmen. Die Gedenktafel wurde ausgerechnet von Ján Chryzostom Korec enthüllt, den zwei Wochen zuvor Papst Johannes Paul II. zum Kardinal ernannt hatte. Hunderte Menschen kamen, der Platz vor dem Schulgebäude war überfüllt. Binnen kürzester Zeit geriet die Kleinstadt in die internationalen Schlagzeilen. «Tiso ist vermutlich der erste Kriegsverbrecher in Europa, der eine Gedenktafel bekam», hieß es auch in Kommentaren einiger slowakischer Zeitungen. Die Gedenktafel musste verhüllt werden, nach einigen Wochen verschwand sie ganz. Alžbeta Schicková verstand, warum der Bürgermeister zögerte. Wenn sich die 88-Jährige aber etwas in den Kopf setzt, kann man sie nicht aufhalten. Sie schlug dem Politiker einen Kompromiss vor: Er genehmigt die Gedenkstätte, und sie wird im Gegenzug nicht mehr darauf bestehen, dass sie im Stadtzentrum steht. «Dann stellen Sie sie doch auf Ihrem Friedhof auf!», gab er genervt nach. Dann erst begann die eigentliche Arbeit. Die Hälfte der Bausumme musste Alžbeta selbst aufbringen, der jüdische Zentralverband in Bratislava versprach, für die zweite Hälfte aufzukommen. Sie fand eine Baufirma und eine Architektin, forschte in Archiven, reiste mehrmals nach Israel und sammelte Spenden von den Überlebenden, die bis auf sie alle im Ausland lebten. 2009 wurde die Gedenkstätte feierlich eingeweiht. Es kamen zwar nicht so viele Menschen wie 19 Jahre zuvor zur Enthüllung der Gedenktafel für Tiso. Alžbetas Rede aber lauschte immerhin die gesamte politische und geistliche Elite der Stadt.

Eine Metalltreppe führt von der Gedenkstätte hinunter zum Friedhof. Lacko geht voran, Alžbeta Schicková bleibt und wartet. Der Friedhof liegt an einem steilen Hang, der Weg ist für alte und gebrechliche Menschen nicht ungefährlich. Besucher kommen höchstens zwei, drei Mal im Jahr, sagt Lacko. Meistens sind es Ausländer, deren Eltern oder Großeltern hier begraben sind. Der Friedhof ist nicht groß. 1990 wurde sein unterer Teil eingeebnet, um Platz für den angrenzenden christlichen Friedhof zu schaffen. Die ältesten Grabsteine stammen aus dem späten 19. Jahrhundert und tragen hebräische oder deutsche Inschriften. In einem der Gräber ruht der Rabbiner Abraham Ezekiel Reich, ein bekannter Talmud-Gelehrter. Einer seiner Söhne, Jakub, war vor dem Krieg der Oberrabbiner von Budapest, ein anderer, Moses Reich, betreute bis zu seiner Ermordung 50 Jahre lang die Gemeinde in Bánovce. Obwohl der 90-jährige Rabbiner von Tiso eine Präsidentenausnahme besaß, die ihn und seine große Familie hätte schützen müssen, wurden sie alle nach Auschwitz deportiert. Bei einem neueren Doppelgrab bleibt Lacko stehen. Auf dem schwarzen Granit steht der Name Imrich, Alžbetas 1995 verstorbener Ehemann, der Platz neben ihm ist für sie reserviert. Kennengelernt hatten sie sich 1942 im jüdischen Arbeitslager im westslowakischen Nováky. Sie war fünfzehn Jahre alt, der acht Jahre ältere Imrich war schon vor ihr dort. Im August 1944, nach dem Beginn des Aufstands, wurde das Arbeitslager aufgelöst. Viele der ehemaligen Nováky-Häftlinge schlossen sich dem Kampf an. Tiso rief seine deutschen Freunde zu Hilfe, bald darauf besetzten Hitlers Truppen das Land. Mit Hilfe von ortskundigen Stoßtrupps der Hlinka-Garde jagten Einsatzkommandos von SS und SD Partisanen, Juden und Roma. Ende Oktober 1944 war der Aufstand niedergeschlagen. Mehr als 3600 Zivilisten, unter ihnen etwa 1000 Juden, wurden ermordet, 10 000 Widerständler in die Konzentrationslager verschleppt. Parallel dazu begann die zweite Deportationswelle, diesmal unter deutscher Regie: Etwa 12 000 slowakische Juden wurden nach Auschwitz, Sachsenhausen, Ravensbrück und Theresienstadt verschleppt. Alžbeta, ihre Eltern und Imrich versteckten sich zunächst bei Bekannten in einem Dorf im Uhrovec-Tal. Als die Razzien begannen, flüchteten sie in die Berge. An den Hängen des Schwarzen Bergs entstanden im Herbst 1944 mehrere Bunker, in jedem von ihnen versteckten sich acht bis zehn Juden. Um nicht zu erfrieren, besorgte sich jede Gruppe einen kleinen Ofen, Wasser holte sie am frühen Morgen aus dem Fluss. Tagsüber stieg einer ins Tal hinab, um bei den Dorfbewohnern Nahrung zu organisieren. Kälte, Hunger, Furcht und Misstrauen. Keiner wusste, wer Partisan war und wer Denunziant. Im November 1944 flogen die Bunker am Schwarzen Berg auf. Alžbetas Gruppe flüchtete vor SS-Männern und deren Hunden tief in den Wald, doch der Winter stand bevor. Ohne Wasser, Essen und warme Kleidung hätten sie in der rauen Umgebung keine Überlebenschance gehabt. Sie entschieden, sich zu ergeben. Nie wird Alžbeta das hübsche Gesicht des jungen SS-Offiziers vergessen, der das Erschießungskommando leitete. Nur der Geistesgegenwärtigkeit ihres Vaters verdankten sie ihr Überleben: «Die Soldaten, die uns vor Ihnen gefangen genommen haben, hatten den Befehl, uns nach Bánovce zu bringen», erklärte er in perfektem Deutsch dem überraschten SS-Offizier. Zum letzten Mal sah Alžbeta ihren Vater im jüdischen Sammellager Sereď. Von dort wurde er nach Sachsenhausen deportiert, Imrich nach Oranienburg. Alžbeta und ihre Mutter kamen ins Konzentrationslager Ravensbrück. Dort riss man sie auseinander. Nach Monaten in Außenlagern von Dachau, einem verheerenden Bombardement und einer Flecktyphuserkrankung kehrte die inzwischen 17-jährige Alžbeta im August 1945 nach Bánovce zurück. Dort warteten auf sie ihre Mutter und ihr Verlobter Imrich.

Nachkriegszeit in der slowakischen Provinz

«Onkel Imrich war ein komplizierter Mensch, misstrauisch, gezeichnet von dem, was ihm und seiner Familie widerfahren war», versucht Lacko, mit wenigen Worten Alžbeta Schickovás Mann zu beschreiben. Man muss kein Psychologe sein, um das zu verstehen. Bis zum 24. September 1945 hatte Imrich Schick noch die Hoffnung, dass der Judenhass in der Slowakei der Vergangenheit angehört. An jenem Tag fuhr er wie jeden Morgen von Bánovce nach Topoľčany. Seine Eltern betrieben dort ein Textilwarengeschäft, das nach ihrer Ermordung durch die Nationalsozialisten sein Bruder und er gemeinsam übernommen hatten. Nach zwei Stunden war er schon wieder zurück. «In Topoľčany ist ein Pogrom», rief er Alžbeta zu, im Gesicht ganz bleich. Sie sah ihn ungläubig an. Jetzt, nach dem Krieg? Er erzählte ihr, dass er unterwegs einer Frau begegnet war, die ihm riet, sofort umzukehren. In der Stadt schlage man gerade die Juden tot. Der Pogrom wurde ausgelöst durch Gerüchte, Juden würden eine katholische Schule übernehmen und christliche Lehrerinnen hinauswerfen wollen. Einige aufgebrachte Mütter platzten daraufhin in eine Klasse rein, wo ein jüdischer Arzt gerade Kinder gegen Windpocken impfte. «Juden wollen unsere Kinder vergiften», schrien sie. 48 Menschen, die gerade den Holocaust überlebt hatten, wurden an diesem Tag vom wütenden Pöbel verfolgt und blutig geschlagen. Nach diesem Ereignis verließen alle Juden die Stadt. Imrich fand eine Arbeit in Trenčín, später führte er mit Alžbeta eine Buchhandlung in Bánovce. Der Pogrom war der größte, aber nicht der einzige in der Nachkriegsslowakei. Erst 2005 entschuldigte sich der Stadtrat bei den Überlebenden und ihren Familien für das Verbrechen.

«Tante Alžbeta ist überall beliebt», erzählt Lacko, während wir langsam zurückgehen. Seitdem die Vergangenheit kein Tabuthema mehr ist, bekommt Alžbeta Schicková viele Einladungen, spricht bei Veranstaltungen und in Schulen. Für ihren ehemaligen Nachbar ist es ein Beleg, dass Bánovce aus der Vergangenheit eine Lehre gezogen hat. Die vielen notdürftig zusammengeklebten und umgeworfenen Grabplatten sprechen eine andere Sprache. Zum bisher größten Übergriff auf den jüdischen Friedhof kam es während einer Winternacht im Jahr 2003. 35 der insgesamt 55 Grabplatten fand man am nächsten Morgen beschädigt, in den Schnee vor dem Eingangstor hatte jemand mit dem Fuß ein großes Hakenkreuz getreten. «Ich wundere mich nicht, dass das passiert ist», zitierten slowakische Medien eine Frau, die in der Nähe des Friedhofs wohnt. Antisemitische Schmähungen und Hakenkreuze könne man manchmal auch im Stadtzentrum finden. «Bánovce ist eine faschistische Stadt.»

So hart will Alžbeta mit ihrer Stadt nicht ins Gericht gehen. Nach dem Krieg herrschte in Bánovce betretenes Schweigen. Der Marktplatz, auf dem noch vor Kurzem die Massen Tiso gefeiert und Hlinka-Gardisten ihre Fahnen geschwenkt hatten, war verwaist. Die eifrigsten Protagonisten des alten Regimes zogen sich aus der Öffentlichkeit zurück, einige wanderten aus. Über das Verschwinden der jüdischen Nachbarn wollte niemand reden, und wenn sich das Thema nicht vermeiden ließ, versicherte man sich gegenseitig, dass man nur die Gesetze befolgt hatte. Die wahren Verbrecher würden ja in Nürnberg auf der Anklagebank sitzen, das beschauliche Städtchen mit seinen ehrenwerten Bürgern habe mit der Tragödie der Juden nichts zu tun. Doch jeder wusste Bescheid. Man kannte die Namen derer, die bei der Hlinka-Garde gewesen waren, hatte gesehen, wer jüdische Familien aus ihren Wohnungen hinaus geworfen hatte. Es war ein offenes Geheimnis, dass einige Stadtbewohner nach dem Aufstand für Geld Verstecke von Juden an die SS verraten und sich ihre Häuser unter den Nagel gerissen hatten. Nach dem Abtransport der Juden hatte die halbe Stadt nach verstecktem Gold gesucht. Alžbeta will dennoch nicht richten. «Man kann Menschen nicht in eine Schublade stecken», sagt sie. «Es gab auch Hlinka-Gardisten, die sich uns gegenüber einigermaßen anständig verhielten.» In Bánovce kannte jeder jeden. Da kam es schon mal vor, dass ein Hlinka-Gardist seine eigenen Nachbarn oder seinen ehemaligen Lehrer zum Bahnhof trieb und dabei eine menschliche Regung empfand. Alžbeta erlebte das. Im November 1944 brachten SS-Männer sie und ihre Eltern in das Sicherheitsdienst-Gefängnis. Eines Nachts kam in ihre Zelle ein Bekannter ihres Vaters. Er trug die Uniform der Hlinka-Garde, die Situation war ihm sichtlich unangenehm: «Seien Sie mir nicht böse, Herr Tauber, aber ich muss Sie das fragen: Haben Sie vielleicht Gold bei sich?» Viliam Tauber, dankbar für jedes Zeichen von Anstand, antwortete genauso höflich: «Leider kommen Sie zu spät.» Einem Fremden gegenüber wäre der Hlinka-Gardist brutal aufgetreten. Alžbeta nennt noch weitere Beispiele, die ihre versöhnliche Haltung selbst Hlinka-Gardisten gegenüber verständlicher machen sollen. Eine Frau brachte ihnen heimlich Essen in die Zelle. Ihr Mann war ein Gardist, er gehörte sogar der bewaffneten Stoßtruppe an. Und mit der Ehefrau des Mannes, der sie und ihre Eltern 1942 nach Nováky verschleppt hatte, duzte sie sich sogar nach dem Krieg. Über die Vergangenheit sprachen sie nie. Die 88-Jährige glaubt zu verstehen, warum so viele in der Stadt bei der Judenverfolgung mitmachten. «Bánovce war sehr katholisch. Was Tiso sagte, glaubten sie ihm aufs Wort.» Nach dem Krieg wollten sie und Imrich nach Israel auswandern. Sie verkauften schon alles, was sie hatten, doch Alžbetas Mutter war nicht gesund, das heiße Klima hätte ihrem Herzen nicht gutgetan. So blieben sie und passten sich an. Allein mit ihren Erinnerungen. Ein jüdisches Leben war nicht mehr möglich. Manchmal blieb Alžbeta samstags und während der hohen Feiertage zu Hause. Ihren Vorgesetzten fiel es aber auf, außerdem musste Imrich dann allein an der Ladentheke stehen. Also machte sie am Shabbat wenigstens keine Wäsche und wischte keinen Staub. Jedes Jahr vor Jom Kippur fastete sie. Das ließ sich vor den anderen verbergen.

Am frühen Abend gehen wir über den halbleeren Hauptplatz Richtung Bahnhof. Auf der Rückseite des Gebäudes der ehemaligen katholischen Lehranstalt erinnert ein dunkler Fleck an den ersten offiziellen Versuch, Tiso zu rehabilitieren. Wir sehen auch das langgestreckte Pfarrhaus, wo er früher übernachtet hatte; in einem Teil ist heute eine gynäkologische Ambulanz untergebracht. Ein junger Priester eilt an uns vorbei, den Blick gesenkt. «Dass er kein Wort des Bedauerns über das Schicksal der Juden sagte, kann ich ihm nicht verzeihen», sagt Alžbeta. Ende 1946 begann in Bratislava ein stark politisierter Prozess gegen Tiso. Der bis zuletzt Hitler ergebene Priester flüchtete kurz vor Kriegende ins oberbayerische Altötting, die USA lieferten ihn an die tschechoslowakische Regierung aus. Die Stimmung im Land war so aufgeheizt, dass der tschechoslowakische Innenminister in die größeren slowakischen Städte tschechische Agenten als Beobachter schickte. Ihre Mission war streng geheim und äußerst delikat, sahen doch viele Slowaken in der Prager Regierung den Hauptschuldigen für den aus ihrer Sicht empörenden Umgang mit ihrem Präsidenten. Am Anfang lief alles noch etwas holprig. So berichtete ein in Bratislava eingesetzter Spion, die Besitzerin seines Hotels habe sich bei ihm über die «Prager Geheimagenten» beschwert, weil sie sich Frauen in ihre Zimmer holen wollten und randalierten. Spätere Depeschen klangen schon ernst: Tiso genieße in der Slowakei nach wie vor hohes Ansehen, ganz anders als die Juden. Der Antisemitismus sei sehr stark, manche Beobachter meinten sogar, er sei stärker als vor dem Krieg. Eine große Rolle spiele dabei die katholische Kirche, die die Menschen aufhetze. «Der Hass auf die Juden sitzt so tief, dass ein Funke genügen würde, und die Menschen würden Pogrome verüben», schrieb Augustín Dvořáček aus Hodonín. «In den Kneipen bezeichnet man die Juden als Ausbeuter, man ist der Meinung, sie haben eine gerechte Strafe bekommen», berichtete ein anderer. Der Prozess dauerte vier Monate und endete mit einem Schuldspruch. Dem Angeklagten wurden die Zerschlagung der Tschechoslowakei, die gewaltsame Unterdrückung des Slowakischen Nationalaufstandes sowie seine Verantwortung als Präsident und Vorsitzender der regierenden Partei für die Deportationen der Juden zur Last gelegt. Tiso, der die ganze Zeit behauptet hatte, von ihrem Schicksal nichts gewusst zu haben, zeigte keine Reue: «Die Politik wird nach ihrem Erfolg beurteilt», verkündete er in seiner letzten Rede trotzig, «und meine Politik hat den größten Erfolg gehabt. Sie führte das Volk aus dem Gefühl der Minderwertigkeit heraus.» Sein Gnadengesuch lehnte der tschechoslowakische Präsident Edvard Beneš ab. Am 18. April 1947 wurde Jozef Tiso im Hof des Justizpalastes von Bratislava gehängt. Am nächsten Tag sah man auf den Straßen von Bratislava viele Menschen mit einem Trauerflor am Oberarm.

Auf dem Štúr-Denkmal, das einst Alžbetas Vater in die Stadt gebracht hat, hängt eine kleine Informationstafel. Auf ihr steht geschrieben, dass die Skulptur am 29. August 1936 dank der «Aufopferungsbereitschaft des slowakischen Volkes» und des Vereins der slowakischen Akademiker aus der Region unter dem Vorsitz von Monsignore Jozef Tiso errichtet wurde. In den fünfziger Jahren wurde die Tafel entfernt, 1992 kehrte sie in aller Stille an ihren ursprünglichen Platz zurück. So hat Tiso also doch eine Gedenktafel im Stadtzentrum.

Unser Bus kommt. Alžbeta und Lacko bleiben nach dem Abschied noch am Straßenrand stehen. Ein rührendes Bild. Natürlich ist Bánovce Alžbetas Stadt. Hier verbrachte sie ihr ganzes Leben, hier hat sie Nachbarn und Freunde, die für sie da sind, wenn sie Hilfe braucht. Eines Tages wird auch sie auf dem Friedhof liegen, das wird das letzte jüdische Begräbnis sein. Sie wünscht sich, dass Lacko sich dann um den Friedhof kümmert. Und dass es nach ihrem Tod keine Juden mehr in Bánovce geben wird? Alžbeta Schicková sieht das nüchtern: «Jemand muss der Letzte sein.»

Ungarn

«Ich bin die Renaissance des Judentums»

Leben in einem Land zwischen
Selbstbewusstsein und Bedrohung

Dohány-Synagoge in Budapest

Ich bin die Renaissance des Judentums», ruft Gábor Szilágyi, breitet seine Arme weit aus und lacht. An der Wand gegenüber zeigt Mona Lisa ihr geheimnisvolles Lächeln. «Übrigens das Original», sagt er beiläufig. Der 46 Jahre alte Gábor Szilágyi, ein gut aussehender Junggeselle mit leicht ergrautem Haar, ist ein Spaßvogel. Im Flur seiner Wohnung im Herzen Budapests steht ein Rennrad, auf dem Tisch im Wohnzimmer stapeln sich Kunstbildbände. Gábor hat für seine Gäste Kuchen besorgt, Stücke mit viel Creme und Kalorien, kleine Meisterwerke ungarischer Konditorkunst. «Für Kuchen könnte ich sterben», sagt er. Er springt vom Sofa auf und führt uns in eine kleine, blitzblanke Küche. Rabbi Baruch Oberländer habe sie erst vor ein paar Tagen «ausgebrannt», koscher gemacht, erklärt er uns. «Mein Gott, was für ein Aufwand!» Das alles nur wegen einer streng orthodoxen Tante aus Israel, die ihn besuchte. «Das nächste Mal schicke ich sie ins Hotel.» Gábor Szilágyi redet lebhaft, gestikuliert viel und ist von einer ansteckenden Fröhlichkeit. Seine persönliche Freiheit geht ihm über alles. Das muss auch der ultraorthodoxe Lubawitscher Rabbiner Oberländer, sein Mentor, akzeptieren. Unter seiner religiösen Anleitung hat sich Gábor Szilágyi mit 25 Jahren beschneiden lassen – «natürlich in einem Krankenhaus», sagt er und brüllt vor Lachen. Wenn er den Rabbiner im Sommer zufällig auf der Straße trifft, handelt er sich sofort eine Rüge ein. «Wie kannst Du als orthodoxer Jude in Shorts gehen!» Gábors immer gleiche Antwort: «Warum sollte ich bei 35 Grad Celsius nicht in Shorts gehen?» Aber sie sind sich nicht böse. «Ich kann nicht orthodox leben, dann könnte ich nicht einmal ins Schwimmbad gehen», sagt Gábor. Und darauf kann der ehemalige erfolgreiche Profischwimmer nun wirklich nicht verzichten. «Baruch sieht das ein, und am Ende lachen wir darüber.» Auch Oberrabbiner Róbert Frölich von der neologen Dohány-Synagoge macht seinem zweiten Kantor gelegentlich Vorhaltungen, sieht ihm aber auch den etwas lässigen Umgang mit religiösen Vorschriften nach. Vielleicht deshalb, weil Gábor Szilágyi ein begnadeter Sänger ist.

Ein paar Tage später können wir uns selbst davon überzeugen. Gábor Szilágyi tritt vor den prächtigen weißen und goldenen Thoraschrein, beginnt zu singen – und von den ersten Tönen an verwandelt

sich die dreischiffige Dohány-Synagoge in ein Opernhaus. Seine Ge-
sangskunst schenkt den Menschen ein tiefes spirituelles Erlebnis. Ein
Lehrer auf dem Gymnasium war auf die musikalische Begabung des
Jungen aufmerksam geworden. «Ich hatte keine Ahnung von der
Oper, besuchte einmal mit 15 eine Aufführung und fand sie gräss-
lich langweilig», sagt Gábor. Aber damals in Israel, auf der Studenten-
reise, die sein Leben verändert hat, hörte er einen Kantor. «Da wusste
ich, das ist meine Welt.» Seit 15 Jahren singt der Bankkaufmann, zunächst in kleineren, schließlich in der Dohány-Synagoge, die mehr
als 3000 Menschen Platz bietet. Die Synagoge der reformorientierten
Pester Juden – Pest, Buda und Óbuda vereinigten sich erst 1873 zu
einer Stadt – wurde 1859 erbaut. Das prächtige, im orientalischen Stil
errichtete Bauwerk integriert christliche Elemente und wird als Beleg
einer außergewöhnlichen Symbiose angesehen: Budapester Juden waren in der Zeit zwischen dem Emanzipationsgesetz von 1867 und dem
Ersten Weltkrieg stark an die Mehrheitsgesellschaft assimiliert.

Gábor Szilágyi ist in der Tat ein Vertreter der jüdischen Renaissance
in Budapest, er repräsentiert eine Generation des Aufbruchs nach
Holocaust und kommunistischer Unterdrückung. Was bedeutet es für
ihn, Jude zu sein?, fragen wir ihn. «Humor, Witz, eine bestimmte Art
des Denkens vielleicht», sagt er mit entwaffnendem Lächeln. Wie viele
seiner Generation entstammt Gábor Szilágyi einer säkularen, assimilierten Familie und suchte lange nach seiner Identität. Er will sie nicht
nur aus Auschwitz herleiten. Das ehemalige Vernichtungslager hat er
nie besucht. «Ich möchte das nicht sehen», sagt er und schweigt. Sein
Blick bleibt am Lächeln der Mona Lisa hängen. Er versteht sich, wie
die Budapester Juden es in der «Goldenen Zeit» taten, als beides: Jude
und Ungar. Die Stadt, in der heute etwa 80 000 Juden leben, ist auf
jeden Fall Teil seiner Identität. «Ich bin ein echter Pester Junge», sagt
Gábor stolz. Nur wenige könnten heute von sich behaupten, dass
schon ihre Urgroßeltern in Pest geboren wurden. Seine Großeltern
lebten im 7. Bezirk, in der traditionell jüdischen Elisabethstadt. Nichts
und niemand wird Gábor seine Liebe zu Budapest nehmen können.
Er kannte noch seinen Urgroßvater. «Aus seinen Erzählungen kenne
ich den Zauber von Budapest in den Jahren um 1900 herum.»

Plötzlich bist du Jude

Budapest zählte um die Wende zum 20. Jahrhundert 165 000 Juden, mehr als ein Fünftel der gesamten Bevölkerung. Es waren vor allem sie, die als Unternehmer, Geschäftsleute, Architekten, Abgeordnete, Ärzte, Juristen, Wissenschaftler, Journalisten, Literaten und Künstler den wirtschaftlichen und kulturellen Aufschwung Budapests zu einer modernen Metropole voranbrachten. 1914 umfasste die jüdische Gemeinde bereits 240 000 Menschen. Ihr Mitglied, der Nationalökonom Ferenc Heltai, war ein Jahr zuvor in das Amt des Oberbürgermeisters gewählt worden. Die jüdischen Bürger Budapests fühlten sich im religiösen Sinn jüdisch, besuchten an hohen Feiertagen die Synagoge, beherzigten auch die wichtigsten Gebote wie das Verbot von Schweinefleisch. Aber im Grunde passten sie ihren Lebensstil dem ungarischen Adel und Bürgertum an. Sie verstanden sich als «Ungarn mosaischen Glaubens». Ende des 19. Jahrhunderts nannten bei einer Volkszählung 85 Prozent der Budapester Juden Ungarisch als ihre Muttersprache. Die Minderheit der Jiddisch sprechenden Juden lebte vor allem in den östlichen Regionen des Landes. In den jüdischen Schulen wurde fast ausschließlich in ungarischer Sprache unterrichtet, in 87 Prozent der neologen Synagogen, sogar auch in 13 Prozent der orthodoxen fanden die Gottesdienste in der Nationalsprache statt. In diesem Milieu hatte der Zionismus kaum Anhänger. Eine jüdische Heimstätte in Palästina, das erschien den Budapester Juden als verrückt. Sie hatten doch ihre «gesegnete ungarische Heimat», wie der Publizist Adolf Silberstein schrieb, und wähnten sich von «Liebe und Achtung» umgeben. Sie hatten doch in der Revolution von 1848 für die Unabhängigkeit des Landes von der Habsburger Monarchie gekämpft und traten nach ihrer politischen Gleichstellung 1867 für den anfangs noch liberalen ungarischen Nationalismus ein. Theodor Herzl, der 1860 in einem Haus neben der Dohány-Synagoge geboren wurde, warnte jedoch: «In Ungarn werden Sie bald schon einen derartigen Antisemitismus kriegen, dass der, den wir erfahren, daneben nicht mehr auffallen wird», sagte er in einem Zeitungsinterview im Jahr 1903.

Gábor Szilágyi, Budapest

Der 7. Budapester Bezirk, die Elisabethstadt, war das traditionelle jüdische Viertel, Anfang des 20. Jahrhunderts zogen wohlhabende Familien in die neue Leopoldstadt, manche auch in den Prachtboulevard Andrássy. Gut einhundert Jahre später ist der Glanz der Stadt mit ihren 1,7 Millionen Einwohnern etwas verblichen. Der starke, durch hohe Auslandsinvestitionen begünstigte Wirtschaftsaufschwung in 2014 und 2015 ist mittlerweile deutlich zurückgegangen. Viele gut ausgebildete Ungarn ziehen in den Westen, wo sie mehr Geld verdienen können. Dem Land fehlen Fachkräfte.

Ungeachtet der vielen negativen Schlagzeilen, die Viktor Orbáns Flüchtlingspolitik macht, steht Budapest nach wie vor ganz oben auf der Liste der meistbesuchten europäischen Städte. Entsprechend groß ist in den Sommermonaten der Andrang auf die Donaumetropole mit ihren Jugendstil-Bauwerken, den Thermalquellen, der ersten Untergrundbahn auf dem europäischen Festland und ihrer Kaffeehauskultur. Wer vom Pester Donauufer an einem lauen Sommerabend auf die Dächer und die Burg des alten Buda blickt, fängt viel ein von der Faszination, die diese schöne Stadt einmal ausgeübt haben muss. «Die schönste», würde uns Gábor Szilágyi wahrscheinlich korrigieren. Alle, die wir noch treffen werden, sprechen von ihrer Liebe zu Budapest. Eine ähnliche Verbundenheit zu ihrer Stadt empfinden vielleicht nur noch die Prager Juden. Das ist ein Grund, warum sich Budapester Juden ein Leben woanders nur schwer vorstellen können, auch wenn es für sie unter der Regierung Orbáns nicht gerade leichter geworden ist. Warum sollten gerade sie gehen? Budapest war ihre Stadt.

Nach dem Ersten Weltkrieg wurde die jüdische Bevölkerung unter dem Regime des Reichsverwesers Miklós Horthy (1920 bis 1944) an den Rand der Gesellschaft gedrängt. Bei der Niederschlagung der kommunistischen Räterepublik 1919, in der Horthy das Land mit «Weißem Terror» überzog, kam es zu vielen Übergriffen auf Juden. Der Antijudaismus, den die Kirchen verbreitet hatten, war nie überwunden worden. Noch heute sprechen manche Ungarn in den entlegenen Landesteilen von Juden als Jesus-Mördern. Nach dem Niedergang der österreichisch-ungarischen Doppelmonarchie verlor Ungarn durch den Vertrag von Trianon vom 4. Juni 1920 zwei Drittel seines Staatsgebiets. Ein Trauma, das bis heute nachwirkt. Die Schuld daran wurde damals den Juden gegeben. In «Restungarn» bildeten nun die Magyaren die Mehrheit. Horthys Politik förderte den Antisemitismus, der die Regierungspartei, Pfeilkreuzler und andere rechtsradikale Gruppierungen verband. An diese Ära knüpft die heutige politische Elite an. In einem Radio-Interview von 2000 bezeichnete Premier Orbán (von 1998 bis 2002 und wieder seit 2010) Graf Pál Teleki als ein intellektuelles Vorbild, das er bewundere. Seine Schriften über die Minderheitenfrage in der Zwischenkriegszeit hätten noch heute Berechtigung. Der Budapester Stadtrat wollte 2004, im Jahr des Beitritts Ungarns zur EU, dem früheren Premierminister Teleki (1920–1921/1939–1941) auf dem Burgberg ein Denkmal errichten lassen. Der Plan empörte liberale Historiker und jüdische Gemeinden. Unter Telekis Regierung hatte Ungarn im September 1920 als erstes europäisches Land nach dem Ersten Weltkrieg ein judenfeindliches Gesetz eingeführt, einen Numerus clausus für jüdische Studenten. Teleki spielte eine entscheidende Rolle auch bei der antijüdischen Gesetzgebung der 1930er Jahre. Die katholische Kirche von Balatonbogláron, einer Kleinstadt am Plattensee, stellte schließlich das Denkmal für den Antisemiten und Nationalisten in ihrem Garten auf.

Bis zu seinem 19. Lebensjahr ahnte Gábor Szilágyis nicht, dass er ein Jude ist. «Ich wusste alles über Häuser und Menschen, nur über Juden wurde bei uns so gut wie nie gesprochen», sagt er. Seine Geschichte ist typisch für viele ungarische Juden, die von ihrer im Kommunismus verschwiegenen Herkunft erst nach der politischen Wende erfuhren. So war es auch bei Gábor: 120 Studenten seiner Fakultät erhielten 1990 das Angebot, zwei Monate lang Israel kostenlos zu bereisen und dort in einem Kibbuz zu arbeiten. Das wollte sich Gábor, der noch nie das Meer gesehen hatte, nicht entgehen lassen. Doch es gab ein Problem: Die Agentur in einem Büro der Dohány-Synagoge nahm nur Bewerber jüdischer Herkunft an. Da half ihm auch sein Charme nicht. Er wurde nach Hause geschickt, sollte nachforschen, ob es in seiner Familie nicht doch einen Juden gegeben hatte. Also fragte er seine Mutter.» «Warum?», sagte sie überrascht. «Ich bin keine Jüdin, aber deine Großmutter.» Gábor Szilágyi lacht heute noch darüber. Er wusste damals nichts von dem jüdischen Religionsgesetz, der Halacha, demzufolge ein Jude ist, dessen Vorfahren in mütterlicher Linie Juden waren. Die Großmutter schwieg. Ihren Namen Julia Goldstein hatte Gábor für einen deutschen gehalten, ohne sich weiter Gedanken darüber zu machen. Niemand in der Familie fragte nach. «Meine Mutter akzeptiert es bis heute nicht, dass sie eine Jüdin ist. Nur dass sie eine Entschädigung bekommt, weil sie im Ghetto geboren wurde, macht sie schwankend», sagt er.

Befreit, aber nicht frei

Als Verbündeter des Deutschen Reichs erhielt Ungarn 1938 große Gebiete der Süd- und Ostslowakei und der Karpatho-Ukraine, 1940 das rumänische Nordtranssylvanien und im April 1941 die jugoslawischen Gebiete Bácska und Südbaranya. In den neuen Grenzen lebten ungefähr 825 000 Juden. Etwa 565 000 überlebten den Holocaust nicht. Die Rückkehrer standen wie überall in Europa vor dem Nichts. Ihr Eigentum war geraubt, ihre Wohnungen in Beschlag genommen worden. Wie in Polen oder der Slowakei kam es auch in Ungarn zu antisemitischen Übergriffen und Pogromen. Tausende Juden wanderten in den ersten Nachkriegsjahren aus, aber der weitaus größte Teil blieb. Zunächst bewegte die Überlebenden nur ein Gefühl: Sie verdankten ihre Befreiung der Roten Armee und glaubten zumindest in den ersten Jahren nach der kommunistischen Machtübernahme 1948/49 dem Versprechen auf Gleichheit. An der Spitze von Partei und Staat stand Mátyás Rákosi, ein Jude und «der beste Schüler Stalins», wie er sich nannte. Auch die Staatssicherheit wurde von Funktionären jüdischer Herkunft kontrolliert. Aber die jüdischen Überlebenden hatten davon keinen Vorteil. Mátyás Rákosi ließ zionistische Organisationen auflösen, ihre Funktionäre verfolgen und Anfang der fünfziger Jahre vor Gericht stellen. Überhaupt waren unter den Opfern des Terrors und der Verbannung überproportional viele Juden. Antijüdische «Säuberungen» wie Anfang der fünfziger Jahre in der Tschechoslowakei gab es in diesem Ausmaß in Ungarn jedoch nicht. Die Kommunisten akzeptierten – trotz ihrer Religionsfeindlichkeit – das Judentum als Religion, nicht aber die jüdische Kultur. Die Zahl der jüdischen Gemeinden ging zurück, 1987 existierten von einst fast 500 nur noch 29. Das Wort Jude wurde aus dem öffentlichen Leben verbannt. Die Kommunisten schlossen Orthodoxe und Reformjuden in einer Vereinigung zusammen, die vom Religionsministerium kontrolliert wurde. Das neologe staatliche Rabbinerseminar von 1877 blieb jedoch erhalten – als einziges in Osteuropa. Der Besuch der Synagogen war erlaubt, wie Róbert Frölich, Oberrabbiner an der Dohány-Synagoge, erzählt. Sogar in den ersten 15 Jahren des stalinistischen Terrors sei jüdisches Leben möglich gewesen, man durfte sich nur nicht dem Verdacht aussetzen, Zionist zu sein. Es gab auch koscheres Essen, keinen Fleischerladen zwar, aber einen Metzger, der auch Kantor war und 30 Jahre lang durch das Land reiste. Frölich, 1965 geboren, wuchs als orthodoxer Jude auf. Viele Überlebende machten sich fast unsichtbar. Schon vor 1948 war fast ein Drittel zum Katholizismus konvertiert. Eine große Zahl wandte sich von ihrer Religion ab und wurde konfessionslos. Viele magyarisierten ihre Namen, verschwiegen die Familiengeschichte. Erst nach der politischen Wende stellte Gábor Szilágyi fest, dass auch zwei seiner engen Freunde aus der Jugendzeit Juden sind. Die Kinder wuchsen ohne jedes Wissen über die religiösen und kulturellen Traditionen des Judentums auf. «Das war ein anderes System, es war nicht wichtig, ob man Jude oder was anderes war. Das war einfach kein Thema», sagt Gábor Szilágyi.

Aber die Angst sollte wiederkehren. Nach der ungarischen Revolution 1956, an der sich viele Juden, auch kommunistische Intellektuelle, beteiligten, emigrierten ungefähr 25 000 ins Ausland. In dem Aufstand gegen die Machthaber war der Judenhass wieder ausgebrochen. Antisemitische Vorfälle hatte es schon vorher gegeben, Anklagen wegen sogenannter Ritualmorde etwa. Doch Polizei und Staat gingen dagegen vor und verhinderten Übergriffe auf die jüdische Bevölkerung. Am 26. Oktober 1956 jedoch kam es zu einem Pogrom in Hajdúnánás in Nordungarn. Der Mob plünderte tagelang jüdische Wohnungen und verletzte fünf Menschen. Einige Täter wurden zwar vor Gericht gestellt, sie kamen aber mit geringen Strafen bis zu zwei Jahren Gefängnis davon. Aber es geht nicht nur um die Zahl körperlicher Attacken. Im Land kursierten Schmähungen wie «diesmal bringen wir euch nicht bis nach Auschwitz». Zwölf Jahre nach den Massendeportationen musste das die Überlebenden zutiefst verletzen und verunsichern. György Konrád schreibt: «Viele meiner jüdischen Freunde sind im November 1956, nach der Niederschlagung der Revolution, weggegangen, hatten sie doch den Eindruck, dass in der ungarischen Politik nur diese zwei Extreme möglich seien: die stalinistische beziehungsweise poststalinistische Unterdrückung oder die erneut in Aktion tretende Rechte, die einem spontanen Antisemitismus wieder Raum geben werde.» Nach der Emigrationswelle von 1956 blieben weniger als 118 000 Juden in Ungarn zurück. Sie und ihre Nachkommen leben heute hauptsächlich in Budapest, der größten jüdischen Gemeinde in Ostmitteleuropa.

Auch in der Ära des Parteichefs János Kádár (Ende 1956 bis 1988) war die Verantwortung Ungarns für den Massenmord an den Juden ein Tabuthema, entsprechende Publikationen wurden verboten. In der offiziellen Geschichtsschreibung war das ungarische Volk Opfer der deutschen Nationalsozialisten und des faschistischen Horthy-Regimes. Dessen starker gesellschaftlicher Rückhalt wurde ebenso ausgeblendet wie die Tatsache, dass die ungarischen Juden aus rassistischen Gründen verfolgt worden waren. Die Budapester Juden konnten sich in der Kádár-Ära jedoch sicher fühlen, auch wenn in der Gesellschaft der Antisemitismus nicht überwunden war. Das ist der

Grund, warum sich heute nicht wenige fast schon sehnsüchtig an diese Zeit erinnern. Nach dem Sechstagekrieg 1967 brach Ungarn nach sowjetischem Vorbild zwar die diplomatischen Beziehungen zu Israel ab, verfolgte aber anders als etwa die Tschechoslowakei keine antijüdische Politik. In den siebziger und achtziger Jahren ließ das Regime Bücher und Filme über die Judenverfolgung zu. Am 10. Mai 1989 gedachte das ungarische Parlament erstmals nach 1947 der Opfer des Holocaust, ein Wort, das Politiker zuvor nicht in den Mund genommen hatten. Fünf Monate später wurde die demokratische Republik Ungarn ausgerufen. Die Philosophin Ágnes Heller erinnert sich an die Treffen ihrer Abiturklasse von 1957 an einem jüdischen Gymnasium. Keine, auch sie nicht, erwähnte die Deportierten, die Toten oder Ausgewanderten. Erst mehr als vierzig Jahre nach Kriegsende begannen sie darüber zu sprechen, was den Juden damals widerfahren war.

Wie Geschichte umgeschrieben wird

Der Ausgang des Streits um die Neubewertung der Geschichte, der mit der politischen Wende aufkam, wird die Zukunft der gesamten Diaspora in den postkommunistischen Ländern beeinflussen. Die ungarischen Juden etwa sehen sich einem Dilemma ausgesetzt: «… ‚dass hier nicht die liberale Demokratie die Alternative zum Kommunismus sein werde, denn dafür gebe es kaum historische Voraussetzungen, sondern der nationalistische Ordnungsstaat, in dem der Geist der Horthy-Ära in modernisiertem Gewand zu neuem Leben erwachen werde.» Diese Befürchtung formulierte György Konrád in einem Essay bereits im Jahr 1989. Im Oktober 2016 gibt András Heisler, Präsident der Förderation der jüdischen Gemeinden in Ungarn, das ihm zwei Jahre zuvor verliehene Ritterkreuz des ungarischen Verdienstordens zurück. Aus Protest, nachdem der Journalist Zsolt Bayer, Verfasser Hunderter Hetzartikel gegen Juden und Roma sowie Homosexuelle und Flüchtlinge, die gleiche Auszeichnung von der Regierung bekommen hat. Einen offenen Antisemitismus sieht Heisler in der Politik der Regierung nicht, wie er in einem Zeitungs-Interview sagte. Aber: «Die Regierung hat eine völlig andere Sicht auf die ungarische Geschichte während der Nazizeit als wir. Mit dieser Situation umzugehen, ist wirklich nicht einfach für uns.»

Ein Ergebnis der Sichtweise der Orbán-Regierung bestaunen wir am Budapester Freiheitsplatz: das Denkmal zur Erinnerung an die Besetzung Ungarns durch die deutsche Wehrmacht am 19. März 1944. Die kitschige Skulptur zeigt den deutschen Reichsadler, der aus der Luft über den Erzengel Gabriel, der für Ungarn steht, herfällt. Es ist «allen Opfern» zwischen März 1944 und Kriegsende im April 1945 gewidmet. In der Präambel der Verfassung von 2012 heißt es, dass Ungarn vom 19. März 1944 bis 2. Mai 1990 seine Souveränität eingebüßt habe. Mit anderen Worten: Der ungarische Staat ist nicht mitverantwortlich gewesen für den Massenmord an den ungarischen Juden. 80 Prozent der Budapester sprachen sich jedoch gegen das Denkmal aus, das für den ungarischen Opfermythos steht. Deshalb ließ die Regierung Orbáns das Denkmal über Nacht aufstellen und verzichtete auf eine offizielle Einweihung.

Aber die Skulptur ist fast unsichtbar geworden. Die Blicke der Passanten zieht viel mehr das lebendige Gegendenkmal auf der gegenüberliegenden Straßenseite an. Historische Fotos, Steine mit Namen, Schuhe, Koffer, Kinderspielzeug, Spuren der deportierten Juden, die von den Deutschen mit Hilfe ungarischer Behörden, Gendarmerie und Polizei vor allem nach Auschwitz verschleppt worden sind – vom 14. Mai bis Juli 1944 insgesamt 437 400 Menschen. Die allermeisten wurden sofort nach ihrer Ankunft in Birkenau vergast. Ungarn war zwar besetzt, aber nach wie vor Deutschlands Verbündeter und behielt eine gewisse Handlungsfreiheit. Hitlers Bevollmächtigter in Ungarn, Edmund Veesenmayer, schrieb am 7. April nach Berlin, dass die neue ungarische Regierung «mit einer für die hiesigen Verhältnisse ungewöhnlichen Schnelligkeit die Lösung der Judenfrage in Angriff genommen hat». Das 150 Mann starke Sondereinsatzkommando unter Führung von Adolf Eichmann, das mit der Wehrmacht nach Budapest gekommen war, hätte allein die «Endlösung» ohne die tatkräftige Unterstützung durch ungarische Antisemiten nicht vorantreiben können. Verdrängt werden auch andere unbequeme historische Wahrheiten. Die rassistischen Judengesetze von 1938 und 1939 begrenzten die Anzahl der Juden in freien Berufen, in der Verwaltung sowie in Handel und Industrie auf 20 Prozent, später auf fünf Prozent, und schränkten ihre politischen Rechte ein. 1941 verbot ein weiteres Gesetz unter anderem Ehen zwischen Christen und Juden. Diese Gesetze ermöglichten die Erfassung, Ghettoisierung und Deportation der Juden. Bereits im August 1941 vertrieb Ungarn etwa 16 000 zuvor zu Staatenlosen erklärte Juden nach Galizien. Sie wurden im Massaker von Kamenec-Podolskij von SS und deutschen Ordnungspolizisten ermordet. Im Januar 1942 erschossen ungarische Einheiten etwa 1000 Juden in der Bácska. Ungefähr 50 000 jüdische Männer mussten in Ungarns Armee, die an der Seite der Deutschen gegen die UdSSR kämpfte, Zwangsarbeit leisten. Ein Großteil von ihnen starb. Miklós Horthy widerstand jedoch lange dem Druck der Deutschen, die Juden in die Vernichtungslager auszuliefern. Unter dem Eindruck der Landung der alliierten Truppen in der Normandie und der herannahenden Roten Armee ließ er am 9. Juli 1944 die Deportationszüge stoppen, bevor auch die Budapester Juden, etwa 200 000 Menschen verschleppt werden konnten. Nachdem Horthy mit der Sowjetunion über einen Waffenstillstand verhandelte, zwangen die Deutschen ihn und seine Regierung zur Abdankung.

Das war die Stunde von Ferenc Szálasi und seinen faschistischen, antisemitischen Pfeilkreuzlern, die schon in den Wahlen von 1939 ein Viertel der Stimmen erhalten hatten. Ihre Partei zählte damals eineinhalb Millionen Mitglieder. Die Pfeilkreuzler übernahmen die Regierung Mitte Oktober 1944. Sie übergaben Deutschland Juden als Sklavenarbeiter, mehr als 76 000 wurden zu Fuß nach Österreich getrieben, ungefähr jeder Fünfte überlebte den Gewaltmarsch nicht. Die Budapester Juden wurden im November 1944 in zwei Ghettos eingeschlossen. Im kleineren lebten etwa 25 000, die über einen Schutzbrief eines neutralen Landes verfügten. Im «Großen Ghetto» im 7. Bezirk wurden 63 000 Juden eingesperrt. Die Pfeilkreuzler überfielen und misshandelten die Bewohner beider Ghettos, raubten sie aus, töteten aus purer Mordlust. Sie ließen hungernde, geschwächte Menschen Liegestützen über aufgestellten Bajonetten machen, bis sie zusammenbrachen und sich aufspießten. Die Judenhasser trieben

Tausende Budapester Juden im Winter 1944/45 aus dem Ghetto an das Ufer der Donau. Die Opfer mussten sich entkleiden, immer zwei wurden aneinandergefesselt und in den Fluss geschossen, auf dem Eisschollen trieben. Dies alles geschah, während die Sowjetarmee bereits einen Teil Ungarns kontrollierte und den Belagerungsring um Budapest geschlossen hatte. Die Zahl der jüdischen Todesopfer aus Budapest unter dem Szálasi-Regime wird auf ungefähr 50 000 Menschen, darunter viele Kinder und Jugendliche, geschätzt. Heute erinnert ein Denkmal an die Massaker an der Donau: 60 Paar metallene Schuhe stehen wie zufällig abgestreift am Ufer in der Nähe des Parlamentsgebäudes. Im Juni 2009 steckten Unbekannte Schweinefüße in die Schuhe.

Geschichtsstunde im Haus des Terrors

Mária Schmidt, eine rechtskonservative Historikerin, die Orbán nahe steht, spricht von einer «Instrumentalisierung des Holocaust». Die ungarische Nation werde pauschal für schuldig erklärt, obwohl sie doch selbst Opfer der Nazis und der Russen gewesen sei. Sie wirft Holocaust-Überlebenden und ihren Nachfahren vor: «Sie verlangen jeden Tag unser Mitgefühl, während sie blind und taub für das Leid der anderen bleiben.» Das sind die Worte einer Historikerin, die zwar nicht den Holocaust, aber die Verantwortung Ungarns für die Ermordung Hunderttausender Juden leugnet und den Begriff Holocaust auch auf die Verbrechen der Kommunisten anwendet.

Das «Haus des Terrors», zu dem uns einige Gesprächspartner mit einem süffisanten Lächeln schicken, wurde 2002 in einem Gebäude in der Andrássy eröffnet. Das Haus diente 1944 den Pfeilkreuzlern und danach der kommunistischen Staatssicherheit als Foltergefängnis. Die Direktorin des Museums in modernem Design heißt Mária Schmidt. Sie hat im Auftrag Viktor Orbáns das Konzept entworfen: Eine umfassende Information über die Verbrechen der Pfeilkreuzler und der Kommunisten. Auf dem Dach des Hauses ragen gleich groß das Faschistenkreuz der Pfeilkreuzler und der rote Stern nebeneinander auf. Im Parterre steht der Besucher unversehens vor einem alten sowjetischen Panzer vom Typ T 63. Dahinter ist die Wand bis hinauf zum dritten Stock mit Fotos von Opfern des kommunistischen Terrors bedeckt. In der Revolution von 1956 wurden ungefähr 300 Ungarn hingerichtet und weitaus mehr verschleppt. Die Familien der Opfer litten jahrzehntelang unter Repressionen. Erschlagen von dieser Inszenierung gehen wir durch die düsteren, spärlich erleuchteten Ausstellungsräume – gerade mal zwei von 25 sind für die Geschichte der Kollaboration mit Hitlerdeutschland und dem Holocaust reserviert. Die Absicht: Der Besucher soll das Museum mit dem Gefühl verlassen, dass die kommunistischen Verbrechen nach 1945 doch irgendwie das größere Übel waren.

Ungarn war wirklich ein Opfer. Wegen der Grenze zu Jugoslawien, in dem der für Moskau unberechenbare Tito herrschte, beschloss Stalin, das Land zu sowjetisieren. Die ungarischen Kommunisten hatten in den noch freien Wahlen nach Kriegsende nur 17 Prozent der Stimmen erhalten. Auch 1947 erzielten sie trotz ihres Wahlschwindels das schwächste Ergebnis. Im Buchladen des Museums liegen viele Bücher über die sowjetische Besatzung aus. Auf unsere Frage nach Literatur über den Holocaust in Ungarn schüttelt die junge Verkäuferin bedauernd den Kopf. Sie glaube nicht, dass es etwas gebe. Doch, wir entdecken zwei Titel: Anne Franks Tagebuch und ein Buch über «Kasztner's Train». Rudolf Kasztner war ein Zionist, der in Verhandlungen mit Eichmann mehr als 1600 Juden rettete. Am Eingang zum Museum wirbt ein Plakat für ein neues Buch über Viktor Orbán – das muss man wohl als einen Freundschaftsdienst der Museumsdirektorin verstehen.

Der Horthy-Kult und seine sterblichen Überreste

Nun hat Mária Schmidt auch noch die Hand auf dem Nachlass des Holocaust-Überlebenden und Literaturnobelpreisträgers Imre Kertész. Die von ihr kontrollierte Stiftung für die Erforschung der Geschichte und Gesellschaft Mittel- und Osteuropas wird ein Imre-Kertész-Institut gründen. «Diejenigen, die der Nation Selbstbewusstsein dadurch zurückgeben wollen, dass sie ihre Dummheiten und

Verbrechen rechtfertigen, begehen nur weitere Dummheiten und Verbrechen», schreibt Imre Kertész in seinen «Aufzeichnungen 1991 bis 2001». 1995 notierte Kertész: «… die ungarische Kultur, jedenfalls die der Neuzeit, ist zutiefst vom Antisemitismus durchdrungen.» Das gilt allerdings für ganz Europa. Zehn Jahre verbrachte Imre Kertész in Berlin, bis er 2012, schwer krank, nach Budapest zurückkehrte, in die Stadt, die von Horthy einst als «judeobolschewistischer Sündenpfuhl» verabscheut wurde.

Gedenktafeln und Statuen im ganzen Land ehren ihn. Dem Horthy-Kult hängt auch die rechtsextreme Jobbik an, die 2003 von Studenten gegründet worden ist. Sie betreibt eine völkisch-nationalistische Renaissance Ungarns und ist drittstärkste Partei im Parlament. 2014 stimmten 20,5 Prozent der Wähler für Jobbik, die auf 23 Mandate kam. Die romafeindliche Partei lehnt sich in ihrer Rhetorik und Symbolik an die Pfeilkreuzler an und fordert die Aufhebung des Vertrages von Trianon. Sie wird als antisemitisch eingestuft, was sie jedoch zurückweist. Inzwischen gibt sich Jobbik – im Hinblick auf die nächsten Wahlen 2018 – gemäßigter. Die Orbán-Regierung tut nicht nur nichts gegen den Aufstieg der Rechtsextremen, sie befördert ihn noch. 2012 wollte das ungarische Parlament den als Kriegsverbrecher gesuchten und nach Spanien geflüchteten Dichter József Nyírö mit einer Art Staatsbegräbnis in seiner siebenbürgischen Heimat ehren. Der Goebbels- und Hitlerverehrer war ein antisemitischer Scharfmacher unter Horthy und diente später dem Regime der Pfeilkreuzler-Partei. Bereits 2010 hatte die Orbán-Regierung Gedichte von József Nyírö in die Schulbücher aufnehmen lassen. Rumänien verbot die Bestattung seiner sterblichen Überreste. Zu einer stattdessen abgehaltenen ökumenischen Andacht trafen sich Vertreter der rechtsextremen Jobbik, Ungarns Kulturstaatssekretär Géza Szöcs und Parlamentspräsident László Kövér. Aus Protest gab Friedensnobelpreisträger Elie Wiesel aus dem siebenbürgischen, damals von Ungarn besetzten Sighet stammend, seinen ungarischen Verdienstorden zurück.

Ein Rabbiner und seine Mission

Im Juli 2012 trat der Europaparlamentarier Csanád Szegedi von allen Parteiämtern zurück. Der Jobbik-Politiker, der durch antisemitische Hetze aufgefallen war, hatte erfahren, dass er selbst jüdischer Herkunft ist. Szegedi wollte auch sein Mandat niederlegen, wie Baruch Oberländer sagt. Aber er hat ihm davon abgeraten. Als Abgeordneter könne er doch unsere Sache vertreten. Oberländer unterrichtet den abtrünnigen Jobbik-Mann einmal die Woche in der Tora. Wir treffen den 47-jährigen Rabbiner der Lubawitscher in seiner geräumigen Wohnung in der Wessélenyi Straße im 7. Bezirk. Er und seine Frau kamen 1989 aus New York nach Budapest. Für Baruch Oberländer war es eine Art Rückkehr in das jüdische Viertel Erzsébetváros (Elisabethstadt). Seit seinen Kindertagen kannte er es aus den Erzählungen seines Vaters, eines Geschäftsmannes, der dem Ghetto und den Pfeilkreuzlern mit gefälschten Papieren entkommen war. Die ganze Familie, das ist mehr als ungewöhnlich, überlebte, auch die acht Brüder und die Schwester des Vaters. «Er gab Gott zehnmal Dank», sagt Oberländer, Spross einer berühmten chassidischen Rabbinerfamilie. 1949/50 verließen seine Eltern und Großeltern Budapest. Ein Menschenleben später blickt der Sohn, wenn er aus den Fenstern seiner Wohnung schaut, auf die große Dohány-Synagoge der neologen Gemeinde auf der anderen Straßenseite. Aber diese wundersame Fügung im Leben des New Yorkers entspringt zumindest vordergründig nicht etwa einem göttlichen Ratschluss. Nach der politischen Wende schickte die Chabad Lubawitsch, im späten 18. Jahrhundert von Rabbi Schneur Salman gegründet, ihre Anhänger nach Osteuropa. Die einflussreiche chassidische Gruppierung hat heute ihr Zentrum in Brooklyn. Tausende von Chabad-Rabbinern sollen in mehr als 70 Ländern vertreten sein. «Wahrscheinlich nahm man an, ich kann Ungarisch, aber ich verstand nur ein paar Worte», sagt Oberländer. Fremd und abweisend empfand er die Stadt seiner Vorfahren, als er die Elisabethstadt mit ihren verfallenden Häusern, den trostlosen schmalen Straßen und schmutziggrauen Hinterhöfen erkundete. «Die Verhältnisse in der Stadt waren sehr traurig.» Selbst an den hohen Feiertagen kamen nicht mehr als 15 Gläubige in seine Synagoge.

Heute, nach mehr 25 Jahren, ist Baruch Oberländer dem Charme Budapests erlegen. «Ich genieße das Leben in Ungarn absolut.» Der feinfühlige, aber etwas zugeknöpfte Mann mit langem Vollbart und schmaler Brille spricht von seiner «Mission». Ausgerechnet in Budapest will er die Orthodoxie wiederbeleben. Sie spielte in dieser Stadt jedoch nie eine entscheidende Rolle, schon gar nicht ihre chassidische Spielart. Die starken Reformströmungen führten nach dem Budapester Kongress 1868 zur Spaltung des ungarischen Judentums in einen neologen, orthodoxen und sogenannten Status-Quo-Flügel. Oberrabbiner Róbert Frölich fürchtet die Konkurrenz der Orthodoxen nicht: «Sie haben keine Wurzeln hier. Sie machen eine gute Arbeit, aber sie sind nicht Teil der alten ungarischen jüdischen Gemeinschaft und werden es nie sein.» Wie viele Anhänger Chabad in Ungarn hat, weiß Oberländer, wie er sagt, nicht. «Aber wir haben Rabbis in fünf Synagogen, einen Kindergarten, eine Schule, den größten Buchverlag, die größte Website in Ungarn und erreichen eine Menge Juden.» Chabad setzt auf die Jugend. «Die Neologen sind nicht religiös», sagt Oberländer hochtrabend. «Wir bieten das authentische Judentum.» Jeden Mittwochabend liest er mit 30, 40 Jugendlichen hebräische Texte aus dem Talmud und übersetzt sie ins Ungarische. Heute sind es neun Erwachsene und nur vier Jugendliche, die konzentriert auf einen kopierten Text schauen. Zwei schleichen 25 Minuten später noch herein und setzen sich leise an den großen Tisch. Der Raum der Talmud-Schule gleicht einem Festsaal mit sechs Leuchtern an der Decke, Stühlen, die mit rotem Samt bezogen sind, schweren Vorhängen vor den Fenstern und wandhohen Spiegeln. «Was darf man an Yom Kippur nicht?» Einige geben sofort Antwort, nur ein Mädchen betrachtet sich ständig im Spiegel und zupft an ihrem langen braunen Haar. Ein Schüler sagt uns, dass er seine Religion lernen wolle, und die Großeltern darüber sehr froh seien.

Die Renaissance beginnt jetzt

Für Oberländer ist die Renaissance des jüdischen Lebens in Budapest schon Realität. «Absolut», sagt er. Sein liberaler Kollege Frölich äußert sich zurückhaltender: «Wir haben in den Jahren seit der politischen Wende erst die Grundpfeiler geschaffen. Die Renaissance beginnt jetzt.» Frölich schätzt, dass etwa 150 000 Juden in Ungarn leben. Die meisten von ihnen sind säkular und stehen in keiner Verbindung zum jüdischen Glauben und zu den Gemeinden. Die orthodoxe Gemeinde ist verschwindend klein. Ihre Synagoge wurde erst 1913 eingeweiht und steht in der Kazinczy Straße im 7. Bezirk. Dort ist auch die einzige Mikwe, das rituelle Bad, das heute noch in Betrieb ist. Die ehemalige Synagoge der Status-Quo-Gemeinde, die nach dem Bruch 1868 weder mit den Orthodoxen noch den Neologen ging, steht in der Rumbach Straße. Das Haus aus dem Jahr 1872, ein architektonisches Meisterwerk, wurde 1944 schwer beschädigt, in den 1980er Jahren teilweise restauriert und wird heute nur von Touristen und zu gelegentlichen Konzerten besucht. Chabad hat, wie Frölich sagt, zwar eine laute Stimme, zählt aber nur wenige. 90 bis 95 Prozent derjenigen, die Interesse am Judentum haben, vertritt die liberale Förderation jüdischer Gemeinden in Ungarn. Die meisten Mitglieder der jüdischen Gemeinden sind älter als 65 Jahre, viele Holocaust-Überlebende sind darunter, die in Armut leben. Frölichs Gemeinde versorgt sie täglich mit koscherem Essen.

Der Aufschwung jüdischen Lebens ist unübersehbar: 23 Synagogen und Gebetshäuser, zwei Hochschulen, drei Mittelschulen, drei Kindergärten, ein Krankenhaus, zwei Altersheime und Friedhöfe. Im 7. Bezirk finden sich koschere Lebensmittelläden, Restaurants und Cafés sowie ein Hotel. Jugendvereine, eine Studentenvereinigung, das Jüdische Museum, ein Kulturzentrum, Zeitschriften, Buchhandlungen und Verlage … der Joint und der Jüdische Weltkongress sind mit Büros vertreten. Eine wachsende Zahl von jungen Juden besinnt sich auf ihre Wurzeln, heiratet nach jüdischem Brauch, erzieht die Kinder im Glauben und geht in die Synagoge. Andere – und sie sind die Mehrheit – bezeichnen sich als religiös, aber sie essen nicht koscher, halten den Shabbat nicht ein und besuchen die Synagoge nur an den hohen Feiertagen. Rabbi Frölich schätzt ihre Zahl auf 50 000. Für ihn ist das in Ordnung. Er hat viel Verständnis. Man kann nicht über Nacht die jüdische Identität leben. Es ist nicht seine Sache, sagt er, über diese Menschen zu urteilen, ob sie koscher leben oder zu Hause den Shabbat heiligen. Jude zu sein, bedeutet, Teil der Gemeinschaft zu sein und das auch auszudrücken. Gábor Szilágyi ist diese Gemeinschaft wichtig. Er möchte, wenn er denn einmal sein Junggesellenleben aufgibt, eine Jüdin heiraten und Kinder haben. «Die Kinder bekommen von mir und ihrer Mutter die jüdische Denkart und den Humor. Wenn sie religiös leben wollen, dann ist das für mich in Ordnung. Religion ist aber nicht das wichtigste, Studium und Arbeit sind wichtiger.» Rabbiner Frölich sieht, obwohl er selbst ein Reformjude ist, nur in der Orthodoxie die Garantie für die Zukunft des Judentums. «Ich glaube, es ist entscheidend, alles über das religiöse Leben zu wissen und an die Kinder weiterzugeben. Ob du es einhältst oder nicht, das hängt dann aber von dir ab.» Für seine Toleranz und Warmherzigkeit schätzen ihn auch Holocaust-Überlebende, die ihren Glauben verloren haben. «In der Mischna steht, du sollst niemanden verurteilen, solange du nicht in seiner Lage gewesen bist.» Die einen glauben wegen des Holocaust nicht, die anderen gerade deshalb. «Beide haben recht.»

Bei einem weiteren Besuch in Budapest sehen wir ihn wieder. Es sind vor allem ältere Männer, die Rabbi Frölich in der Synagoge im Tempel der Helden lauschen. Einige der 50 Besucher packen mitgebrachtes Essen aus. Der Rabbiner unterbricht sein Gebet, als ein etwa zwölfjähriger Junge mit Schulranzen in den schlichten Raum kommt. Durch die bemalten, hohen Fenster fällt mattes Novemberlicht. Robert Frölich streicht zärtlich über das Haar seines Sohnes, spricht kurz mit ihm und wendet sich dann wieder seiner Gemeinde zu. Der Tempel der Helden neben der Dohány-Synagoge wurde 1931 erbaut, zu Ehren der 10 000 ungarisch-jüdischen Soldaten, die im Ersten Weltkrieg gefallen waren. In den Wintermonaten betet die Gemeinde unter der Woche in diesem kleinen Raum, der ungefähr 250 Menschen Platz bietet. Es kostet zu viel, die große Synagoge warm zu halten. Auf dem Pult steht ein Aschenbecher. Robert Frölich stellt ihn rasch weg. Der Rabbiner hat für seinen Hang zur Zigarette gleich eine Erklärung parat: Was bleibe ihm denn anderes übrig, schließlich sei er der Rabbiner der Dohány-Synagoge und Dohány heißt ins Deutsche übersetzt Tabak.

Mit der Freiheit kam der Judenhass zurück

Der 49-jährige Oberrabbiner der neologen Gemeinde ist ein außergewöhnlicher Mann, blitzgescheit, aufgeschlossen, mit einem feinen Sinn für Ironie. Einer, der sich den Mund nicht verbieten lässt. Es wird rasch klar, warum Róbert Frölich nun bald schon mehr als 25 Jahre lang das Amt des Oberrabbiners an Europas größter Synagoge ausübt. Er ist ein typischer Vertreter des liberalen Budapester Judentums. «Für Juden ist der größte Wert: Wissen. Du musst dein Gehirn benutzen. Wenn wir gut ausgebildete Kinder haben, dann haben wir auch eine Zukunft. Renaissance ist für mich, wenn viele Geschäfte, Restaurants voll von Leuten sind, die koscher leben, wenn die Synagogen nicht nur an den hohen Feiertagen voll sind, wenn die Juden ihr Jüdischsein ohne Angst leben können, religiös und kulturell.» Aber Angst geht um. Die ersehnte Freiheit brachte auch Freiheit für Judenhetze und Rassenhass. In Zeitungen, im Internet liest man antisemitische Äußerungen, in Fußballstadien, auf Versammlungen Rechtsextremer hört man den Ruf: «Ab nach Auschwitz!» Auch an Universitäten. Unter der akademischen Jugend hat die Jobbik-Partei viel Rückhalt. Den Hass, sagt Róbert Frölich, gab es auch vor der Wende. Aber es war verboten, ihn öffentlich auszudrücken. Überlebende fühlen sich an die dreißiger Jahre erinnert, als die «Ungarn mosaischen Glaubens» erfahren mussten, dass sie, wie ihre Glaubensbrüder in ganz Europa, nicht erwünscht waren. Einer Umfrage des Meinungsforschungsinstituts Medián von 2016 zufolge sind 23 Prozent der Ungarn antisemitisch geprägt. Aber damit ist das Land nicht allein: Eine aktuelle Studie der Friedrich-Ebert-Stiftung belegt, dass Antisemitismus in Deutschland inzwischen vor allem unter dem Deckmantel der Israelkritik verbreitet ist. 40 Prozent der Befragten stimmten dem Satz ganz oder teilweise zu: «Bei der Politik, die Israel macht, kann ich gut verstehen, dass man etwas gegen Juden hat.» Antijüdische Einstellungen sind laut der ungarischen Studie allerdings weniger stark ausgeprägt als die Ablehnung anderer Minderheiten. 78 Prozent wünschen demnach keinen Migranten als Nachbarn. Rabbiner Frölich sieht das so: «Sie wollen, dass wir Angst haben, und deshalb sollten wir keine Angst haben.»

Es ist die Regierungspolitik, die vielen Juden Sorge bereitet, auch wenn Viktor Orbán 2015 auf einer Gedenkfeier zum 70. Jahrestag der Befreiung von Auschwitz erstmals über die Beteiligung Ungarns am Massenmord an den Juden gesprochen hat. «Wir waren ohne Liebe und unentschlossen, als wir hätten helfen sollen», sagte der Premier in Budapest. Viele Ungarn hätten sich zu bösen statt ehrenhaften «Aktionen» hinreißen lassen – so kann man die Deportation und Ermordung Hunderttausender mit Hilfe staatlicher Stellen kleinreden. 837 Ungarn ehrt Yad Vashem, die Holocaust-Gedenkstätte bei Jerusalem, als Gerechte unter den Völkern. 587 sind es aus Deutschland mit seiner damals ungleich größeren Bevölkerung. Seit Orbáns Erklärung wird in Budapest darüber diskutiert, ob seine Rede einen Richtungswechsel ankündigte oder nur Kalkül war. Vielleicht war sie eine Reaktion auf den Streit über das von der Regierung ausgerufene Holocaust-Gedenkjahr 2014. Die Förderation der jüdischen Gemeinden hatte aus Protest gegen das Besatzungsdenkmal ihre Teilnahme abgesagt und bereits erhaltenes Geld zurückgegeben.

Auch von dem geplanten «Haus der Schicksale», eine Gedenkstätte wieder unter Federführung der Historikerin Mária Schmidt, erwartet die Förderation keine wirkliche Aufklärung. Das Holocaust-Museum, 2004 im Jahr des EU-Beitritts und zwei Jahre nach dem «Haus des Terrors» eröffnet, liegt in einer engen Seitenstraße außerhalb des Zentrums. In diese trostlose Ecke der Stadt verirrt sich kaum ein Besucher. Ungarn habe sich nie seiner Kollaboration mit den deutschen Nationalsozialisten gestellt, sagt Róbert Frölich. «Ungarn sieht sich vor allem als Opfer, das ist das Hauptproblem. Faschismus und Kommunismus ist dasselbe, sagen sie. Das kommunistische Regime hat schlimmste Verbrechen begangen, aber im Unterschied zum Nationalsozialismus hat es keine Nation aus rassistischen Gründen vernichtet.» Auch wenn Schulbücher inzwischen den Holocaust etwas ausführlicher behandeln, bleibt es bei den Versuchen, das Horthy-Regime zu rehabilitieren und die nationale Verantwortung für den Judenmord auszublenden. Diese Politik begünstigt die Verbreitung antisemitischer Vorurteile, mit denen Gábor Szilágyi und andere in ihrem privaten Leben konfrontiert werden. Er spielt gerne Fußball, und in seiner Mannschaft sind zwei Männer «extrem antisemitisch» und Jobbik-Anhänger. Gábor Szilágyi versucht es auf seine Art: «Mein Freund, magst Du mich?» Natürlich mögen sie ihren lustigen Kumpel. «Aber ich bin Jude, ist das jetzt schlecht?» «Deine Krankheit ist Dummheit», sagt er den verdutzt Dreinblickenden. «Oder ein hübsches Mädchen. Sag ich ihr, ich bin Jude, aber glaubst Du, deshalb kann ich nicht küssen wie ein Ungar? Probieren wir es aus!» Denkt er an Auswanderung, nach Israel vielleicht, fragen wir ihn. Nein, auch wenn sein Aufenthalt im Gelobten Land sein Leben von Grund auf verändert hat. Das Klima, die Hitze könne er nicht ertragen, vor allem aber nicht die Trennung von seinem Budapest. Das gilt auch für Rabbiner Frölich. «Ich habe hier meine Wurzeln, meine Kultur.» Alle großen Wissenschaftler und Philosophen der 2000 Jahre langen jüdischen Geschichte wirkten in der Diaspora. Der Talmud stammt aus dem babylonischen Exil. Die Kritik aus Israel, osteuropäische Juden seien nicht «authentisch», weist er humorvoll zurück. «Anders als viele Israelis liegen wir an den Feiertagen nicht am Strand von Tel Aviv, sondern beten in der Synagoge.»

Frölichs Eltern und seine Schwester betreiben wie schon die Großeltern, die den Holocaust nicht überlebten, eine koschere Konditorei mit Café in der Dob Straße, nur ein paar Minuten Fußweg von der Dohány-Synagoge entfernt. Das kleine heimelige Café mit Familienfotos an der Wand ist in Elisabethstadt eine Institution. Ihre Flódni, eine traditionelle jüdische Süßspeise aus Schichten von Walnüssen, Mohn und Äpfeln, sind berühmt. Zwei Straßenecken weiter stoßen wir auf die Király Straße, die bis zur politischen Wende nach dem russischen Revolutionsdichter Wladimir Majakowski benannt war. Die eineinhalb Kilometer lange Straße war einmal das Rückgrat des jüdischen Viertels. «Dies ist die einzige Gasse in Budapest, in welcher wir ein wahres weltstädtisches Treiben und Brausen, ein Getümmel und pulsierendes Leben finden. Dies ist die Pulsader der Hauptstadt, die niemals ruht, wo man das lärmende Getöse noch hört, wenn in den übrigen Stadtteilen schon längst tiefe Stille eingekehrt ist …», schrieb 1874 József Kiss, ein ungarisch-jüdischer Schriftsteller. Ein Geschäft reihte sich an das andere, an den Fassaden der mehrstöckigen Häuser prangten unzählige Reklameschilder in hebräischer, jiddischer, ungarischer und deutscher Sprache. Bäckerläden, Fleischereien, Spezereien, Apotheken, Textilläden, alle Dinge des täglichen Bedarfs konnten die Einwohner der Elisabethstadt erwerben. Zu jeder Zeit des Tages und weit in die Nacht hinein waren mehrere Kaffeehäuser und Gasthäuser gefüllt. Droschken, Kutschen und Fuhrwerke rumpelten über die Pflastersteine der schmalen Straße. Auf den Gehsteigen schoben und drängten lärmende Kinder, Dienstboten, Hausfrauen mit ihren Einkäufen, Handwerker, aus Galizien und Polen eingewanderte Juden in Kaftanen und die säkularisierten Elisabethstädter Juden. 1913 waren 40 Prozent der Einwohner des Viertels Juden. Die Király Straße war weltstädtisch. Angehörige verschiedener Nationen, Juden und Christen lebten und arbeiteten hier miteinander.

Diese Elisabethstadt ist untergegangen, ihre Atmosphäre kann man zwischen den Reihen parkender Autos in dem heute angesagten Ausgehviertel allenfalls noch erahnen. Designerläden, Restaurants, Bars und Pubs ziehen junges Publikum an. Aber die Synagogen sind geblieben. Auch gibt es wieder jüdische Geschäfte, koschere Läden und Restaurants, auf der Straße begegnet man orthodoxen Juden. Die Jugendstil-Häuser haben im Krieg nur wenig Schaden genommen, verfielen aber zusehends in kommunistischer Zeit und heute fehlt es am Geld für ihre Renovierung. Spekulanten kaufen sie auf und lassen gesichtslose Bauten errichten. Die Sonne steht über den Klauzál Platz und taucht ihn in ein mildes Frühlingslicht. In dieser stillen Oase mit Blumenrabatten inmitten des Straßenlärms hielten Christen und Juden in früherer Zeit einen Markt ab. Der Platz lag im «Großen Ghetto», in dem zwischen Dezember 1944 und 18. Januar 1945, dem Tag der Befreiung durch die Rote Armee, etwa 60 000 Juden in ungefähr 4500 Wohnungen zusammengepfercht waren. Die Menschen hatten weder Heizmaterial oder Lebensmittel noch Medikamente. Ein Teil der unzähligen Leichen wurde im gefrorenen Boden des Klauzál-Platzes begraben. Das letzte erhaltene Stück der Ghettomauer in einem Hinterhof in der Király Straße wurde bei Bauarbeiten 2006 zerstört. Zwei Jahre später ließ die Stadt eine Gedenkmauer errichten. Bei der Befreiung des Ghettos fanden die Rotarmisten mehrere Tausend Tote im Hof des Jüdischen Museums bei der Dohány-Synagoge. Ungefähr 2300 wurden hier in Massengräbern beerdigt, auch wenn Tote dem jüdischen Brauch zufolge neben einer Synagoge nicht bestattet werden dürfen. Durch die Eisenstäbe des Zauns sehen wir die verwitterten Gedenksteine unter tief hängenden Baumkronen im Garten der Toten.

Rückkehr nach Budapest

Die Schreckenstage leben in den Erzählungen von Niszan Hirschman auf. Wir treffen den Israeli im Kaffeehaus Dunapark nahe der Donau. In den 1930er Jahren entstand in diesem unentwickelten, von Industriebauten beherrschten Gebiet das Viertel Neue Leopoldstadt mit einer Reihe moderner Wohnhäuser im funktionalistischen Stil. Die meisten Architekten waren jüdisch wie der Großteil der Bewohner. Noch heute leben hier viele Juden, auch Niszan Hirschman, wenn ihn in Israel, was oft vorkommt, die Sehnsucht nach seiner Heimatstadt packt. Jedes Jahr kommt der 86 Jahre alte Herr auf Besuch, trifft sich mit alten Bekannten und seinem besten Freund István, den er schon aus der Schulzeit kennt. 80 Prozent seines Freundeskreises lebten in Budapest. Im Erdgeschoss des fünfstöckigen Appartementhauses neben dem kleinen Szent-István-Park schufen die Architekten Ferenc Domány und Béla Hofstätter ein mondänes Kaffeehaus mit einer Empore auf schlanken Säulen. Dunapark wurde 1938 eröffnet. Zu seinen ersten Gästen gehörte Niszan Hirschman. Er bewegt sich in dem Art-déco-Raum mit einer Vertrautheit, als wäre er hier zu Hause. Im Jahr 2006 wurde das Kaffeehaus wieder eröffnet, und wieder trat Niszan Hirschman als einer der Ersten durch die Schwing-

Niszan Hirschman, Budapest, 1945

türen herein. Israel ist zu seiner Heimat geworden, mit einem Teil seiner Seele ist er jedoch Budapester geblieben. «Mir geht es wie Heinrich Heine. In meiner Brust schlagen zwei Herzen», sagt er. Von 1984 an kam er jährlich einmal, dann zwei- oder dreimal, inzwischen verbringt er jeweils ein halbes Jahr in der ungarischen Metropole. Niszan Hirschman kommt aus der untergegangenen Welt des assimilierten Judentums in Budapest. Ein Weltbürger, der mehrere Sprachen spricht, in Geschichte, Kunst und Literatur bewandert und ein vornehmer Herr mit guten Manieren ist. Der 86-Jährige hat in vielen Berufen gearbeitet: als Apotheker, in einem Kibbuz, als Hafenarbeiter, während des Biologiestudiums fünf Jahre lang als Nachtwächter, als Forscher an der Universität Jerusalem, als Radiojournalist und als Berufssoldat. 1948 schon war er nach Israel gegangen, um im Unabhängigkeitskrieg zu kämpfen. «Ich habe aber nur eine Kugel abgefeuert und dabei unsere Stromversorgung gekappt.»

Auf der Flucht vor den Pfeilkreuzlern

Zunächst hatte er sich wie alle Budapester Juden in Sicherheit gewähnt. Auch er hielt es für ausgeschlossen, dass Horthy die Juden an die Deutschen ausliefern würde. Dann kamen im Sommer 1944 die Massendeportationen, begleitet von einer Hetzkampagne der Presse gegen die Juden. Aber noch bis Ende September hat Niszan Hirschman die Monate in Budapest in einigermaßen guter Erinnerung: die Landung der Alliierten am 6. Juni in der Normandie, ihr Vorrücken in Italien, die Abkehr der Rumänen von Hitler, die Befreiung von Paris und die Rote Armee im Südosten Ungarns. «Das war phantastisch. Wir haben schon die Freiheit gesehen.» Im August 44 trennte Niszan Hirschman den gelben Stern von seinem Jackett ab und ging ins Kino. Es lief der antisemitische Film Jud Süß. Dann aber brach der Terror über die Budapester Juden herein. Wochenlang irrte der 16-Jährige im Winter 1944/45 durch Budapest. «Ich lebte drei Monate lang ununterbrochen in Todesfurcht.» In den Nächten verkroch er sich in ausgebombten Häusern, schlief unter Gebüschen, versteckte sich in Kohlekellern, einmal auch in einer leeren Villa in Buda auf der anderen Donauseite, immer auf der Hut vor marodierenden Pfeilkreuzlern. Der Hunger nagte in seinem Bauch, und er, der gerade die Mutter verloren hatte, fühlte sich einsam und verlassen wie nie in seinem Leben. Kurz davor hatte er mit ansehen müssen, wie seine 52-jährige Mutter aus einer silbernen Tasse Gift trank, weil die Pfeilkreuzler die Macht übernommen hatten. Das Letzte, was er hörte, bevor er aus dem Zimmer geschickt wurde: «Bubi, geh' hinaus, das ist kein Anblick für Dich.»

Seine Mutter war schon lange vorher mit ihrer gesamten Familie zum Katholizismus konvertiert. In Budapest stieg die Zahl der Konvertiten in Krisenzeiten stets sprunghaft an. 1919 die Revolution, 1920 der antijüdische Numerus clausus, 1938 die antisemitischen Gesetze und 1944 die Besetzung durch deutsche Truppen – in diesem Zeitraum hatte sich die Zahl der jährlichen Konversionen von 300 auf 600 je 10 000 jüdischer Einwohner verdoppelt. Aber das schützte sie nicht. Der ungarische Staat definierte auch die Getauften als Juden.

Niszans Vater, ein Jude aus Wien, der von der Mutter getrennt lebte, war streng religiös. Er flüchtete nach Prag. Seine Spur verlor sich im Juni 1942 in Theresienstadt. Das Leben ist unberechenbar: Und so kam es, dass Niszan ausgerechnet einem Pfeilkreuzler sein Leben verdankte, dem Apotheker Laci, der mit seiner Schwester verheiratet war. Sein Schwager soll, die Familienverhältnisse waren etwas verwirrend, durch seine Geliebte, eine antisemitische, nationalistische, vielleicht auch nach Macht und Reichtum gierende Frau zu den Pfeilkreuzlern gekommen sein. Laci genoss die Fahrten mit ihr in der schwarzen Limousine mit der Standarte der faschistischen Mordtruppe. Er rettete aber auch seine Frau mit vorgehaltenem Revolver aus der Haft der Pfeilkreuzler. Ihre Nachbarin hatte sie denunziert. Ein Volksgericht verurteilte ihn 1948 zu lebenslanger Zwangsarbeit, aber da war er schon nach Österreich geflohen.

Vielleicht liegt es an diesem Schwager, dass Niszan sehr zur Überraschung seiner jüdischen Freunde auch Jobbik-Mitglieder zu seinem Bekanntenkreis zählt. Vielleicht aber ist es die ungebrochene Neugier des 86-Jährigen auf unterschiedlichste Menschen, sein Wunsch zu verstehen, warum Menschen so oder so denken und fühlen. 1989 glaubten die Budapester Juden wieder einmal, wie er sagt, sie seien vollkommene Ungarn. Aber dann mussten sie erkennen, dass seit den neunziger Jahren mit den nationalistischen Bewegungen der Antisemitismus erstarkte.

Es ist dunkel geworden. Niszan Hirschman entzündet am Eingang zum Dunapark eine Zigarette. Die Flamme erleuchtet für einen Moment sein scharfgeschnittenes Gesicht. Der große, schlanke Mann schaut auf die Pozsónyi Straße und zum kleinen Szent-István-Park hinüber. Hier war das internationale Ghetto. Fast täglich drangen Pfeilkreuzler in die Häuser ein, plünderten, vergewaltigten und mordeten.

Die Philosophin und die Stadt

Auch die Bewohner des Hauses in der Pozsónyi, in dem ein 15-jähriges Mädchen mit seiner Mutter untergekommen war, wurden im Winter 1944 herausgeholt. Die Pfeilkreuzler trieben sie in den Szent-

István-Park, dann zur Donau gegenüber der Margareteninsel. Vom Ufer her waren Schüsse zu hören. Ágnes Heller, heute eine weltbekannte Philosophin, starrte auf die Eisschollen in der Donau und hatte nur einen Gedanken. «Wann soll ich springen?» Sie sah, wie andere ins Wasser geschossen wurden. Ihre Mutter stand in der Reihe hinter ihr. Ágnes sprang nicht. Die Pfeilkreuzler führten die Menschen plötzlich zurück ins Ghetto. Sie weiß bis heute nicht, was geschehen war. Vermutlich hatte Jancsi Friedenthal sie und die anderen freigekauft. Dieser junge jüdische Bursche trug die Uniform der Pfeilkreuzler und rettete viele. Am 10. Januar 1945 ging er aus dem Haus und kehrte nie mehr zurück. Entweder wurde er enttarnt oder bei einem Luftangriff der Alliierten getötet. Mehrere Zionisten schlossen sich mit gefälschten Papieren den Pfeilkreuzlern an, um ihren Brüdern und Schwestern zu helfen. «Das Trauma bleibt, aber warum sollte ich daran denken», sagt Ágnes Heller fast trotzig. Und dann: «Budapest ist meine Stadt.» Sie sagt es als etwas Selbstverständliches, und das ist es für die Budapester Juden ja auch. Für Ágnes Heller steht die jüdische Renaissance außer Frage. Es gibt wieder ein jüdisches kulturelles Leben, an dem auch Nichtjuden teilnehmen. Ein Freund von ihr liest im «Spinoza» in Elisabethstadt regelmäßig aus dem Talmud, und jedes Mal ist das Café voll. «Ich werde auf der Straße von Leuten angesprochen, die mir danken und mich ermuntern weiterzumachen. In Ungarn liebt man mich als Aktivistin.» Ihre politische Position ist eindeutig: «Orbán vergiftet die Seele der Ungarn, weil sie von ihm hassen lernen.»

Das freche Mädchen mit dem dichten Haarschopf, das keine Autorität respektierte und mit ihrem Vater schon als Kind über Shakespeare stritt, lebt in dieser zierlichen Person fort. 88 ist sie jetzt, voller Energie und intellektueller Unruhe, immer neugierig. Sie erzählt uns eine Geschichte. Damals, 1944, sprach sie einen Wehrmachtsoffizier an. In perfektem Deutsch erklärte sie ihm, dass sie und ihre Mutter Jüdinnen seien, und bat ihn, er möge sie bei ihrem Umzug in das «Große Ghetto» vor den Pfeilkreuzlern beschützen. Der Offizier tat es. Warum? Weil er allein war. Für das Gute entschied er sich, weil kein anderer Soldat bei ihm war. Erst in der Gruppe und in der Verbindung mit einer menschenverachtenden Ideologie glaubt der Mensch, auch morden zu dürfen. «Alle wollen gut sein, keiner bezeichnet sich selbst als böse.» Die frühere Schülerin des bekannten Philosophen Georg Lukács sagt: «Ich wollte mein ganzes Leben lang Auschwitz und den Stalinismus verstehen.» Dieses Interesse leitet sie bei ihren geschichts- und moralphilosophischen Forschungen und als eine Philosophin, die sich für Freiheit und gegen Tyrannei einsetzt.

Für Ágnes Heller ist das Leben eine Entdeckungsfahrt. Dafür hat ihr der Vater, ein unkonventioneller, dem praktischen Leben eher abgeneigter Freigeist, der ständig Gedichte rezitierte, ein wichtiges Geschenk gegeben: einen moralischen Kompass. «Man verlässt nie ein sinkendes Schiff», zitiert sie ihn. Das habe etwas mit Selbstrespekt zu tun. Als es gegen die Juden ging, habe ihr Vater trotz Zuredens von Freunden die Konversion zum Katholizismus abgelehnt. Gerade jetzt bekannte er sich zu seiner jüdischen Identität, weil die ganze Welt gegen Juden Vorurteile hegte. Dabei hatte er sich davor wenig um Judentum und Christentum geschert und seiner kleinen Tochter immer erklärt: «Ich bin ein Mensch der Aufklärung.» Jüdischen Flüchtlingen aus Deutschland, Österreich und Polen ermöglichte der Rechtsanwalt rettende Mischehen oder mit gefälschten Papieren die Flucht ins sichere Ausland. Einer bedankte sich 1945 in einem Brief aus Argentinien bei ihm. Zu diesem Zeitpunkt war er schon nicht mehr am Leben. Die Gestapo hatte ihn gefasst und die ungarischen Behörden nach Auschwitz deportiert. Er starb am 16. Januar 1945 im Alter von 56 Jahren an Typhus, die Rote Armee war schon nahe. Ágnes Heller ist kein sentimentaler Mensch und kann hart mit sich selbst sein. Nüchtern erzählt sie uns vom Schicksal ihres Vaters. In der Pause aber, die danach entsteht, steigt vor ihrem geistigen Auge, das ist spürbar, ein schmerzhaftes Bild auf. Wir fragen nicht danach.

«Dein Charakter ist dein Schicksal.» Weil sie sich den Mund nicht verbieten lässt, kommt es 1956 zum Bruch mit der kommunistischen Partei. Ágnes Heller wird ausgeschlossen, darf nicht mehr publizieren und lehren. Jahre später wird sie rehabilitiert, nach ihrem Protest gegen den Einmarsch Warschauer Pakt-Truppen 1968 in die Tschechoslowakei erneut aus der Partei hinausgeworfen. Sie und ihr Mann

Ferenc Fehér sind die führenden Köpfe der Budapester Schule, die auf marxistischer Grundlage das Sowjetsystem kritisiert, dann sich grundsätzlich davon abwendet und nach Möglichkeiten eines demokratischen Umbaus sucht. In den siebziger Jahren verlieren sie und ihr Mann wieder ihre Arbeit. Der Staatssicherheitsdienst bespitzelt die Mitglieder der Budapester Schule, hört ihre Telefone ab, durchsucht ihre Wohnungen. 1978 emigriert das Paar nach Australien. Sechs Jahre später erhält Ágnes Heller den Hannah-Arendt-Lehrstuhl an der New School for Social Research in New York.

Ganz Europa steht auf dem Spiel

Gerade ist sie von einer Demonstration in Budapest gekommen. Sie trägt auffallende Ohrringe und eine extravagante Kette um den Hals, stellt rasch eine Flasche Wein und Nüsse auf den Küchentisch. «Ja, es gibt in Ungarn Antisemitismus. Aber der ist nicht stärker ausgeprägt als in anderen Ländern Europas», sagt sie. Ágnes Heller ärgert sich manchmal darüber, dass der Westen hauptsächlich den Antisemitismus in ihrem Land im Blick hat. Die Orbán-Regierung baut die Pressefreiheit ab, erschüttert die Unabhängigkeit der Gerichte, zentralisiert die politische Macht in ihren Händen – darüber müsse man sprechen. Aber Deutschland und die EU schweigen. Die Philosophin sorgt sich um Europa: Alle demokratisch verfassten Staaten vor dem Zweiten Weltkrieg waren kurzlebig. «In Europa ist deshalb die Demokratie immer gefährdet. Es fehlt an Frustrationstoleranz, und wenn die Verhältnisse schlechter werden, wird der Ruf nach einem starken Mann laut.» Und noch etwas: Die europäischen Nationalstaaten können nicht integrieren ohne zu assimilieren. In den USA könnten Migranten ihre Identität bewahren und gute Patrioten sein. Zu diesem Zeitpunkt würde auch Ágnes Heller nicht glauben, dass ein Populist wie Trump Präsident werden könnte. Orbáns Politik der Abgrenzung schürt den Hass auf Fremde. Sie nutzt letztlich der Jobbik-Partei. Einer Umfrage zufolge wollen Ungarn keine Homosexuellen als Nachbarn, an vierter Stelle keine Juden, aber auch keine Ungarn aus Transsilvanien. Doch im Oktober 2016 scheitert das von Viktor Orbán angestrengte Referendum über die EU-Verteilungsquote für Flüchtlinge. Zwar stimmten 98 Prozent im Sinne des Rechtspopulisten ab. Aber nur 40 Prozent waren zur Volksabstimmung gegangen.

Der 2004 verstorbene französische Philosoph Jacques Derrida, ein Freund Ágnes Hellers, schrieb: «Hoffnung, Furcht und Zittern sind durchaus den Zeichen angemessen, die wir überall in Europa wahrnehmen. Gerade im Namen der Identität … wird hier nun die schlimmste Gewalt entfesselt,… die Verbrechen der Ausländerfeindlichkeit, des Rassismus, des Antisemitismus, des religiösen oder nationalistischen Fanatismus.» Ágnes Heller liest uns aus seinem bewegenden Abschiedsbrief an sie vor. Sie sagt: «Er erhob sich wie der Albatros aus Baudelaires Gedicht in die Höhen der Philosophie. Und dann saß er neben dir auf dem Stuhl wie ein kleiner sensibler Junge.» Selbst die Assimilation bewahrte das ungarische Judentum nicht davor, ausgelöscht zu werden. Nationale Identitäten sind ein politisches Konstrukt. Kulturelle, offen gedachte Identitäten können ein Gefühl europäischer Einheit und Solidarität hervorbringen. Ágnes Heller macht sich mehr Sorgen um die Zukunft Europas als um das Judentum: «Die Juden haben Ägypten überlebt, Babylon, Spanien. Sie werden auch Europa überleben.»

Drei Identitäten, mit denen sie geboren wurde, zählt sie auf: als Frau, als Jüdin und als Ungarin. Aber der Mensch ist auch der, als den er sich selbst bestimmt. Niemand habe das Recht, das zu bestreiten. Für Ágnes Heller sind nicht die halachischen Gesetze, überhaupt keine religiöse Instanz, ausschlaggebend. «Wenn jemand sagt, er ist Jude, dann ist er es. Genauso ist jemand, der kein Jude mehr sein will, keiner.» Ein, zwei Jahre nach Kriegsende wollte sie ihre jüdische Identität vergessen. Sie leitet sie aus der Geschichte, den kulturellen Erinnerungen auch an die Verfolgung als Jüdin und ihre Abstammung von Moses her. Wenn sie im Flugzeug über das Mittelmeer fliegt, denkt sie, dort unten liegt meine eigentliche Heimat. In den Mittelmeerkulturen, in Judäa, Athen und Rom wurzelt ihre vierte Identität als Philosophin, die sie in freier Wahl angenommen habe. Und dann wirft Ágnes Heller noch einen überraschenden Satz hin. «Ich habe einen Schutzengel. Auf ihn vertraue ich.»

Der Wächter der Synagoge

Eine Fahrt mit der Straßenbahn der Linie 2 preist jeder Reiseführer an. Tatsächlich genießen wir, während die gelbe Tram auf den Schienen entlang dem Pester Donauufer rumpelt, einen herrlichen Ausblick auf das Budaer Panorama, den Gellértberg und den Burgberg, auf dem mindestens seit dem 13. Jahrhundert eine jüdische Gemeinde siedelte. Der Schutzbrief König Bélas IV. bewahrte sie jedoch nicht vor Übergriffen und der Vertreibung im 14. Jahrhundert, da man ihnen die Schuld an der Pest gab. 1364 durften sie zurückkehren, waren aber immer wieder Verfolgungen ausgesetzt. Als die Türken nach der Schlacht von Mohács die Stadt Buda 1541 einnahmen, wurden die Juden von den neuen Machthabern über das ganze Osmanische Reich verstreut. Wenige Jahre später durften sie zurückkehren. In der Mehrzahl waren es aus Deutschland ausgewanderte Juden und sephardische, 1492 aus Spanien vertriebene Juden. Sie standen loyal zu den neuen osmanischen Herrschern. Das jüdische Leben in Buda wurde von den Österreichern 1686 vernichtet, als ungarische und österreichische Truppen die Stadt eroberten. In Óbuda, nördlich von Buda am Donauufer gelegen, entstand danach das zweite Zentrum jüdischen Lebens, das sich im 19. Jahrhundert nach Pest verlagerte und dort sein goldenes Zeitalter erfuhr, bis dann wieder Tod und Vernichtung kamen. Der ewig gleiche Zyklus der Diaspora.

In Mád, 45 Kilometer nordöstlich der Stadt Miskolc, gibt es eine reformierte Kirche, eine katholische und ein Schloss, erbaut im 18. Jahrhundert wie auch die Synagoge. Wegen ihr fahren wir in die 2300 Einwohner zählende Kleinstadt mitten im Tokajer Weinanbaugebiet, genauer gesagt, wegen Barnabás Fehér. Der 78-Jährige hält den großen Schlüssel schon in der Hand, als er uns begrüßt. Dann eilt er mit großen Schritten den Hügel hinauf, auf dem die prächtig ausgestattete Synagoge steht. Er schließt die schwere, geschnitzte Holztür mit der Jahreszahl 1795 auf. Barnabás Fehér, ein Katholik, ist der Wächter der Synagoge von Mád, Bewahrer der Erinnerung an die einst ungefähr 800 jüdischen Bewohner, damals 20 Prozent der Stadtbevölkerung. Fast alle wurden in Auschwitz-Birkenau im Sommer

1944 vergast. Die wenigen Überlebenden wanderten nach Kriegsende in die USA und nach Israel aus. Schon in kommunistischer Zeit hielt Barnabás Fehér, soweit es ihm möglich war, den Verfall der Synagoge auf. Ohne dafür einen einzigen Forint zu kassieren. Erst 2004 wurde sie mit Geld des World Jewish Heritage Fund restauriert. Unzählige Stunden, erzählt Barnabás Fehér, hat er in der Synagoge verbracht, mit Touristen, denen er die Geschichte der Juden von Mád erzählte oder auch allein, versunken in Erinnerungen an seine jüdischen Freunde aus Kindheitstagen, Söhne eines Weinhändlers, für den sein Vater arbeitete. Barnabás Fehér ist ein lebenslustiger Mann, der gerne lacht und mit einem Stolz und einer Begeisterung durch die Synagoge führt, als wäre sie sein Haus. Irgendwie ist sie es auch, sie ist ein Teil von ihm geworden, das Einzige, was von seinen Freunden geblieben ist. Wenn er von der Judenverfolgung in Mád spricht, klingt seine kräftige Stimme müde. Einmal, vor vielen Jahren, fand er in der Ruine einen Ehering. Er gehörte der Großmutter eines Israelis, der Barnabás Fehér aus Dankbarkeit nach Israel einlud. «Mein Gott, war ich froh, als ich in dem Gedränge im Flughafen plötzlich ein Schild mit meinem Namen sah.» 2015 restaurierten die Lubawitscher das unterhalb der Synagoge gelegene Rabbinerhaus mit der einst berühmten Jeschiwa. Wieder laufen jüdische Kinder aus dem ganzen Land durch das historische Haus, feiern Shabbat und singen Lieder jüdischen Stolzes, die die Nazis verstummen lassen wollten. Eine Renaissance, die Barnabás Fehér, ein christlicher Ungar, mit angeschoben hat.

Die Einsamkeit des Gábor Szilágyi

Der Speisesaal mit seinen Kristallleuchtern, glänzenden Spiegeln und viel Marmor erinnert an die große Zeit des Hotels Astoria in den 1930er Jahren. Von dem Hauptquartier, das die Wehrmacht 1944 in dem Haus aufschlug, sind keine Spuren geblieben. An einem der Tische sitzt Gábor Szilágyi. Zwei Jahre haben wir ihn nicht mehr gesehen. Inzwischen hat er die Arbeitsstelle gewechselt, arbeitet im Wertpapiergeschäft für den ungarischen Staat und hat die Dohány-Synagoge verlassen. Als Gastkantor war er ein Jahr lang zu den hohen Feiertagen im oberpfälzischen Weiden und eine Woche in São Paulo. Jetzt singt er in der kleinen Synagoge im Budapester jüdischen Krankenhaus. «Für meine Seele ist es großartig, wenn ich alten oder kranken Menschen helfen kann.» Er lache viel mit ihnen, sagt er. Das sei die beste Medizin. Seinen Humor braucht er mehr denn je auch für sich selbst. Gábor Szilágyi ist verändert, ruhiger geworden, etwas Wehmütiges umgibt ihn. Der Pester Junge, der seine Stadt über alles liebt, trägt sich mit dem Gedanken auszuwandern. «Ich fühle mich mehr als Jude denn als Ungar. Leider.» Früher war das Leben für ihn leichter. Aber was ist geschehen? Eigentlich nichts, die Situation sei die gleiche wie vor zwei Jahren. Aber er hat es satt, dass er nicht frei über sein Judentum reden, es nicht zeigen könne, weder am Arbeitsplatz, noch im Sport oder auf der Straße. Er fürchtet, wenn er sich dazu bekennen würde, den Satz: «Ah, der Jude.» «Ich trage auf der Straße keine Kippa», sagt er. Aber die Renaissance? Schon, aber nicht mehr unbedingt mit ihm. «Ich fühle mich nicht gut in Ungarn.» Gábor Szilágyi wirkt plötzlich einsam.

Polen

«Wir erinnern uns,
aber wir schauen in die Zukunft»

Wie man eine polnische und eine
jüdische Identität haben kann

Emanuel Elbinger in seiner Krakauer Wohnung, 2015

Nach 1944 war Henryk nie mehr in Majdanek. Aber als Einheiten der Roten Armee am 23. Juli das Lager befreit hatten, war der damals 18-Jährige unter den Ersten, die zum Stadtrand von Lublin rannten. Wir begegnen Henryk, der sich nur mit Vornamen vorstellt, 71 Jahre später auf der lauten Podzamcze Ulica. Schwerlastwagen donnern auf der Straße vorbei. Langsam zieht der alte Mann auf dem Gehweg einen leeren Einkaufswagen hinter sich her. Er will ein paar Schrauben kaufen und dann noch Brot und Wurst besorgen. Als wir ihn nach dem Weg zum alten jüdischen Friedhof fragen, erzählt er sofort von der Massenerschießung, die er als Junge gesehen hat. «Dort», Henryk weist mit dem Zeigefinger auf die gegenüberliegende Straßenseite, «dort hinten, drei Straßen weiter haben die Deutschen an einer Mauer hunderte Juden erschossen. Ein Teil der Mauer steht noch.» Und was hat er damals in Majdanek gesucht? «Ich habe mir die Toten angesehen und geholfen, sie zu begraben. So viele Leichen.» Warum tut ein 18-Jähriger so etwas? Henryk schweigt und sucht nach einer Antwort. «Das war eine andere Zeit.» Aber das war doch schrecklich? «Ich war ja nicht allein. Meine Freunde waren dabei. Wir gehörten einer Jugendorganisation an.» Plötzlich schaut er misstrauisch, als hätte er zu viel gesagt. «Aber nichts Politisches», betont er. Dann wendet er sich abrupt ab und dreht sich wieder um: «Wie alt schätzen Sie mich?» Höchstens 80. Das wollte er hören. Er lacht zufrieden. Der 89-Jährige sieht um gut zehn Jahre jünger aus.

Henryk war gerade mal fünf Jahre alt, als am 24. Juni 1930 die weltberühmte Jeshiva Chachmel eingeweiht wurde. Das war ein großer Tag für die 37 000 Menschen zählende jüdische Gemeinde, fast die Hälfte der Einwohnerschaft von Lublin. Tausende versammelten sich auf dem Grundstück an der Lubartowska, um das Ereignis zu feiern. 14 Jahre später waren die meisten tot, nur 230 Menschen waren dem Massenmord entkommen. Heute leben ungefähr einhundert Juden in Lublin, die meisten sind nach dem Krieg zugewandert. Nur wenige Spuren erinnern an die reiche jüdische Vergangenheit der Stadt, in der Juden seit fast 600 Jahren lebten. Was immer Henryk in Majdanek gesucht hatte, er sah das Ende des Lubliner Judentums und, aber das verstand er vielleicht erst später, das Ende einer ganzen Welt. Der russische Kriegsberichterstatter und Schriftsteller Konstantin Simonov, der wenige Tage nach der Befreiung Lublins in das Lager kam, erkannte sofort: «… am ersten Tag glaubte ich wahnsinnig zu werden … Mein Bleistift glitt über das Papier, während sich mein Kopf noch sträubte zu glauben, was ich schrieb.» «Das Schrecklichste: Zehntausend Paar Kinderschuhe, Sandalen, Pantoffeln, Schnürschuhe von Zehnjährigen, von Einjährigen …»

Auf dem Weg nach Majdanek

Fünfzehn Minuten braucht der Bus 156 vom Grodzka Tor der historischen Altstadt bis in den Stadtteil Majdan Tatarski. Von der Haltestelle an der Chaussee, die nach Chelmo führt, geht der Blick über die riesige Fläche des einstigen Lagers. Ganz hinten am Horizont erhebt sich auf steinernen Pfeilern das Kuppeldach des Mausoleums aus dem Jahr 1969, in dem die Asche der Ermordeten zu einem großen Hügel aufgehäuft wurde. Mehr als vier Kilometer lang war das Netz der Straßen, die mit Schottersteinen aus zerschlagenen Grabmälern des alten Jüdischen Friedhofs befestigt wurden und das 270 Hektar große Stammgelände durchzogen. Majdanek gehört heute den Krähen. In Schwärmen fliegen sie tief über unsere Köpfe hinweg, steigen in den blauen Himmel hinauf, lassen sich fallen und schweben herab auf Wachtürme und Dächer der Baracken. Ihre krächzenden Rufe zerreißen die Stille auf dem weiten Gelände am südöstlichen Stadtrand von Lublin. Auf den langen Kieswegen verlieren sich ein paar einzelne Besucher. Eine Gruppe israelischer Jugendlicher tritt aus einer Baracke mit der Aufschrift «Brausebad» heraus. Sie schweigen. Manchen rinnen Tränen über die Wangen. Ein Mädchen spielt auf einer Mundharmonika. Über ihren Köpfen wehen im Wind Fahnen mit dem Davidstern – einziges Zeichen der Hoffnung an diesem Ort des Leidens.

Unsere Reise zu jüdischen Gemeinden in Mittel- und Osteuropa, die Frage nach ihrer Zukunft führt auch in Polen zuerst in die Vergangenheit. In Majdanek ermordeten die Nationalsozialisten 235 000 Gefangene, darunter 110 000 Juden aus ganz Europa. So steht es in einer

Broschüre des schon 1944 gegründeten Staatlichen Museums Majdanek aus dem Jahr 2002. Neuesten Forschungen zufolge waren es 78 000 Tote, darunter 60 000 Juden. Aber das ändert nichts an dem Grauen. In das Lager, 1941 zunächst für sowjetische Kriegsgefangene errichtet, wurden um die Jahreswende 1941/42 Juden aus Lublin und der Umgebung verschleppt. Im April 1942 trafen die ersten Massentransporte aus der Slowakei und Böhmen ein, danach aus Österreich, Deutschland, Frankreich, Belgien und Holland. Von Mitte 1942 bis Mitte 1943 deportierten die Nationalsozialisten vor allem Juden aus den Ghettos in Stadt und Region Lublin, Warschau und Bialystok nach Majdanek. Mehr als 18 000 Juden wurden am 3. November 1943 von den frühen Morgenstunden bis 17 Uhr zu lauter Musik aus Lautsprecherwagen erschossen. Diesen Massenmord nannten die Täter zynisch «Erntefest». Die Deutschen vernichteten in der «Aktion Reinhardt» die jüdische Bevölkerung im «Generalgouvernement» und in den von 1939 bis 1945 besetzten polnischen Gebieten. Dazu zählten die Distrikte Lublin, Krakau, Warschau, Random und seit August 1941 auch Galizien mit den Städten Stanislau, Lemberg und Tarnopol. Zwischen Juli 1942 und Oktober 1943 wurden mehr als zwei Millionen Juden ermordet, der Großteil davon in den Vernichtungslagern Bełżec, Sobibór und Treblinka. In Polen hatten bis zum Krieg insgesamt 3,3 Millionen Juden, mehr als in jedem anderen Staat Europas, gelebt. Ihr Anteil an der Bevölkerung machte zehn Prozent aus. Bei Kriegsende waren noch etwa 380 000 am Leben, jene, die flüchten konnten oder paradoxerweise durch die Deportation in die entlegenen Gegenden der Sowjetunion gerettet worden waren.

Das sind die Zahlen. Die Schicksale dahinter sind nur in wenigen Fällen erzählt, die Gesichter in niemandes Erinnerung geblieben. Es gibt Fotografien wie die von Bronia Zysman in der Ausstellung des Museums Majdanek. Ein Mädchen, am 26. Oktober 1930 in Lublin geboren, mit Pausbacken und gepunktetem Kleid. Bronia Zysman umarmt einen Baum, lächelt und schaut verträumt in die Kamera. Mit zwölf Jahren wurde sie aus dem kleinen Ghetto in Majdan Tatarski in das Lager deportiert, dann in die Lubliner Burg gebracht, wo sie als Näherin arbeiten musste. Einen Tag vor der Befreiung, am

22. Juli 1944, wurde sie bei einer Massenerschießung getötet. Bronia, eines von eineinhalb Millionen Kindern, denen das Leben, bevor es noch richtig begonnen hatte, genommen wurde, weil der Zufall ihnen jüdische Eltern gegeben hatte. Wie sollte man über die Zukunft der polnischen Juden sprechen, ohne Bronias gestohlenes Leben zu erwähnen. «Die polnisch-jüdische Geschichte ist, wenngleich heute so wenige Juden auf polnischem Boden wohnen, immer noch sehr real im Leben sowohl der Juden wie auch der Polen gegenwärtig», sagte Johannes Paul II. am 9. Juni 1991 in Warschau. «Das Volk, das über viele Generationen hindurch mit uns lebte, blieb bei uns nach diesem schrecklichen Tod von Millionen seiner Söhne und Töchter …»

Das Gespenst des Antisemitismus

Auf der anderen Straßenseite der Droga Męczenników Majdanka, direkt gegenüber dem Eingang zu dem ehemaligen KZ, führt ein Weg auf den östlichen Campus der Katholischen Universität Lublin. Karol Wojtyla, der spätere Papst, unterrichtete an der Hochschule, die 1918 nach der Erlangung der Unabhängigkeit Polens gegründet wurde. Johannes Paul II. hat viel getan für die Verständigung zwischen Polen und Juden. Aber das hinderte den inzwischen verstorbenen Prälaten Henryk Jankowski, Pfarrer der Danziger Brigittenkirche, nicht an seiner Judenhetze: Man könne eine jüdische Minderheit in der polnischen Regierung nicht tolerieren. Und zu seiner Verteidigung sagte der einstige Kaplan der Solidarność, der mehrmals durch antisemitische Äußerungen auffiel: «Ich habe das, was das polnische Volk denkt, ausgesprochen.» Aber es gab in Danzig auch den Erzbischof Tadeusz Gocłowski, der gegen Jankowski vorging oder gegen den Radiosender Maryja mit seinem fremdenfeindlichen und antisemitischen Programm. Oder den Jesuitenpater Stanisław Musiał, angefeindeter Vertreter einer weltoffenen Haltung der Kirche und Befürworter des polnisch-jüdischen Dialogs. Musiał trat in dem Streit um das sieben Meter hohe Kreuz in der Kiesgrube von Auschwitz gegen die christliche Symbolik an dem Ort auf, der für die Vernichtung der Juden steht und ein Friedhof für fast eine Million ermordeter Juden ist. Die katholische Kirche hat großen Einfluss auf die Menschen, stellt sich aber bis heute nicht ihrem Antijudaismus. Die Kirche, wird uns in Krakau Jonathan Ornstein, Leiter des Jewish Community Center, sagen, begegne seiner Kommunität aufgeschlossen und freundlich. Aber das ist nur die halbe Wahrheit. Eine Strömung innerhalb der katholischen Kirche, vor allem unter den jüngeren Priestern, betont das nationale Denken und geht auf Distanz zu Johannes Paul II., der den Dialog mit dem Judentum und auch dem Islam suchte. Das nationalkatholische Denken entstand im 19. Jahrhundert, als Polen unter Russland, Österreich und Preußen aufgeteilt war. Jetzt plant die rechtskonservative Regierung ein Denkmal für die Polen, die im Zweiten Weltkrieg Juden gerettet haben. Das Denkmal, ein israelischer Bildhauer will es gestalten, soll auf dem Gelände des einstigen Warschauer Ghettos stehen. Polens Präsident Andrzej Duda, der bis 2015 der Regierungspartei PiS (Recht und Gerechtigkeit) angehörte, erklärte, dass Hunderttausende seiner Landsleute während der deutschen Besatzung Juden gerettet hätten, obwohl sie dafür mit der Todesstrafe bedroht waren. Eine Zahl, die unter Historikern umstritten und viel zu hoch gegriffen ist. Yad Vashem zählt 6620 Polen zu den «Gerechten unter den Völkern». Sie bilden die größte nationale Gruppe. Die Geschichtspolitik der Regierung verfolgt die Rückkehr zum Mythos der Polen als einer unschuldigen Nation, die mindestens so viel gelitten hat wie die Juden; sie knüpft an die romantisierende Vorstellung der polnischen Nation als «Christus unter den Völkern» an. Die Kollaboration und der weitverbreitete Judenhass im Land, der noch in den Nachkriegsjahren bis 1948 zu Pogromen an Holocaust-Überlebenden führte, sollen – wie schon unter dem kommunistischen Regime – ausgeblendet werden. Präsident Duda erklärte bei der Gedenkfeier zum 70. Jahrestag des Pogroms am 4. Juli 1946 in der südpolnisches Stadt Kielce, dass der kommunistische Staatsapparat schuld an der Ermordung von 40 Überlebenden und Heimkehrern aus der Sowjetunion gewesen sei. Das ist längst widerlegt. Auslöser des bekanntesten Nachkriegspogroms war das Gerücht von einem Ritualmord an einem christlichen Jungen. Die mittelalterliche Ritualmordlüge war in allen Schichten verbreitet: Als das Zentralkomitee der Juden Stefan Wyszynski, Bischof von Lublin, um Hilfe bat, erklärte ihm der spätere Primas von Polen, dass es nicht eindeutig geklärt sei, ob Juden für ihre Matze christliches Blut benutzten oder nicht.

Leere Seiten im Buch der Stadt

PiS-Vorsitzender Jarosław Kaczyński gibt den Kurs vor: «Wir werden die polnischen Interessen verteidigen, die polnische Wahrheit … Die Erziehung junger Polen darf sich nicht auf das Gefühl der Scham stützen, wie das heute der Fall ist, sondern auf ein Gefühl von Würde und Stolz.» Die Jugend in der studentisch geprägten Stadt Lublin, in der vier Universitäten ihren Sitz haben, wirkt überhaupt nicht beschämt. 350 000 Einwohner zählt das Industrie- und Bildungszentrum in Ostpolen. Aus den Restaurants um den ehemaligen Marktplatz der Altstadt dringt Gelächter. Vor dem klassizistischen Gebäude des früheren Krontribunals flanieren Scharen von Touristen und Einheimischen. Bürgerhäuser mit prächtiger Fassadenmalerei und Attiken umringen den Platz, der vielleicht fünfzehn Minuten Fußmarsch von der Burg, dem letzten Ort in Bronia Zysmans kurzem Leben, entfernt liegt. Wie jeder Rechtspopulist zeichnet Jarosław Kaczyński ein düsteres Bild von Konflikten und Gefahren, die das Land angeblich bedrohen. Auf einer Skala der Identifikationsmerkmale nimmt bei jungen Polen zwischen 18 und 24 Jahren die Familie den ersten Platz ein, gefolgt von patriotischen Gefühlen (49 Prozent sind sehr stolz auf ihre Nation) und dem religiösen Glauben, also dem Katholizismus; 45 bis 50 Prozent besuchen mindestens einmal die Woche den Gottesdienst. Die europäische Identität nimmt allerdings den dritten Platz auf der Werteskala ein. Und junge Katholiken graben in ihrer Familiengeschichte nach jüdischen Wurzeln. Dieses Phänomen wird uns noch viel stärker ausgeprägt in Krakau begegnen. Ethnische Polen wollen die jüdische Vergangenheit ihres Landes vor dem Vergessen bewahren, weil sie begriffen haben, dass ihre Geschichte besonders auch von der jüdischen, 800 Jahre alten Kultur geprägt ist.

Die 1990 gegründete Theatergruppe NN in der unteren Altstadt, ein Zusammenschluss junger Leute, holt Künstler aus Israel, Weißrussland und der Ukraine zu dem alljährlichen «Treffen der Kulturen» in die Stadt. Die Gruppe sitzt im Gebäude des Grodzka-Tors aus dem 14. Jahrhundert, das sie in achtjähriger Arbeit aus einer Ruine wieder aufgebaut hat. Dieses Bauwerk stand lange Zeit an der Grenze zwischen dem christlichen und dem jüdischen Stadtteil Lublins. «Das große Buch der Stadt» nennt die Initiative ein Projekt, aus dem inzwischen eine Ausstellung entstanden ist, die die jüdische Kultur Lublins vor dem Krieg dokumentiert. Es ist großartig: In ihrem Oral-History-Projekt hat die Gruppe mehr als zweitausend Menschen aus Lublin und 380 umliegenden Dörfern zum Erzählen gebracht. Der letzte in Lublin geborene Jude Jozef Honig starb 2003 im Alter von 86 Jahren. Er war seit 1980 der Vorsitzende der jüdischen Gemeinde und bewahrte den Schlüssel für den alten jüdischen Friedhof auf. Die Besucher kommen aus Israel, Westeuropa und den USA. Jozef Honig erzählte ihnen von der untergegangenen Welt. Sie ist den Kindern und Kindeskindern aus einzelnen Sätzen oder Wörtern nur, die von den Davongekommenen bei Familientreffen fallen gelassen wurden, bekannt und doch fern. Sie reisen in der Hoffnung nach Lublin, mit eigenen Augen zu sehen, woher ihre Vorfahren stammen, vielleicht auch etwas zu finden, was die weit entrückten Gestalten eines Großonkels oder einer Großnichte näher bringt – «Rachel, sie war so schön mit ihren grünblauen Augen, sie sollte Isaac, der wohnte doch oberhalb von Herschels Stoffladen, heiraten, aber dann kamen die Deutschen. Die Freundin einer Freundin meiner Großtante hat erzählt, dass Rachel mit ihrer Mutter auf einem der ersten Transporte aus dem Ghetto nach Bełżec ging, aber wann genau sie umgebracht wurde, weiß niemand.» Die stummen Gespenster, die in ihrer Kindheit durch Worte und Tränen heraufbeschworen wurden, begleiten die Nachkommen auf ihrer Reise. Vielleicht suchen sie wie die 49 Jahre alte Lilian, eine Lehrerin aus Haifa, einen Halt in dem auf sie gekommenen Schrecken. Im Grodzka-Tor kann sie die Stimme des letzten Juden aus Lublin hören, die Aufnahme eines jiddischen Liedes, gesungen von Jozef Honig. Doch was Lilian eigentlich gesucht hat, wird sie nicht finden.

Am 18. September 1939 besetzten die Deutschen die Stadt. Sie richteten im jüdischen Stadtteil Podzamcze unterhalb des Schlosses ein Ghetto ein, in das sie bis zu 40 000 Menschen pressten. 1942 liquidierten die Besatzer das Ghetto und brannten fast alle Häuser nieder. Zurück blieben Ruinen, aber auch einige erhaltene Wohnhäuser, in denen noch im Jahr 1950 Polen wohnten, und die Außenmauer der Großen Synagoge. Aber die Reste des jüdischen Erbes galten den Stadtplanern nicht als erhaltenswert. In den fünfziger Jahren wurde die sechsspurige Aleja Tysiąclecia über den Standort der Großen Synagoge geführt. Die Ulica Szeroka, die Hauptstraße des Judenviertels, verschwand unter einem Parkplatz. Auch andere jüdische Stadtviertel um Podzamcze herum, das auf das 15. Jahrhundert zurückgeht, wurden im Krieg zerstört oder danach überbaut. In den siebziger Jahren entstanden dort zwölfstöckige Plattenbausiedlungen, die jede Erinnerung an die Vergangenheit tilgten.

«Wir schauen in die Zukunft»

Als das jüdische Lublin verschwand, war Paweł Lewandowski noch nicht geboren. Er kam im Jahr 1980 zur Welt und wuchs im Gegensatz zu vielen jüdischstämmigen Polen in dem Bewusstsein seiner Herkunft auf. Viele Jahre sollten jedoch vergehen, bis er die Entscheidung traf, die sein Leben völlig umkrempelte. Zunächst stellt er bei unserem Treffen, weil er immer wieder darauf angesprochen wird, lachend klar, dass die Namensgleichheit mit dem Starkicker des FC Bayern, der aus dem einenhalb Autostunden entfernten Radom stammt, auf einem reinen Zufall beruht. Fußball spielt der Lehrer, der in Warschau Sport und Mathematik unterrichtet, aber schon – in einem jüdischen Verein in Krakau. 2003 reiste Paweł Lewandowski zum ersten Mal nach Israel. Danach begann er, sich als Jude zu fühlen. Er und seine Schwester wuchsen in zwei Religionen auf. Der Vater war Jude, dessen Vater zweimal aus Treblinka geflüchtet war und überlebt hatte. Die Mutter ist Katholikin, also sind die Kinder den halachischen Religionsgesetzen zufolge nicht jüdisch. Darauf erwidert Paweł Lewandowski energisch und keinen Widerspruch duldend: «Ich bin Jude!»

1947 lebten in Lublin ungefähr 1300 Juden, die meisten waren zugewandert. Wie im ganzen Land floh der Großteil von ihnen nach den Pogromen, die in den ersten Nachkriegsjahren an Juden verübt wurden. In dem 62 Kilometer von Lublin entfernten Dorf Parczew überfielen sogenannte Partisanen, die für die Unabhängigkeit Polens kämpften, am 5. Februar 1946 die jüdischen Überlebenden, raubten mit Hilfe der Dorfbevölkerung deren Wohnungen aus und töteten mindestens drei Menschen. Auch in Lublin selbst hat das im August 1944 gegründete Hilfskomitee für Juden viele antisemitische Vorfälle protokolliert. Aus Włodawa im Bezirk Lublin erreichte das Komitee der Hilferuf von 99 Juden, die um Schutz vor Überfällen baten. Ein wohlwollender Nationalratsabgeordneter riet dem Komitee, «laute Gespräche und Versammlungen auf den Straßen» zu vermeiden. «Momentan droht im Stadtgebiet von Lublin keine Gefahr», heißt es im Protokoll der dritten Sitzung des Komitees vom 14. August 1944. Während der Krieg in anderen Teilen des Landes noch tobte, mussten Holocaust-Überlebende im befreiten Ostpolen erneut um ihr Leben bangen. Insgesamt hatten in Verstecken, in Arbeitslagern, mit gefälschten «arischen» Papieren oder durch Flucht und Deportation in die Sowjetunion 220 000 bis 300 000 von etwa 3,3 Millionen polnischen Juden überlebt. Zwischen 1945 und 1948 wanderten 200 000 aus, viele flüchteten in ihrer Angst sogar in deutsche DP-Lager. Auch Jozef Honig hätte darüber einiges erzählen können, sein Vater und sein Bruder wurden 1947 von Polen ermordet.

Wer hätte damals um die Erhaltung des jüdischen Erbes streiten sollen? Die Zurückgebliebenen gerieten unter einen wachsenden Assimilationsdruck. Im Oktober 1950 wurden bis dahin eigenständige jüdische Vereinigungen in kommunistische überführt. Etwa 28 000 Juden emigrierten nach Israel. Es gab aber auch in Lublin die schwindende Gruppe derjenigen, die ihrer Religion und Kultur treu blieben. Sie feierten den Shabbat und hielten nach Möglichkeit die Speiseregeln für koscheres Essen ein. Ihre Zuflucht war die kleine Synagoge im oberen Stockwerk des Hauses 58 in der Lubartowska Straße, die verschont geblieben war. In den Jahrzehnten des Kommunismus versammelten sich die Gemeindemitglieder dort zu ihren

Gottesdiensten. Unter der Regierung von Władysław Gomułka kam es zu weiteren Auswanderungen. Nun wurden auch Parteifunktionäre, Militärs und Intellektuelle jüdischer Herkunft als «Kosmopoliten» und «zionistische Nationalisten» verfolgt. Etwa 51 000 verließen zwischen 1957 und 1960 das Land. Acht Jahre später, die Sowjetunion brach alle Beziehungen zu Israel infolge des Sechstagekrieges 1967 ab, kam die nächste Ausreisewelle. Bis 1970 flüchteten weitere 13 000 Juden. Auch die Lubliner Gemeinde schrumpfte derart stark, dass sie nicht einmal mehr die zehn männlichen Beter für einen Gottesdienst zusammenbrachte, und wurde schließlich der Warschauer Gemeinde unterstellt. Experten schätzen, genau vermag es niemand zu sagen, dass heute in Polen noch 15 000 bis 20 000 Juden leben. Bei der Volkszählung 2002 bekannten sich nur 1100 Menschen des 38 Millionen Einwohner zählenden Landes zum Judentum. 2011 waren es 8000. Die Juden, die Lublin nicht verließen, sind zumeist assimilierte Kinder und Enkel der Überlebenden, die sich in ihrer Mehrzahl überhaupt nicht als Juden empfanden. Bis zur politischen Wende. Seit 1989 beginnen viele, sich auf ihre Wurzeln zu besinnen. Wie Paweł Lewandowski. Seine Schwester entschied sich anders. Sie bleibt Katholikin. Aber das toleriert er. In Lublin, schätzt Paweł Lewandowski, leben heute etwa einhundert Juden. Die meisten gehören aber nicht der Gemeinde an. Wie viele der jungen Menschen, die das Judentum für sich entdeckt haben, wirkt er entschlossen und begeistert. Trotzdem, sagt er, könne man von einer Renaissance des jüdischen Lebens in Lublin sprechen. «Vor fünf, sechs Jahren waren wir nur sieben Mitglieder, die von sich sagten, sie sind Juden. Heute sind wir schon vierzig.» Darunter sind, wie Lewandowski sagt, zehn bis fünfzehn halachische Juden. Die meisten seien nicht besonders religiös. In der polnischen Diaspora, einst das Zentrum jüdischer Orthodoxie, scheint die Halacha entbehrlicher Luxus geworden zu sein. Die einzige Bedingung für den Beitritt, heißt es auf der Website der Warschauer Gemeinde, ist ein jüdischer Großelternteil. Es geht, wenn die Gemeinde eine Zukunft haben will, erst einmal um die Zahl der Mitglieder. Aber auch um Tradition und Kultur: In Lublin gibt es wieder ein koscheres Restaurant, die Gemeinde veranstaltet Workshops, ein

Festival, zu dem 3000 Besucher kamen, man feiert Shabbat. Ein Seniorenclub zieht die Älteren an, in einem Kinderclub lernen und spielen zehn Kinder. «Ich baue an einer Zukunft unserer Kultur mit», sagt Paweł Lewandowski. Für ihn steht es außer Frage, dass diese Zukunft kommt. Den heutigen Antisemitismus in Polen stellt er in Abrede. Darüber würden vor allem die Alten sprechen. Es gibt noch die Sozialkulturelle Gesellschaft der Juden in Polen (TSKŻ), sie hat aber in Lublin nur sieben Mitglieder. Mit seiner eigenen Familiengeschichte ist Paweł Lewandowski im Reinen. Der Großvater mütterlicherseits war in der polnischen Heimatarmee, der größten militärischen Widerstandsbewegung im Zweiten Weltkrieg gegen die deutschen Besatzer, die 1944 auf 350 000 Mitglieder angewachsen war und den Warschauer Aufstand am 1. August 1944 anführte. Aber unter diesen Helden der Heimatarmee waren, was heute in Polen die meisten nicht so genau wissen möchten, auch Antisemiten. Der Vater seiner Mutter? Paweł Lewandowski zieht die Augenbrauen hoch. Sein Großvater sei doch kein Antisemit gewesen, sagt er.

Gerade ist er nach einer dreistündigen Fahrt aus Warschau in Lublin eingetroffen. Er freut sich auf das Gespräch, auch wenn er sich nicht, wie er entschuldigend sagt, als offizieller Vertreter der Gemeinde versteht. Gerne will er aber über seine Vision der Rückkehr jüdischen Lebens nach Lublin sprechen. Und das tut er mit ansteckendem Optimismus. Mit der Vergangenheit will er sich nicht lange aufhalten. «Der Holocaust ist nur ein Teil unserer Identität. Wir erinnern uns, aber wir schauen in die Zukunft.» Auch die Nachkriegspogrome in seinem Heimatland erwähnt er nicht. Wir haben den Eindruck, dass ihm dieses Thema eher unangenehm ist. Vielleicht will er sich seinen festen Glauben an eine jüdische Zukunft im Land nicht nehmen lassen.

Im Zweiten Weltkrieg kamen viereinhalb bis fünf Millionen polnische Bürger ums Leben, darunter drei Millionen polnische Juden. Fast jede Familie war betroffen. Die Polen haben die größte Widerstandsbewegung in ganz Europa gegen die Nazis organisiert. Und dennoch wurde den Juden im gerade befreiten Lublin geraten, die Einwohner nicht zu reizen. Der Historiker Jan T. Gross hat entsprechende Dokumente für sein Buch «Angst» über den Antisemitismus nach Auschwitz in Polen erforscht. Dafür wollen ihm nun Rechtskonservative den polnischen Verdienstorden aberkennen lassen, den er 1996 verliehen bekommen hat. Auslöser war ein international verbreiteter Artikel des polnisch-amerikanischen Historikers über die intolerante und fremdenfeindliche Flüchtlingspolitik der polnischen Regierung, die er als eine Folge der nicht aufgearbeiteten antisemitischen Geschichte sieht.

Paweł Lewandowski hat den Treffpunkt gut gewählt für die Aufbruchsstimmung, die er verbreitet. Er erwartet uns im Vier-Sterne-Hotel Ilan im Gebäude der ehemaligen Jeshiva Chachmel. Die 1930 eröffnete weltberühmte Talmudschule von Rabbi Meir Shapiro überstand den Zweiten Weltkrieg. Die Nazis plünderten zwar das vierstöckige Jugendstilgebäude, zerstörten die 22 000 Bände umfassende Bibliothek, schändeten sakrale Räume und trugen unzählige Kultgegenstände davon, verwendeten aber das Haus in der Lubartowska als Hauptquartier der Militärpolizei. Nach dem Krieg ging es als sogenannter aufgegebener Besitz an die staatliche Medizinische Akademie Lublin, 2004 gab der polnischen Staat es an die jüdische Gemeinde Warschaus zurück. 2007 eröffnete sie die Synagoge und renovierte die Mikwe für Männer, die in den klassischen Farben Weiß und Blau gehalten ist. Die Gemeinde nutzt heute vier Büroräume in dem Gebäude, in dem sie 2013 das Hotel Ilan eröffnete. Ein Zugeständnis aus finanziellen Gründen. Doch das prächtige Bauwerk, das den Bürgerhäusern am Alten Markt in nichts nachsteht, signalisiert einen Neubeginn, wie Landesrabbiner Michael Schudrich bei der Wiedereröffnung sagte. Auf jeden Fall sticht das majestätische und elegant wirkende Gebäude mit seinem Säulenportal aus der gesamten Umgebung heraus – als letztes Wahrzeichen des einst jüdischen Lublins. Vielleicht hat Paweł Lewandowski recht. Man kann sich nicht sein Leben lang in Trauer eingraben. Er jedenfalls wird das nicht tun. Auch wenn Lublin nie mehr seine Bedeutung für das Judentum in Europa erlangen wird. Im 18. und 19. Jahrhundert entstand in der Region der Chassidismus, jene orthodoxe Glaubensrichtung, die mit Tanz und Gesang die Schönheit des Lebens, die Schöpfung Gottes pries.

Erinnerung an eine jüdische Straße

In der Lubartowska erinnern noch Häuser an ihre Vergangenheit als durch und durch jüdische Straße mit kleinen dunklen und mittelgroßen Läden, in denen die Verkäufer auf Kunden warteten. Sie schauten auf das wimmelnde Leben draußen, auf die zahllosen Fuhrwerke, auf eine Straße der Armut, aber auch der Kaufleute, die sich mit zähem Willen eine bessere Zukunft bauten. Der deutschjüdische Schriftsteller Alfred Döblin hastete auf seiner Polenreise im Jahr 1924 durch die Straße, floh fast vor dem Anblick der Häuser mit klaffenden Wänden, Nischen und Lücken, in denen er Holzbuden und Ware anbietende Menschen sah. Döblin warf einen Blick in das jüdische Krankenhaus. Es steht heute noch, den Zugang über einen neuen Anbau verwehren ein Pförtner und eine Schranke. An die Pförtnerloge grenzt der Garten, eine Wiese und knorrige Bäume, und ganz hinten die breite Steintreppe, über die Döblin durch zwei große Flügeltüren in das Hospital gelangte. Die Stufen sind zerbrochen. Noch stehen einige verfallende, schiefe Häuser aus der Zeit der jüdischen Lubartowska. Ein, zwei Häuser weiter gehen wir in den Innenhof des fünfstöckigen Hauses 8, in dem sich ein Garagentor an das nächste reiht. Eine Bewohnerin, die ihren Namen nicht nennen will, uns aber neugierig freundlich mustert, sagt, dass sie seit 35 Jahren hier lebt. Sie zeigt mit der Hand hoch zu einem Balkon, dem schönsten, mit blühenden Blumen bepflanzt. «Dort ist meine Wohnung.» Sie lebt allein. Ihr Mann ist schon vor vielen Jahren gestorben. In der Mitte des Hofes erinnert ein Fundament an den Brunnen, aus dem die Hausbewohner früher ihr Wasser holten. «Hier gibt es keinen einzigen Juden mehr», sagt sie. Einmal sei ein ehemaliger Bewohner gekommen, so um die 80 und aus Israel, vermutet sie. Der Mann stand lange im Hof. Sein Blick war unentwegt auf die Fenster gerichtet. Gott weiß, was er sich dabei dachte, sagt die Frau. Dann ging er weg.

An den alten jüdischen Friedhof, der von einer Ziegelsteinmauer umgeben ist, grenzt eine katholische Kirche, die der Jungfrau Maria geweiht ist. Auf einer riesigen Tafel an einem Nebengebäude ist Papst Johannes Paul II. unter einem weißblauen Himmel abgebildet. Ein

Die Lubartowska, einst eine typisch jüdische Straße in Lublin

Jude namens Tadeusz Weisberg schenkte im Jahr 1927 die Renais-sancekirche und das Klostergebäude dem Salesianer Orden. Zuvor war er zum Katholizismus konvertiert. Auf einer Tafel vor dem Ein-gangsportal lädt die Kirchengemeinde zu einem Gedenkgottesdienst für die polnischen Opfer der Organisation Ukrainischer Nationalis-ten (OUN) ein. Während des Zweiten Weltkriegs kämpfte die UPA als militärischer Flügel der OUN für die Unabhängigkeit, kolla-borierte mit der deutschen Wehrmacht, verübte Massaker an Juden und Polen. Die Vergangenheit lebt. Eine kleine Kirchengemeinde in Lublin gedenkt der Opfer – der christlichen, nicht der jüdischen.

Der jüdische Friedhof wurde in der zweiten Hälfte des 15. Jahrhun-derts errichtet; er ist heute der älteste, der in Polen erhalten geblieben ist. Eine steinerne Treppe führt in den höher gelegenen Teil des Ge-ländes, in dem alte, zerbrochene Grabsteine mit verwitterten Inschrif-ten entlang eines gepflasterten Pfades aufgestellt wurden. Im hinteren Teil, verborgen im hohen Gras und Gebüsch, stehen weitere schiefe Grabsteine. Dann fällt das Gelände steil ab. Tief unten liegen in undurchdringlichem Gestrüpp noch ein paar Steine. Die Deutschen haben den Friedhof nicht völlig zerstört. Ein Grab liegt in einem schmiedeeisernen Gitterkäfig und ist überdacht. Das älteste Grabmal erinnert an den 1541 gestorbenen Talmud-Gelehrten Jakub Kopelman ha-Levi. Auch die letzte Ruhestätte des berühmten Jakub Icchak ha-Levi Szternfeld Horowitz, des «Sehers von Lublin», ist erhalten. Der Begründer des Chassidismus in Polen starb 1815. Nicht einmal das Gezwitscher von Vögeln ertönt in der Stille des Friedhofs, in dem man glauben möchte, aus der Zeit gefallen zu sein. Es dauert einige Minuten, bis wir die Rufe hören. Der Gästeführer an der schmiedeeisernen Eingangspforte brüllt verzweifelt. Es gibt nur einen Schlüssel, ein Wachmann in der ehemaligen Jeshiva hatte ihn uns gegeben. Als wir endlich die Tür aufsperren, ist der Touristenführer mit hochrotem Kopf, eine Gruppe von ungeduldig wartenden 50 Israelis im Nacken, unendlich erleichtert. Einige der Besucher werden kleine Zettel mit ihren sehnlichsten Wünschen an den Grabstätten der Rabbiner und jüdischen Gelehrten hinterlassen, Hunderte stecken schon in den Ritzen der Steine oder sind vom Wind auf die Erde geweht worden. Wir reisen ab. In Krakau, vier Busstunden von Lublin entfernt, scheint die Zukunft schon begonnen zu haben.

Krakau, die Wiedergeburt des Judentums

Irgendwie ist jeder ein Jude – zumindest hier in Kazimierz, dem einstigen jüdischen Stadtteil Krakaus, trifft man eine Menge Leute, die jüdische Wurzeln in ihrer Familie entdeckt haben oder auf der Suche danach sind. Im Hof des Jewish Community Centers (JCC), das 2008 mit Unterstützung von Prinz Charles errichtet worden ist, spricht uns Piotr an. Der 40 Jahre alte Pole mit zerzaustem, rotem Haarschopf wirkt ruhelos. Er steht, wie er sofort erklärt, vor der wahrscheinlich wichtigsten Entscheidung seines Lebens. «Ich weiß nicht, ob ich ein Jude bin. Meine Mutter ist streng katholisch.» Sie steht seinem Wunsch, zum Judentum zu konvertieren, im Weg. Piotr stammt aus Rudnik in Südpolen und hat viele Jahre in Paris verbracht. In einem Restaurant traten einmal zwei Chassiden an seinen Tisch und sagten ihm mit ernster Miene, dass er bestimmt jüdischer Abstammung sei. Das ging Piotr nicht mehr aus dem Kopf. Die beabsichtigte Konversion hat auch mit einer gescheiterten Beziehung zu einer Frau zu tun, was Piotr spürbar zusetzt, aber darüber will er nicht reden. «Krakau ist für mich ein ganz wichtiger Ort», sagt er noch, bevor wir uns verabschieden. Wir gehen durch belebte, schmale Straßen zum Nowy-Platz, in dessen Mitte eine im Jahr 1900 erbaute Markthalle steht. Die

Stadt Krakau hatte sie 1927 der jüdischen Gemeinde für eine rituelle Geflügelschlächterei verpachtet. Sie wurde von den Deutschen zu Beginn der Besatzungszeit geschlossen. So steht es im Reiseführer, dem Rundbau selbst ist seine Geschichte nicht anzusehen. Ebenso wenig lassen die Häuser Nummer 7, 8 und 9 erahnen, dass vor langer Zeit auf ihren Grundstücken ein jüdischer Krankenhauskomplex aus Holzbauten stand. In den Straßencafés um den Platz herum drängen sich Touristen und Einheimische. Kazimierz vibriert an diesem Sommerabend. Morgen endet das Jüdische Kulturfestival, das jedes Jahr Zehntausende, die allermeisten sind nichtjüdische Besucher, nach Krakau lockt. Krzysztof Gierat und Janusz Makuch, auch sie sind keine Juden, haben im Jahr 1988 das mehrtägige und weltberühmte Festival zum ersten Mal veranstaltet. Ihnen ging es darum, ihren Landsleuten die jüdische Kultur nahe- oder gar zurückzubringen. Auch in Lublin, Warschau oder Łódź gibt es inzwischen diese Kulturfestivals. Aber die Anfänge eines erstarkenden jüdischen Selbstbewusstseins reichen noch weiter bis in die kommunistische Zeit zurück. In den siebziger Jahren engagierten sich assimilierte jüdische Intellektuelle in der demokratischen Opposition und gründeten die «Jüdische Fliegende Universität». 1986 wurde an der Jagiellonen-Universität das Institut für Geschichte und Kultur der Juden in Polen eröffnet.

Woher kommt das Interesse der katholischen Polen an der jüdischen Vergangenheit des Landes? Seit der politischen Wende suchen mehr und mehr Jugendliche nach jüdischen Wurzeln in ihren Familien. Wir vermissen die Juden, sagt uns nicht nur ein Gesprächspartner. Ihre Abwesenheit empfänden viele als «Phantomschmerz». Andererseits will die nationalrechte Regierung «Geschichtslügen» verbieten und meint damit auch die Nachkriegspogrome. Einen Monat nach der Wahl der PiS im Oktober 2015 verbrannten Rechtsradikale in Breslau unter dem Jubel der Zuschauer eine lebensgroße jüdische Puppe und skandierten «Polen den Polen». Auch wenn Umfragen zufolge 36 Prozent der katholischen Polen eine negative Meinung von Juden haben – die Zahl derer, die sich vom jüdischen Erbe angezogen fühlen, wächst. Die Studentin Sara Cheredis erklärt uns die plötzliche Liebe der polnischen Jugend für das Judentum. Es sei ein Modetrend in den großen Städten, sagt sie. «Heute ist man cool, wenn man unter seinen Freunden einen Schwarzen, einen Schwulen und einen Juden hat.» Die Warschauerin selbst ist Jüdin nach der Halacha, weil ihre Mutter zum jüdischen Glauben konvertierte. Ihr Vater – ein Rocker – wusste wie so viele zunächst nichts von seiner jüdischen Herkunft. «Aber er liebte, bevor er seine jüdischen Wurzeln entdeckte, schon die Idee, anders zu sein als die Gesellschaft.» Nach einem einjährigen Aufenthalt in Israel kam er streng religiös und mit einem langen Bart zurück. Unterhalb der rechten Schulter trägt Sara, die 20 Jahre alt ist, ein Koala-Tattoo. Sie arbeitet als Producerin für einen Radiosender und repräsentiert den Typ der jungen selbstbewussten Juden, die sich in Krakau wohlfühlen. Mehr als in Warschau, der Hauptstadt, die mehr «philosemitisch» sei. Darüber gibt es einen jüdischen Witz: «Was tun die Warschauer heute, wenn sie auf der Straße einen Juden erblicken? Sie packen ihn und – tragen ihn auf Händen.»

In Kazimierz bieten Hotels und Restaurants mit jiddischen Namen auf der breiten Szeroka und in den abzweigenden Straßen «jüdische» Speisen an, wirklich koscher kann man aber nur in einer Eisdiele und einem Falafel-Lokal essen. In Schaufenstern und an Buden werden allerlei Nippes und Kitsch angeboten, darunter geschnitzte Judenfiguren mit krummen Nasen und im Kaftan, die eine Fiedel spielen oder Geld zählen. Überall in Krakau wird für eine Tour zum ehemaligen Konzentrations- und Vernichtungslager Auschwitz geworben, bei der die Touristen auch gleich mal in die mittelalterlichen Salzminen außerhalb der Stadt gefahren werden. Wegen solcher kommerzialisierter Erinnerung sprechen Kritiker abschätzig von einem jüdischen Disneyland. Aber Kommerz und Modetrends sollten nicht darüber hinwegtäuschen, dass eine wachsende Zahl von Polen die jüdische Kultur als untrennbaren Teil der polnischen Geschichte begreifen lernt. Hinter dem Kitsch gibt es ein wirkliches jüdisches Leben.

Das Zentrum der Wiedergeburt des Krakauer Judentums steht in der Miodowa 24, ein moderner, dreistöckiger und funktionaler Bau neben der Tempel Synagoge aus den 1840er Jahren. Im Hof ragt eine mehr als fünf Meter hohe Skulptur aus glänzenden Stahlwürfeln in den Himmel. Das Kunstwerk verstärkt den Ton der Schofar, dem traditionellen Blasinstrument aus Horn, das in sein unteres Ende gesteckt wird. Der durchdringende Posaunenton steigt zwischen den Wänden der Stahlskulptur auf und verklingt über den Dächern von Kazimierz. Ein schönes Symbol für die Renaissance des jüdischen Lebens, aber ausgerechnet in Krakau mit seinen 100 bis vielleicht noch 200 Juden – trauriger Rest der einstmals blühenden Gemeinde mit etwa 65 000 Menschen. «A call to return» nennt JCC-Direktor Jonathan Ornstein das Kunstwerk. Der sportliche, lässige Mittvierziger, der aus New York City stammt, verbrachte sieben Jahre in einem Kibbuz in Israel und zwei Jahre in der israelischen Armee, bevor er 2001 einer Liebe wegen nach Polen umsiedelte. Er lehrte Hebräisch an der Jagiellonen-Universität und baute das JCC auf, das vom American Joint und aus Privatspenden finanziert wird. Heute zählt das Zentrum ungefähr 600 Mitglieder, 40 Beschäftigte und 55 nichtjüdische Freiwillige, die wie Magdalena aus Kraśnik bei Lublin am Shabbat-Dinner für Holocaust-Überlebende und Besucher aus dem Ausland das Essen auftragen. Die 24-Jährige studierte Judaistik in Krakau und hat inzwischen einen jüdischen Freund, den um ein Jahr jüngeren Mateusz, Mitglied im Studentenclub «Gimel». Sie ist Katholikin, besucht die Kirche und denkt zumindest vorerst nicht daran zu konvertieren. Mateusz geht in die Synagoge. Das ist überhaupt kein Problem, sagen beide, auch nicht für ihre Familien. «Meine Großeltern wurden polnisch erzogen, meine Eltern brachten das Jüdische zurück, vor ein paar Jahren feierten sie eine jüdische Hochzeit», sagt Mateusz. So sei es bei vielen Leuten gelaufen. «Wer weiß, vielleicht habe ich jüdische Vorfahren», sagt Magdalena und lacht. Das sympathische junge Paar steht für den Wandel in den polnisch-jüdischen Beziehungen.

Jonathan Ornstein ist ein Optimist. 2008 war nicht viel Hoffnung auf eine Zukunft des jüdischen Lebens in Polen. Als amerikanischer Jude habe auch er die Vorurteile gehabt, denen zufolge das ganze Land ein einziger Friedhof ist. Das Land sei insgesamt toleranter und pluralistisch geworden, weniger rassistisch, homophob und antisemitisch. Es ist zweifelsohne in manchen westeuropäischen Ländern gefährlicher, eine Kippa auf der Straße zu tragen als in Polen. Und dann sagt Jonathan Ornstein einen bemerkenswerten Satz: «Für Juden ist es hier einfacher und besser als an den meisten Plätzen Europas.» Er ist von seiner Mission durchdrungen: Es gebe Tausende Polen mit jüdischen Wurzeln, die das JCC zusammenbringen und für das Judentum zurückgewinnen will. Tatsächlich hatten viele der nach der letzten Auswanderungswelle 1968 noch verbliebenen Juden in Polen aus Angst ihre Namen geändert, ihre Traditionen aufgegeben und ihren Kindern ihre Herkunft verschwiegen, sie auch taufen lassen. Die Gemeinde nimmt auch Mitglieder auf, die der Halacha zufolge nicht-jüdisch sind.

«Die Wiedergeburt des jüdischen Geistes geschieht jetzt», sagt Jonathan Ornstein. Sein Enthusiasmus, den die Jungen im JCC teilen, lässt Polen in einem anderen Licht erscheinen. «In Krakau ist die Infrastruktur für jüdisches Leben gegeben. Die meisten jüdischen Gemeinden in Europa dürften nicht so optimistisch sein.» Was er aber nicht erwähnt: In ganz Polen sind nur 1740 Gemeindemitglieder. Die größte Gemeinde ist die Warschauer mit etwa 660 Angehörigen. Viele der Konvertiten, 20 sollen es jährlich sein, wandern nach Israel aus. Die Diaspora sei aber, sagt Ornstein, sehr wichtig für Israel, das seit 1990 in guter Beziehung zu Polen stehe. «Es ist ein wichtiges Zeichen für das Judentum in Europa, was in Polen, in Krakau geschieht.»

Taxi am Shabbat

Wer aber ist Jude? «Für mich heißt es, Teil einer Familie zu sein, und Verantwortung für die Gemeinschaft zu tragen. Religiös oder nicht, das spielt nicht die Rolle. Wenn jemand sich jüdisch fühlt, warum nicht? Nationen, religiöse Zugehörigkeit, Sitten und Gebräuche, das kommt von früher. Die Welt verändert sich. Wir versuchen, so offen wie möglich zu sein, akzeptieren auch gemischte Ehen, es gibt nicht so viele Juden auf der Welt.» So sieht es auch Jonathan Ornstein. Sara Cheredis will nicht Aljia machen, also nach Israel gehen. «Mein Vaterland ist Polen», sagt sie. Jeder in der dritten Generation habe darüber eine andere Meinung. Die 20-Jährige würde keinen, der nur väterlicherseits jüdische Wurzeln hat, abweisen. «Es ist für mich auch nicht wichtig, dass mein Ehemann ein Jude ist. Aber ich will das Kind jüdisch erziehen, ob es dann Moslem oder Christ wird, ist seine Entscheidung.» Die Jungen sind nicht in der jüdischen Kultur aufgewachsen, sprechen weder Hebräisch noch Jiddisch. Die unerwartete Generation, wie sie genannt wird, entwickelt ein kreatives Repertoire. Anders als die Orthodoxen fährt Sara Cheredis an Shabbat mit dem Fahrrad und benutzt das Telefon. «Aber ich mache an diesem Tag etwas Spezielles: Ich versuche zu schweigen, da ich sonst im Radiosender ständig mit Leuten rede. Und ich verzichte auf warmes Essen, obwohl ich ein Fan von Suppen bin. Ich nehme nur Kaltes zu mir.» Gerade im JCC wird die Tradition hochgehalten, der Shabbat mit koscherem Essen begangen – doch fahren die alten Leute danach mit dem Taxi nach Hause. Für Orthodoxe ist Autofahren am Shabbat unvorstellbar, doch es wäre den Alten nicht zuzumuten, die weiten Wege zur Peripherie der Stadt mit Bus oder Trambahn zurückzulegen, hört man hier.

Bei aller Begeisterung bleibt Jonathan Ornstein realistisch. Die Wiedergeburt der jüdischen Kultur, sagt er, ist nicht das Problem. Eine andere Sache aber ist es, das jüdische Leben wiederzuerwecken. Dafür brauche man Gebäude und Einrichtungen, etwa eine Schule, an deren Aufbau er arbeitet. Der clevere Manager des jüdischen Lebens in Kazimierz versteht es, dem JCC einen hippen Anstrich zu geben, egal, ob er Filmstars wie Natalie Portman empfängt. Oder wie im Juli 2016 während eines Empfangs in der Erzbischöflichen Residenz ein besonderes Mitglied im JCC aufnimmt – Papst Franziskus, der zum Weltjugendkatholikentag nach Krakau gekommen war. Vielleicht hat der Wahlkrakauer das Zeug dazu, Träume zum Leben zu erwecken, und wo anders als in Kazimierz sollte das besser gehen?

Die Schatten der Vergangenheit

Zuerst fallen einem an Emanuel Elbinger, den alle Mundek nennen, die Augen auf. Blaue, große Augen. Der wissende und traurige Blick des 84 Jahre alten Mannes erzählt von der anderen Geschichte der Krakauer Juden. «Die jüdische Welt ist untergegangen. Sie kommt nicht zurück», sagt er. Er geht gerne ins Zentrum in der Miodowa, lieber als in die Gmina, die orthodoxe Gemeinde der Krakauer Juden. Aber: «Im JCC glauben sie, es wird ein jüdisches Leben aufgebaut. Sollen sie. Ich glaube das nicht.» Mundek ist der letzte Jiddisch sprechende Krakauer Jude. Er bewohnt ein Ein-Zimmer-Appartement im dritten Stock eines Plattenbaus am Stadtrand. Auf Stühlen, Tisch und Sofa liegen Stapel von Zeitungen und Büchern, darunter Kinderbücher, die Emanuel Elbinger ins Polnische übersetzt hat. Er hat keine Kinder, auch war er nie verheiratet. «Wer nicht geboren ist, der muss nicht leiden.» Das sagte er sich nach dem Krieg. Er überlebte den Massenmord an den Juden und musste erfahren, dass mit der Niederlage der deutschen Besatzer der Hass auf die Juden nicht endete. Auch in seiner Stadt kam es zu einem Pogrom. Es geschah am 11. August 1945. Der Mob drang in die Kupa-Synagoge in der Miodowa 27 ein, demolierte die Einrichtung, beschimpfte die Betenden und schlug auf sie ein. Im ganzen Stadtteil Kazimierz machten Polen Jagd auf Juden, brachen in Wohnungen ein und verletzten fünf Menschen. Die 56-jährige Auschwitz-Überlebende Róża Berger wurde erschossen. Damals war Mundek 14. Mit seiner um ein Jahr jüngeren Schwester Pola war er in einem jüdischen Kinderheim in Zakopane in der Hohen Tatra. Jüdische Soldaten der Roten Armee bewachten das Heim. Das war auch bitter nötig. Ein Kinderheim im 40 Kilometer entfernten Rabka wurde eines Nachts angegriffen. Erst nach einer langen Schießerei konnten die Beschützer den Angriff zurückschlagen. Mundek und Pola kehrten Ende 1945 nach Krakau zurück. Auch der Vater Bernard war, schwer an Tuberkulose erkrankt, in der Stadt.

Die Familie lebte vor dem Überfall der Deutschen auf Polen in der kleinen Stadt Nowe Brzesko bei Krakau. Sie überlebten in wechselnden Verstecken im Wald oder bei Bauern, denen sie Geld geben mussten. Mundeks jüngere Schwester Lusia war schon 1942 von einer Bäuerin, bei der sie untergeschlüpft war, zu einem Sammelplatz für Juden gebracht und von den Deutschen ermordet worden. Sie war sechs Jahre alt. Emanuel Elbinger weint, seine dünnen Beine zittern, als er uns von Lusia erzählt. Auch seine Mutter Rozalia wurde ermordet. Sie hat kein Grab. «Ich kann Ihnen kein Foto meiner Mutter zeigen, sonst werde ich nicht mehr aufhören zu weinen.» Im Dezember 1944, wenige Wochen vor der Befreiung durch die Rote Armee, wollte Rozalia Elbinger Essen besorgen und fiel in die Hände von Partisanen der Jędrusie, die in dem Gebiet operierten. Mit dem Namen wurden alle nicht linken Widerstandsgruppen bezeichnet. «Es waren Polen der Heimatarmee, unter der auch Judenhasser waren», sagt Elbinger. Als seine Mutter nicht mehr zurückkam, suchte der 13-Jährige sie bis in die Nacht hinein, musste aber wegen seiner erfrorenen Füße im Tiefschnee aufgeben. «Von da an habe ich in meinem Leben keine Freude mehr gehabt.»

Über die schmale Brücke Bernatka mit ihren unzähligen Schlössern, die von Paaren an die Geländer als Symbol ihres ewigen Bundes gehängt wurden, gehen wir in den Stadtteil Podgórze am gegenüberliegenden Weichselufer. Im März 1941 trieben die Deutschen die noch knapp 19 000 von einst 65 000 Krakauer Juden in das ärmliche Wohnviertel, wo sie in 320 Häuser, bis zu zwölf Menschen in ein Zimmer, gepfercht wurden. Anders als in Warschau, wo das Ghetto nach dem Aufstand völlig zerstört wurde, stehen noch viele Gebäude: der Verwaltungssitz der Jüdischen Gemeinde am Podgórski-Marktplatz, das Haus der Jüdischen Sozialen Selbsthilfe, das Waisenhaus, das jüdische Krankenhaus, die Filiale des deutschen Arbeitsamts und ein Rest der fast vier Meter hohen Ghettomauer in der Lwowska. Auf dem ehemaligen Zgody-Platz, heute der Platz der Ghetto-Helden, stehen 70 Stühle. Das Mahnmal erinnert an die Deportierten, die von hier in die Vernichtungslager Bełżec und Auschwitz-Birkenau verschleppt wurden. Die Opfer waren Alte, Kinder, Kranke, von denen Hunderte gleich auf dem Platz oder in angrenzenden Gassen und Innenhöfen erschossen wurden. Im Jahr 2005 wurde das Denkmal mit den übergroßen Metallstühlen errichtet, inspiriert von den Erinnerungen des Apothekers Tadeusz Pankiewicz. Auf dem leeren weiten Platz steht ein Betonhäuschen des ehemaligen Busbahnhofs. Besucher können darin gedenken und nachdenken. Innen, auf dem Fensterbrett, liegt ein verstaubter Strauß Plastikblumen.

Mehrmals bekam Tadeusz Pankiewicz eine Apotheke außerhalb des Ghettos angeboten, doch er blieb. Bis zur Auflösung des Ghettos im März 1943 versorgte er in seiner Apotheke «Zum Adler» die Menschen mit Nachrichten und Medikamenten, gewährte ihnen Schutz und Hilfe. In dem Eckhaus entstand in den sechziger Jahren eine Kneipe, seit 1983 beherbergt es ein Museum zur Geschichte des Ghettos. Steine sprechen nicht, auch Stühle nicht. Die Toten bleiben stumm – auch im umjubelten Abschlusskonzert des Jüdischen Kulturfestivals auf der Szeroka vor der Alten Synagoge. Sie stammt vom Anfang des 15. Jahrhunderts und ist die älteste in Polen. Ungefähr 4000 Krakauer Juden haben den Massenmord überlebt und sich nach Kriegsende in alle Welt zerstreut. Einer von ihnen geht an uns vorbei. Er trägt langes Haar und eine Sonnenbrille und schlendert die Jozefa-Straße hinab. Roman Polanski, dem Filmregisseur, gelang als kleiner Junge die Flucht aus Podgórze. Als eine Wunde hat der Dichter Adam Zagajewski den einst jüdischen Stadtteil Kazimierz, bezeichnet. «Es war ein sonderbarer Ort, taub und leer, eine öde Insel inmitten der Stadt – in den sechziger Jahren war Kazimierz nur von wenigen Menschen bewohnt, von Alkoholikern, die ihren Verstand versoffen hatten, von Huren mit heiseren Stimmen, es war ein Viertel mit staubigen Mauern, zwischen denen dürre anämische Weiden wuchsen. Der alte Friedhof, den damals kaum jemand aufsuchte. Ein leeres Viertel, wo sich keiner um die Instandsetzung der Häuser kümmerte, wo Kletten wucherten und nur Brennnesseln gediehen.» Die Wunde beginnt sich zu schließen. Das verödete und verwaiste Kazimierz ist zu einem lebendigen Stadtteil geworden, ein Ausgehviertel für junge Krakauer und ein Fluchtpunkt für Ausländer, selbsternannte Bohemiens, die durch die Straßen und Gassen mit ihren Geschäften, Cafés und Galerien flanieren. Und viele Touristen aus den USA und Israel, die den Besuch der Gedenkstätte von Auschwitz mit einem Abstecher nach

Krakau verbinden. In einer Hinsicht ist Kazimierz einzigartig: Nirgendwo sonst sind so viele Synagogen, zum Teil renoviert, Bethäuser und andere Denkmäler des einst so reichen und vielfältigen jüdischen Lebens erhalten geblieben. In den Alten Friedhof an der Remuh-Synagoge strömen viele Besucher, darunter Juden im Kaftan und mit Paies. Sechs weitere Synagogen stehen nur wenige Fußminuten voneinander entfernt in dem kleinen Viertel, das 1801 in die Stadt Krakau eingemeindet worden ist. Auch im Zentrum von Krakau, am weiten Marktplatz, wohnten und betrieben Juden Geschäfte in den Bürgerhäusern, nachdem sie in der zweiten Hälfte des 19. Jahrhunderts die Bürgerrechte zugesprochen bekommen hatten. Es gibt in Kazimierz viele steinerne Zeugnisse, an denen die Phantasie sich halten kann, um einen Blick in die untergegangene Welt zu werfen. Man kann es auch ironisch wenden: Wenn Sie ein Judentum ohne Juden sehen wollen, dann kommen Sie nach Krakau, so oder ähnlich soll das einmal der jüdische Historiker und Publizist Henryk Halkowski, Hüter des jüdischen Erbes, ausgedrückt haben.

Wir sitzen unter Kastanienbäumen in einem Biergarten in der Meiselsa Straße und warten auf Tanya Segal, die einzige Rabbinerin Polens. An der Hauswand des angrenzenden Gebäudes hängen großformatige Fotographien aus «Schindlers Liste» von Steven Spielberg. Einige Szenen wurden hier gedreht – viele Touristen meinen deshalb, sie säßen an dem Ort, an dem deutsche Soldaten Juden aus ihren Ghettowohnungen zur Deportation holten und über die Außengalerie in den Hof hinabtrieben. Nichts dergleichen geschah auf dem Grundstück Nummer 20. Das Gebäude und der Innenhof eigneten sich nur gut für die Dreharbeiten. Es gab viel Kritik an der Filmerzählung von der Rettung der mehr als eintausend Juden durch den sudetendeutschen Fabrikanten Oskar Schindler. Touristikunternehmen karren seitdem Besucher zu den Drehorten. Doch Steven Spielberg hat das Schicksal der Krakauer Juden einem Millionenpublikum nahegebracht. Durch den Regisseur, der 1992 Kazimierz mit einer Videokamera erkundete, und seinen Film wurde der Aufschwung des Stadtteils eingeleitet. Tanya Segal, eine selbstbewusste russische Jüdin

Die Hohe Synagoge in Kazimierz

mit langem roten Haar, wurde in Jerusalem zur Rabbinerin ausgebildet. Die 61-Jährige spielt Gitarre in der Hohen Synagoge und singt wunderschön. Seit 2009 feiert hier die progressiv ausgerichtete Reformgemeinde Beit Krakow ihre Shabbat-Gottesdienste. Eine Holztreppe mit schiefen Stufen führt in den ersten Stock. Ein buntes Völkchen, darunter auch Touristen, etwa 50 Menschen, hat sich im Gebetsraum versammelt. Die freundliche Begrüßung, die Tanya Segal jedem verspäteten Besucher zuteilwerden lässt, schafft eine aufgeschlossene und heitere Atmosphäre. Eine ältere Frau, deren Großeltern in Lublin von den Deutschen ermordet wurden, ist aus England angereist. Sie feiert ihre verspätete Bat Mitzwa, das Fest, mit dem Mädchen sonst im 13. Lebensjahr ihre religiöse Volljährigkeit erlangen. Ein junger Israeli, einer von etwa zwanzig in Kazimierz, bestreitet leidenschaftlich jeden Antisemitismus in Polen. Vielleicht seiner blonden Verlobten zuliebe, einer katholischen Polin, die bei Tanya Segal konvertieren will. Auch Michal aus der Ostslowakei ist dabei. Seit vier, fünf Jahren kommt er jeden Shabbat nach Krakau, wo er Musik studierte. Der junge Musiker, Gründer der Mojše-Band, stammt aus einer säkularen Familie. In Bratislava, der slowakischen Hauptstadt, sind ihm, wie er sagt, zu viele Lubawitscher. Chad Lubawitsch, eine in Brooklyn in New York City beheimatete, finanzstarke Organisation, schickte ihre Anhänger nach der politischen Wende in die Länder Ostmitteleuropas. Die einen sehen in dieser chassidischen Gruppierung eine gefährliche missionarische Sekte. Andere halten sie für Fromme, die ihren Glauben leben und auf die Auferstehung ihres Rebbe Menachem M. Schneerson als Messias warten. Die Lubawitscher sitzen in der Isaac-Synagoge in der ulica Kupa. Sie haben keinen großen Einfluss in Krakau, sind erst vor neun oder zehn Jahren in die Stadt gekommen. Die Lubawitscher machen dem JCC, wie uns Emanuel Elbinger erklärt, seine Rolle streitig. Sie begreifen sich als die einzig authentischen Vertreter des Judentums in Krakau.

Tanya Segal kommt nicht, sie hat uns schon wieder versetzt. Das mag neben der etwas chaotischen Art, die man ihr nachsagt, auch daran liegen, dass die Rabbinerin in einem eher angespannten Verhältnis zu den Orthodoxen steht und vielleicht gar nicht so viel Aufmerksamkeit möchte. Sie hält die Gottesdienste in der profanierten Hohen Synagoge ab, in der auch Ausstellungen gezeigt werden, die auch während der Gottesdienste für Besucher zugänglich sind. Im Synagogenbau aus dem 16. Jahrhundert bietet der Austria Buchladen im Erdgeschoss das bestsortierte Angebot zu jüdischen Themen an. Die schmutziggraue, abblätternde Fassade des schmalen, himmelwärts strebenden Gebäudes, das gleich neben dem Tor des früheren jüdischen Viertels errichtet wurde, erinnert an die Zeit, als Kazimierz verödet war. Die Inneneinrichtung der Synagoge wurde im Zweiten Weltkrieg geplündert und zerstört, zu sehen ist nur noch ein Teil des steinernen Thoraschreins an der östlichen Wand und Fragmente der Wandmalereien. Der Jüdischen Gemeinde gehören heute alle sieben Synagogen und andere Gebäude, deren Unterhalt viel Geld verschlingt. Die Gemeinde zählt nur etwa einhundert Mitglieder, vor allem alte Menschen, darunter Überlebende, und legt nicht gerade viel Wert auf Kontakte nach außen. Sie sieht das JCC eher skeptisch. Es geht, wie uns erzählt wird, auch um die Verteilung der Fördermittel, die es vom polnischen Staat so gut wie nicht gibt, die aber von jüdischen Organisationen aus dem Ausland reichlich fließen. Die Filiale der säkularen, 1950 gegründeten Jüdischen Kulturgesellschaft Polens (TSKŻ) hat knapp 70 Mitglieder. Viele sind über 70 Jahre alt. Die Religiösen besuchen die Remuh-Synagoge, auch in der Tempel-Synagoge und der Kupa-Synagoge in der Miodowa finden noch Gottesdienste statt. In der Podbrzezie befindet sich eine Mikwe, das rituelle

Tauchbad. In der Alten Synagoge ist das Historische Museum von Krakau mit seinen Judaica-Sammlungen untergebracht, in der Popper-Synagoge ein Jugendkulturzentrum. Für die älteren Gemeindemitglieder gibt es eine Suppenküche mit koscherem Essen, den Kranken oder Gehbehinderten werden die Mahlzeiten nach Hause gebracht.

Mit den Alten geht die Religion verloren

Auch das JCC kümmert sich um die Alten. Für viele ist der Seniorenclub, den Małgorzata Zajda leitet, ein zweites Zuhause, in dem sie malen, fernsehen oder nähen, Gymnastik treiben, den Umgang mit dem Computer lernen oder Hebräisch und Jiddisch lernen. Sie erhalten Essen und Trinken umsonst und bekommen für ihren Heimweg nach dem Shabbatessen Taxicoupons. Małgorzata Zajda, 1948 in der Nähe des Marktplatzes geboren, trägt eine weiße Leinenbluse und eine lange Perlenkette. Sie arbeitet im JCC, weil sie nur 1500 Złoty Rente im Monat hat. Aber die energische Frau, die scharf beobachtet und sich ihre eigenen Gedanken macht, ist nicht nur wegen des Geldes hier. Sie macht die Arbeit gerne und gut. Das ist schon daran zu erkennen, wie die Frauen und Männer im Klub sofort auf sie zustreben. Małgorzata Zajda kennt die Geschichte jedes Mitglieds, auch diejenigen, die sonst über ihre grauenvollen Erfahrungen schweigen, haben sich ihr anvertraut. Sie selbst hat viele Familienangehörige im Holocaust verloren. Ihre Mutter, damals 18 Jahre alt, konnte sich in den Wäldern verstecken, ihrem Vater gelang die Flucht aus dem Lager Janowska bei Lemberg. Von klein auf habe sie die Geschichten gehört, lange Zeit Albträume gehabt, aber heute setze ihr das nicht mehr zu. Bis zu seinem Tod im Jahr 1968 hat ihr Vater jede Nacht mit Dokumenten und einem Geldbeutel unter dem Kissen geschlafen. Małgorzata Zajda liest jedes verfügbare Buch über den Holocaust. Daraus wie auch aus den Erzählungen ihrer Schützlinge hat sie eines gelernt: Ein Jude darf sich nie in Sicherheit wiegen. Sie betrachtet die neue polnische Aufgeschlossenheit skeptisch. «Außerhalb Krakaus haben die Juden Angst, sie verbergen ihre Identität. Den Nachbarn meiner Datscha im Wald habe ich nicht gesagt, dass ich Jüdin bin.»

Sie befürchtet, sie könnten sonst ihr Häuschen beschädigen. «Es genügt ein Funke», sagt sie. In ihr Gedächtnis hat sich die Erzählung von den zwei erschöpften und abgemagerten Auschwitz-Überlebenden eingeprägt, die durch das Florianska Tor nach Hause gehen wollten und von Anwohnern aus den Fenstern beschimpft und mit faulen Eiern beworfen wurden. Ihr Vater änderte aus Angst seinen Nachnamen. Małgorzata Zajda kennt viele, die ihre Kinder taufen ließen, um sie nach dem Krieg zu schützen.

«Ich verstehe nicht, warum so viele junge Polen plötzlich jüdische Wurzeln haben wollen.» Seit 15 Jahren sei es Mode, ein Jude zu sein. Manche meinten vielleicht, vermutet sie, Juden hätten viel Geld, dächten, sie könnten über sie Karriere machen, junge Mädchen wollten vielleicht nach Israel heiraten. Małgorzata Zajda nimmt es gelassen. Jeden ernsthaft Suchenden erkennt sie aber an. Etwa die Vereinigung Czulent (der Name des traditionellen Shabbatgerichts aus Fleisch und Bohnen), ein Jugendklub, der von Studenten gegründet wurde, die oft durch einen Zufall von ihrer jüdischen Herkunft erfuhren. Eine jüdische Zukunft wird es geben, meint Małgorzata Zajda. Aber die Religion? «Wenn die Alten gehen, dann geht auch die Religion.» Es sei doch wahnsinnig schwer, als Jude ein religiöses Leben in Krakau zu führen; es gebe keine koscheren Läden, es fehlten Schulen. 60 Prozent der sogenannten Renaissance des Judentums seien doch nur Folklore. «Der Rest ist authentisch.» Alle Einrichtungen und jede der zersplitterten Organisationen bemühen sich darum, das Judentum und seine Traditionen zu bewahren und zu verbreiten. Zum Beispiel die Stiftung Judaica, die 1991 im ehemaligen Gebetshaus Bne Emuna am Jüdischen Platz gegründet worden ist. Es gibt jüdische Zeitschriften, Kunst und Literatur, eine jüdische Schule in Warschau, die Taube-Stiftung zur Erneuerung des jüdischen Lebens in Polen und seit 2013 das Museum der Geschichte der polnischen Juden. Aber der orthodoxen jüdischen Gemeinde gehen die Mitglieder aus. Und ein nennenswerter Zuwachs aus dem Ausland bleibt aus. Polen gilt in den meisten Ländern nach wie vor als ein einziger großer Friedhof. Der JCC-Direktor Jonathan Ornstein plädiert auch deshalb dafür, die Sicht auf das polnische Judentum nicht auf seine Tragödie zu verengen.

Aber das fällt schwer. Gerade unter der neuen Geschichtspolitik der Regierung, die in den Polen nur Helden oder Opfer sehen will und bestreitet, dass Landsleute im Zweiten Weltkrieg und danach Dutzende von Pogromen verübten. Der Massenmord an den Juden wurde von den Deutschen geplant und begangen, Polen empört sich zu Recht, wenn in deutschen Zeitungen von Auschwitz oder Treblinka als «polnischen Lagern» geschrieben wird. Auch andere Länder haben ihre Vergangenheit nicht völlig aufgearbeitet. Aber die polnische Regierung will jede kritische Auseinandersetzung mit der Geschichte, die vor einigen Jahren hoffnungsvoll und mit moralischer Größe begann, per Gesetz beenden. Das belastet den polnisch-jüdischen Dialog. Die Regierungspartei PiS hat die Zusammenarbeit mit den jüdischen Gemeinden eingestellt, wie Lesław Piszewski in einem Interview mit der Jüdischen Allgemeinen im Juli 2016 sagte. Der Vorsitzende des Jüdischen Gemeindebunds in Polen sieht die Zukunft eher düster. Zwar verbreitet die PiS keinen offenen Antisemitismus, aber sie setzt ihm nichts entgegen. Natürlich geht es auch ums Geld: Die Restitution verstaatlichten Eigentums im Kommunismus ist im Falle der katholischen Kirche abgeschlossen, bei jüdischen Besitztümern jedoch haben die Behörden in 16 Jahren gerade einmal die Hälfte der ungefähr 5500 Anträge bearbeitet.

Gegenläufige Erinnerung in Europa

Das Verhältnis zwischen Polen und Juden ist so positiv nicht, wie es uns in Krakau, der schon immer tolerantesten Stadt des Landes, erscheint. Eine Umfrage unter Warschauer Gymnasiasten im Jahr 2013 erbrachte ein bedrückendes Ergebnis. Jeder zweite 16-Jährige findet es demnach schlecht, wenn ein Familienmitglied oder Freund jüdisch wäre. Fast die Hälfte meint, Christen und Juden hätten gleichermaßen unter der deutschen Besatzung gelitten. Die gegenläufige Erinnerung trennt nicht nur Polen, Ukrainer oder Litauer von den Juden in ihren Ländern und damit von ihrer wahren geschichtlichen Identität. Sie blockiert ein Zusammenwachsen der europäischen Länder als Wertegemeinschaft. «Ich glaube, wir haben das Europa, das ich zu Beginn des Jahrhunderts in Krakau gesehen habe, für lange Zeit verloren», schreibt Stephan Wackwitz, der das Goethe-Institut in der Stadt leitete. Im Slogan «Polen für die Polen» kulminiert der Hass auf alles scheinbar Fremde wie muslimische Flüchtlinge, auch wenn kaum welche im Land sind. Auf dem Marktplatz im Zentrum Krakaus steht eine Statue Adam Mickiewiczs, des verehrten Nationaldichters Polens. Sein Satz von den Juden als «unsere älteren Brüder» findet kein Echo. «Wir müssen im Übermaß des Schmerzes leben, im Gefühl eines unwiederbringlichen Verlusts … Diese Trauer kann niemals enden. Als ethische Haltung bestimmt sie das universale europäische Bewusstsein», schreibt Maria Janion, die in ihrem Spätwerk die Frage erforscht, was es für Polen bedeutet, dass das Land Schauplatz des Holocaust war. «Nach Europa – ja, aber gemeinsam mit unseren Toten», so die Literaturwissenschaftlerin. Wird der Ruf des metallenen Schofar im Garten des JCC Gehör finden? Małgorzata Zajda ist von dem abstrakten Gebilde ohnehin nicht so begeistert: «Ich mag keine Sachen, über die man rätseln muss, was sie eigentlich sind», sagt sie.

Emanuel Elbinger beschäftigt die Frage nach der Zukunft des jüdischen Lebens nicht mehr wirklich. Der Trend zum Judentum unter einem Teil der jungen katholischen Polen sei ihm egal, sagte er. Zweifellos gibt es etliche Polen, denen ihre jüdische Abstammung viele Jahre verborgen geblieben ist. Für ihn ist die Renaissance, von der sie im JCC sprechen, jedoch nur «ein letztes Aufbäumen». Ein Judentum ohne jiddische Sprache ist nicht seine Welt. Das Jiddische, sagt er, ist die Sprache seiner Eltern, seine Identität. Er schwärmt von der Schönheit dieser fast ausgestorbenen Sprache. Nur einer außer ihm spricht sie noch in Krakau, aber der stammt ursprünglich aus Lemberg. Und Europa? Emanuel Elbinger schweigt und blickt auf ein Gemälde an der Wand über dem Sofa. Ein Motiv wie von Marc Chagall. Es war einmal in Europa ein Schtetl nahe der großen Stadt Krakau. Zweitausend Juden, zehn Prozent der Bevölkerung, lebten dort. Unter ihnen war ein kleiner Junge, den man noch heute in den feinen Gesichtszügen des 84-Jährigen zu sehen glaubt. Dieser Junge hat gerne gezeichnet, Landschaften, Tiere und Menschen einer anderen Zeit. «Ich wollte nicht zur Schule, sondern Zeichner werden.» Er hat noch heute die Hände dafür, sensible Hände mit schmalen, langen Fingern. Später – die Katastrophe verfolgte ihn sein Leben lang – hat er einen Schnitzer Figuren nach seinen Zeichnungen machen lassen. Vor diese Erinnerungsbilder seiner kurzen Kindheit in Nowe Brzesko schieben sich die anderen: das Plakat, auf dem eine Laus mit dem Kopf eines Juden mit schwarzen Locken und krummer Nase abgebildet war. Der Junge lief nach Hause, Tränen der Wut und der Demütigung rannen über seine Wangen. Aus dem Fenster des Elternhauses am Marktplatz sah er einen orthodoxen Juden, dem zwei deutsche Soldaten auf der Straße lachend den Bart abschnitten und ausrupften. Der SS-Mann, der in ein Haus ging und eine Frau erschoss, danach in der Dorfwirtschaft ein Bier trank und der Wirtin das deutsche Credo jener Jahre erklärte. Als sie ihm vorwarf, wie er nur einen Menschen wie ein Schwein erschießen konnte, sagte er: «Es ist viel leichter einen Juden als ein Schwein zu erschießen.» Dann die Flucht von einem Versteck in das andere. Polnische Bauern gewährten Unterschlupf in Ställen und Scheunen, kaum einer aus Mitleid, die meisten verlangten Geld und immer mehr davon. Hunger, Angst, Kälte – und in einer Nacht das Geflüster der Mörder. «Sie wollten uns mit einer Pistole erschießen und mit einer Axt totschlagen, weil wir ihnen nicht mehr Geld geben konnten.» Sie rafften ihre Bündel zusammen, nur fort, hinaus in den Wald, in eine andere Ortschaft. Vielleicht ein Tag mehr Leben, vielleicht eine Woche, vielleicht halten sie sogar aus, bis die Rote Armee kommt. Europa im Jahr 1943: Die 6. Armee kapituliert vor Stalingrad, der Aufstand im Warschauer Ghetto wird niedergeschlagen, in Treblinka, Bełżec und Sobibór ermorden die Nazis 1 700 000 Juden. Nur eine Familie kehrte in sein Schtetl zurück, die keine Toten zu beklagen hatte. Zeugen Jehovas hatten sie während der Kriegsjahre versteckt, ohne dafür Geld genommen zu haben. Antisemiten gebe es unter den Polen bis heute, aber sie machten keine großen Probleme mehr, sagt Mundek. Vor dem Krieg habe die Mehrheit der Polen geglaubt, dass alle Juden Kommunisten und Feinde sind. «Die Polen hassen die Russen sogar mehr als die Deutschen.»

Nach den Pogromen zwischen 1944 und 1947 setzte eine Massenauswanderung von ungefähr 170 000 Juden ein. Dem stand eine Zahl von etwa 150 000 Rückkehrern und Vertriebenen aus der Sowjetunion gegenüber. Das kommunistische Regime ging in den folgenden Jahren – Stalin begann 1948 seinen Kampf gegen die «Zionisten» – gegen die Juden vor. Jüdische Zeitschriften wurden eingestellt, Schulen und andere Einrichtungen geschlossen, Organisationen aufgelöst. Emanuel Elbinger erlebte die antisemitischen Kampagnen Ende der 1940er und Anfang der 1950er Jahre und schließlich 1968, als die letzten Juden das Land verließen. Nur etwa 4000 blieben. Emanuel Elbinger, der sich immer offen zu seinem Judentum bekannte, wurde 1969 eine Zeitlang von seiner Arbeit dispensiert. In Krakau, wo auch während des Kommunismus jüdisches Leben erlaubt war, herrschte nicht die judenfeindliche Stimmung wie in Warschau. Vor allem aber war er ein Elektroingenieur, eine Fachkraft, auf die die Kommunisten nicht verzichten wollten. Im Bericht einer Sonderkommission des Ministeriums für Öffentliche Ordnung hieß es schon 1949: «Wir haben uns bemüht, das produktive Element im Lande zu behalten: Ärzte, Ingenieure, Elektriker, Metallfacharbeiter, Schlosser …» Für Emanuel Elbinger war die Ausreise ohnehin keine Option. Er beendete 1954 sein Hochschulstudium und musste Geld verdienen, um seinen Vater zu unterhalten, der nicht mehr arbeiten konnte. Bernard Elbinger hat nicht mehr geheiratet. Er starb 1972. Von seiner Schwester Pola, sie ist ein Jahr jünger als er, spricht Mundek nur zögernd. Es schmerzt ihn zu sehr. Sie war eine Schönheit, wovon wir uns durch Fotos selbst überzeugen können. Auch sie hat trotz vieler Verehrer nie geheiratet, studierte Jura, arbeitete kurze Zeit – die grauenvollen Erlebnisse ließen sie aber nie los und fraßen ihre Seele auf. Als in ihrer Wohnung Feuer ausbrach, kam sie in ein Pflegeheim, in dem sie ein halbes Jahr vor unserer Begegnung mit Mundek starb. «Ich weiß nicht, was mir geholfen hat, psychisch weiterzumachen», sagt er. Seine Holzfiguren, einige hatte er selbst geschnitzt, hat er alle verschenkt. Mundek nimmt Abschied. In seinen Figuren hielt er das jüdische Leben fest, wie es einmal war. «In all den kleinen Städten gibt es keine Juden mehr. Junge katholische Polen wollen Juden sein. Wenn einer Jude sein will, warum nicht. Vor allem soll er ein Mensch sein. Was ist heute Krakau? Gott hat es zugelassen, dass das jüdische Volk unterging.»

Abschied

Durch die Miodowa gehen wir zum Neuen Jüdischen Friedhof am Ende der Straße. Der Friedhof wurde 1800, damals lag er außerhalb von Kazimierz, eröffnet. Den Alten Friedhof aus dem 16. Jahrhundert an der Remuh-Synagoge in der Ulica Szeroka hatten die österreichischen Behörden geschlossen. Die ersten jüdischen Ansiedelungen in Krakau sollen bis ins 11. Jahrhundert zurückreichen. Juden flüchteten bis in die Neuzeit vor Verfolgung und Pogromen in Deutschland und Westeuropa nach Polen. Fürsten und Könige schützten sie. Kasimir der Große erlaubte ihnen 1334 eine eigene Gerichtsbarkeit, Handelsfreiheit und verbot Angriffe auf Eigentum und Leben, auf Synagogen und Friedhöfe sowie die Blutbeschuldigung. Zweihundert Jahre später schaffte König Zygmunt die gesetzliche Auflage ab, wonach Juden eine spezielle Kleidung tragen mussten. König Władysław IV. verbot antisemitische Bücher und Bilder. Nach der Vertreibung der Sefardim aus Spanien 1492 entwickelte sich Polen zum geistigen Zentrum des Judentums in Europa. In Krakau und Lublin entstanden die ersten hebräischen Druckereien. Die relative Freiheit und das Leben der Juden waren jedoch immer gefährdet. Ende des 15. Jahrhunderts wurden sie aus der Krakauer Altstadt, in der sie schon zweihundert Jahre lebten, nach Kazimierz vertrieben. Im Kosakenaufstand unter Bogdan Chmelnizkij Mitte des 17. Jahrhunderts wurden mehr als hunderttausend Juden getötet. 1772, 1793 und 1795 teilten Russland, Preußen und Österreich schrittweise den polnischen Staat unter sich auf. Bis zum Ende des Ersten Weltkriegs 1918 war Polen von der Landkarte Europas ausradiert. Diese traumatische Erfahrung prägt das Verhältnis der Polen zu Europa bis heute. Krakau kam unter die Herrschaft der Habsburger, wurde später dem Herzogtum Warschau angegliedert, auf dem Wiener Kongress zur Freistadt erklärt, verlor nach den Aufständen polnischer Patrioten 1846 seine relative Unabhängigkeit und wurde als Teil des Königreichs Galizien wieder der Donaumonarchie zugeschlagen. Erst in der zweiten Hälfte des 19. Jahrhunderts hatten die Juden die vollen Bürgerrechte erlangt, und sie ließen sich wieder im Zentrum von Krakau nieder, das sich 1846 mit Kazimierz zu einer Stadt vereinigte. Viele Juden kämpften in den Aufständen für die Unabhängigkeit Polens; das dankten ihnen ihre christlichen Landsleute jedoch nicht. Auf dem neuen Friedhof liegt das Grab von Jakob Drubner (1827–1896), einem Arzt, der an dem blutigen Januaraufstand 1863 gegen das russische Zarenreich teilnahm.

An die Leichenhalle, einem Haus aus rotem Backstein, grenzt ein kleiner Anbau. In den geöffneten Fenstern der Wohnung flattern Gardinen. Hier wohnte der Friedhofswärter Pin Ladner mit seiner Familie. Im März 1941 verboten die deutschen Besatzer jede Beerdigung auf dem Friedhof. Ladner blieb bis 1943, dann wurde er ins nahe gelegene Konzentrationslager Płaszów verschleppt und erschossen. Die Nationalsozialisten hatten Grabsteine geraubt und ließen Häftlinge in Płaszów damit Straßen und Wege pflastern. Nach Kriegsende brachte man die Reste vieler Grabmäler zurück. 1957 wurde der Friedhof mit Geld des American Jewish Joint Distribution Committees restauriert. Zerschlagene Grabplatten wurden in die Friedhofsmauer eingefügt und für das Denkmal verwendet, das an die ermordeten Krakauer Juden erinnert. Oben thront ein großer Stein aus schwarzem Marmor mit dem Bild eines siebenarmigen Leuchters. Der Friedhof mit, so schätzt man, mehr als zehntausend Gräbern erstreckt sich auf einer Parkfläche von 19 Hektar Größe mit vielen Bäumen und Büschen. Wir gehen in der Stille des Orts, in der Vogelrufe unnatürlich laut wirken, zwischen Grabstätten hindurch, die von wildem Efeu überwuchert sind, lesen die Inschriften auf Polnisch und Deutsch. Auf vielen Gräbern stehen hebräische Epigraphe. Auch gepflegte Gräber sind darunter, auf denen untypischerweise Grableuchten und vertrocknete, manchmal auch frische Blumensträuße liegen. Nach mehr als einer Stunde finden wir sie in dem Gewirr von Grabstätten: Bernard und Pola Elbinger liegen in schlichten Gräbern. Eine Grabplatte ist gesprungen. Emanuel Elbinger wollte sie längst schon erneuern, hatte aber nie das Geld dafür. Er habe eine ganz gute Rente, bekomme auch Entschädigungszahlungen aus Deutschland – «aber wenn ich

Geld habe, helfe ich anderen, die nicht so gute Renten haben.» Vom polnischen Staat, sagte er, haben die Überlebenden nie etwas bekommen, und die Judenmörder nach Kriegsende sind nie belangt worden. Die Gräber einiger ihrer Opfer liegen auf dem Friedhof.

Unter den fast 41 000 Polen in Dachau war ein junger Mann, der nach der Befreiung Lagerliteratur von Weltrang schreiben sollte. Tadeusz Borowski, geboren 1922, wurde mit 21 Jahren verhaftet und zuerst ins Vernichtungslager Auschwitz-Birkenau verschleppt. «Bei uns in Auschwitz», eine Sammlung von Erzählungen, reißt der europäischen Kultur die Maske herunter. Inmitten der von den Nazis planvoll ausgeführten Vernichtung bricht er mit Platon, erkennt ihn als einen Lügner, die Antike als «riesiges Konzentrationslager». «Denn in den irdischen Dingen spiegelt sich kein Ideal, in ihnen steckt vielmehr schwere, blutige Arbeit von Menschen.» Die Pyramiden, die griechischen Tempel und Statuen, die Straßen und Städte der Römer – alles «ungeheuerliche Verbrechen» in der Geschichte bis zur Entmenschlichung im 20. Jahrhundert. Borowski, der in Birkenau die Juden ins Gas gehen sah, wies dem Denken über Europa die Richtung: «Es gibt keine Schönheit, wenn darin das dem Menschen zugefügte Leid steckt. Es gibt keine Wahrheit, wenn sie über dieses Leid hinweggeht.» Europa ging darüber hinweg. Tadeusz Borowski sah nach dem Zivilisationsbruch keine Zukunft für Europa. Im Juli 1951, mit 28 Jahren, vergiftete er sich mit Gas aus dem Ofen seiner Wohnung in Warschau.

Am nächsten Tag, die Sonne brennt auf die Szeroka Straße herunter, beobachten wir ungefähr vierzig Mädchen und Jungen aus Israel. Die meisten tragen Einkaufstüten eines Modegeschäfts. Sie unterhalten sich und lachen laut, während sie zur Alten Synagoge am Ende des Platzes spazieren. Unbekümmert um diesen Ort und seine Vergangenheit erscheinen sie. Das sind sie nicht. Vielleicht waren sie schon in Auschwitz, 52 Kilometer von Krakau entfernt, oder sie gehen erst noch dorthin. Die israelischen Schülerinnen und Schüler wissen nur zu gut, wo sie sind. Aber in diesem Moment erfüllt ihre Lebensfreude die Leere, die im schönen Kazimierz auch nach dem Aufschwung geblieben ist. Warum, werden die Juden in der polnischen

Diaspora und anderswo in Europa von Israelis fast vorwurfsvoll gefragt, warum seid ihr dageblieben und nicht zu uns gekommen? Vielleicht aber behält Jonathan Ornstein, der Visionär der Wiedergeburt jüdischen Lebens, Recht. Oder Mundek mit seinen bitteren Worten vom Untergang der jüdischen Welt in Polen. Er lässt es sich nicht nehmen, uns vor das Haus zu begleiten. Neben dem Aufzug, ein paar Schritte von seiner Wohnungstür entfernt, hat jemand ein antisemitisches Graffiti in die Wand geritzt. Mundek winkt ab. Das lohnt keine Worte und keine Aufregung mehr. Emanuel Elbinger ist schwer krank. Als wir ihn fragen, ob wir ihm das nächste Mal etwas mitbringen könnten, schüttelt er den Kopf. «Das, was ich brauche, Gesundheit, haben Sie auch in Deutschland nicht.» Durch das Rückfenster des Taxis sehen wir Mundek noch heftig winken, dann entschwindet seine schlanke Gestalt unserem Blick.

Weißrussland

«In jedem Weißrussen
steckt im Grunde ein Jude»

Die Kunst, in Frieden zu leben
und unsichtbar zu bleiben

Leonid Rubinstein (links) und Naum Chejfez, Minsk, 2014

D er Tag, auf den Naum Arkadjewitsch Chejfez sich schon seit drei Wochen freut, beginnt gut. Kurz vor sechs steht er auf, wäscht und rasiert sich, zieht eine graue Hose und ein gestreiftes Hemd an und setzt sich an den Küchentisch. Wie jeden Morgen isst er einen mageren Quark mit Marmelade und trinkt einen schwarzen Tee, den er aus dem gestern schon benutzten Teebeutel aufbrüht. Nach dem Frühstück holt er aus dem Kühlschrank eine Flasche mit Suppe und packt sie sorgfältig in eine Plastiktüte. Ein letzter Blick auf die Wanduhr, dann sagt er in einem Ton, der keine Widerrede duldet: «Wir sollten gehen.» Eilig verlassen wir die gemütliche Zwei-Zimmer-Wohnung im sechsten Stock des Hochhauses in der Puschkinskaja in Minsk. Im Aufzug riecht es durchdringend nach Urin. Eine ältere Frau steht mit ihrem schwarzen Spitz vor dem Haus und mustert uns misstrauisch. Als wir sie grüßen, wendet sie sofort ihren Blick ab. «Das ist hier nicht üblich», erklärte uns gestern Naums Tochter Natascha, bevor sie auf die Datscha fuhr. «Wir leben hier ziemlich anonym.»

Sieben Uhr früh. Das fahle Licht der Morgendämmerung breitet sich über die schlafende Stadt aus. Naum hastet mit großen Schritten über die fast menschenleere Straße, seine hagere Gestalt leicht nach vorne gebeugt, in der rechten Hand die Plastiktüte mit der weißlich-trüben Hühnersuppe, die ihm Natascha gestern gekocht hat. Nur nicht zu spät kommen. Unpünktlichkeit kann der 90-Jährige auf den Tod nicht ausstehen. Vor dem Zweiten Weltkrieg, als Minsk die Hauptstadt der Weißrussischen Sowjetrepublik war, hatte er sich einer strengen Arbeitsdisziplin unterworfen. Wenn jemand ohne Grund fehlte oder mit einer Verspätung von mehr als zwanzig Minuten in die Arbeit kam, musste er mit einem Jahr Gefängnis rechnen. Für ihn war das kein Problem: «Ich war schon immer ein disziplinierter Mensch», sagt er und beschleunigt seinen Schritt. Vielleicht ist auch das ein Grund, warum Naum heute kein Problem mit Alexander Lukaschenko hat. Ganz im Gegenteil, er bewundert den Mann, der das Land seit 1994 autokratisch regiert. Die gravierenden ökonomischen Folgen des Zusammenbruchs der Sowjetunion und das politische Chaos der ersten Jahre der Unabhängigkeit weckten bei vielen Weißrussen Sehnsucht nach den alten Werten und einem starken Staat.

Lukaschenko verstand das wie kein anderer. Er bot den Weißrussen Sicherheit, saubere Straßen, pünktlich ausgezahlte Renten und nicht zuletzt Selbstbewusstsein durch die staatlich inszenierte Erinnerung an den Sieg im Großen Vaterländischen Krieg. Das gibt vielen ein Gefühl von moralischer Überlegenheit gegenüber dem Westen, aus dem nur Tod und Vernichtung gekommen sind. «Ich danke Gott, dass wir ihn haben», sagt Naum. Aber die Unzufriedenheit mit der stagnierenden Wirtschaft und der Willkür des Regimes wächst. Im Frühjahr 2017 kommt es zu landesweiten Protesten gegen das «Schmarotzer-Dekret». Alte Weißrussen erinnert das an die Zeit der Sowjetunion. Im Jahr 1961 wurde schon einmal ein Gesetz gegen das Schmarotzertum verabschiedet. Heute soll jeder 225 Euro Strafe zahlen, der weniger als 183 Tag im Jahr arbeitet. Lukaschenko lässt Polizei und Geheimdienst brutal gegen die Demonstranten vorgehen. Es kommt zu massenhaften Verhaftungen. Naums Glaube an den Präsidenten erschüttert das nicht.

Schon in der Schulzeit hat er zwei Grundregeln beherzigen gelernt: sich anzupassen und die Obrigkeit zu achten. In den Klassenzimmern der Sowjetrepublik hing damals das Porträt des Partei- und Staatsführers Josef Stalin. Die Juden machten 42 Prozent der Minsker Stadtbevölkerung aus. Die meisten hatten die Oktoberrevolution von 1917 begrüßt. Die politischen Ansichten der Bolschewisten teilten zwar nicht viele, doch sie glaubten ihrem Versprechen auf Gleichberechtigung. Und sie hatten Angst: Während des Bürgerkriegs ermordeten Weißgardisten und ihre Verbündeten viele Juden; auch im polnisch-sowjetischen Krieg kam es zu Gräueltaten an der jüdischen Bevölkerung. Die Rote Armee galt vielen als Beschützerin; gleich sieben jüdische Militäreinheiten kämpften in ihren Reihen. 1919 wurde in Smolensk die weißrussische sozialistische Sowjetrepublik ausgerufen. Sie war nur von kurzer Dauer. 1920 kam es zu ihrer Neugründung. Bis zum Hitler-Stalin-Pakt 1939, der zur Erweiterung des Landesterritoriums um die früher ostpolnischen Gebiete führte, lebten weißrussische Juden in zwei Staaten: 450 000 in Ostpolen, weitere 407 000 in der Weißrussischen Sowjetrepublik mit der Hauptstadt Minsk. Die Vorkriegszeit war im sowjetischen Teil Weißrusslands von der widersprüchlichen Nationalitätenpolitik Stalins geprägt. In den zwanziger Jahren setzte Moskau in seiner Sprach- und Bildungspolitik auf die «korenizacija», die Stärkung der Nationen. Der Zweck der «Verwurzelungspolitik» war die Herausbildung neuer, loyaler nichtrussischer Eliten, die die Sowjetisierung in den Regionen vorantreiben und den Einfluss Moskaus sichern sollten. Auch Jiddisch, die Muttersprache der meisten weißrussischen Juden, wurde gefördert, in Weißrussland hob man es sogar in den Rang einer Staatssprache. Entsprechend der Doktrin Stalins «sozialistisch im Inhalt, nationalistisch in der Form» sollte eine neue jüdische Kultur in jiddischer Sprache entstehen. Die weißrussische Hauptstadt entwickelte sich zu einer Hochburg des säkularen jüdischen Lebens. Aus allen Ecken der Sowjetunion strömten nach Minsk jüdische Lehrer und Kulturschaffende. Auf dem Bahnhofsgebäude begrüßte sie ein Schild, auf dem der Name der Stadt in vier Staatssprachen zu lesen war: Weißrussisch, Russisch, Polnisch und Jiddisch. In den Kinos liefen Filme mit jiddischen Untertiteln, das Staatliche Jüdische Theater präsentierte Werke jüdischer Autoren, die mit naiver Inbrunst das Sowjetregime glorifizierten. Wenn jemand eine Briefadresse in Jiddisch schrieb, fügten Postbeamte automatisch eine Übersetzung dazu. Juden konnten an den Universitäten studieren, in einer relativ hohen Zahl waren sie auch in den Staats- und Parteiorganen vertreten. Parallel dazu verlief die Weißrussifizierung des Landes. Die neue Nationalitätenpolitik hatte aber auch eine andere Seite: Ein Großteil der Synagogen, religiösen Institutionen und Schulen musste schließen, die meisten Rabbiner und religiösen Anführer wurden vertrieben. Sie galten als reaktionär. Mitte der dreißiger Jahre kam dann die große Kehrtwende in Stalins Nationalitätenpolitik. Russisch stieg zur zentralen Sprache auf, die Russen erhielten im Bund der Sowjetstaaten den Status als führende Nation. Ein großer Teil der weißrussischen, jüdischen und polnischen kulturellen und politischen Elite fiel dem stalinistischen Terror gegen «bourgeoise Nationalisten» zum Opfer. Insgesamt verlor in Weißrussland eine halbe Million Menschen ihr Leben, ein Zehntel der damaligen Gesamtbevölkerung.

Naum bekam von all dem kaum etwas mit. Die Politik interessierte

ihn nicht, in die Synagoge ging er nur selten. Viel lieber saß der kunst-
liebende Junge im Jüdischen Theater oder las Gedichte. Die Zeit unmittelbar vor dem deutschen Einmarsch bezeichnet er als die schönste
seines Lebens. Er hatte gerade seine Ausbildung als Werbegrafiker abgeschlossen, war jung und verliebt. Galina hatte dunkle Augen und
lange Haare und wollte Ärztin werden. Der Krieg kam ohne Vorwar-
nung und nahm ihm am Ende alles, was er liebte: seine Mutter, seine
beiden Schwestern, fast alle Freunde und Verwandte. Nur er und sein
Vater überlebten. Galina hatte einen anderen Mann geheiratet, weil
sie dachte, er sei tot. Der Krieg veränderte ihn. Er spiegelt sich in seinem traurigen Blick, in seinem stets ernsten Gesicht. Es gab Zeiten,
da war er nur vom Tod umgeben, überall und zu jeder Stunde lauerte
er auf ihn. Vielleicht hängt er deshalb so am Leben. Seinen hunderts-
ten Geburtstag wolle er in einem schönen Restaurant feiern, erwähnt
er einmal beiläufig, als wäre es die selbstverständlichste Sache der
Welt, hundert Jahre alt und mehr zu werden. Dafür geht er jeden Tag
fünf Kilometer zu Fuß, ernährt sich gesund, raucht nicht und trinkt
keinen Alkohol. Das Einzige, was viele Jahre lang seiner Lebenskraft
zusetzte, waren die schlaflosen Nächte. Die bekämpft er jetzt mit kleinen Wunderpillen von israelischen Verwandten. Bevor er sie hatte, lag
er Nacht für Nacht wach, und all die Bilder, die er am liebsten ausgelöscht hätte, zogen unablässig an seinem inneren Auge vorbei. Wie
dieses: Es ist der 20. August 1941. Die Sonne brennt auf der Haut. Er
und andere jüdische Handwerker aus dem Ghetto arbeiten schon seit
Stunden ohne einen Schluck Wasser. Ihre Lippen sind aufgerissen, sie
befeuchten sie mit ihrem eigenem Urin. Der Ghetto-Kommandant
Aleksej Gorodeckij, ein sowjetdeutscher Kollaborateur, geht vorbei
und erschießt zwei Männer. Einfach so. Danach wendet er sich Naum
zu und befiehlt: «Lauf!» Der 18-Jährige rennt um sein Leben in Er-
wartung der tödlichen Kugel, doch sie kommt nicht. Ein anderer SS-
Mann hält ihn auf. Er solle mit zwei anderen eine Grube ausheben.
«Die ist für uns», flüstern sich die Männer zu und schaufeln mecha-
nisch die Erde weg. Als sie fast fertig sind, bringen die Deutschen
einen weiteren Mann. Er hat Schaum vor dem Mund und kann nicht
mehr gehen, sie ziehen ihn an den Beinen zum Grubenrand. Ein

Schuss fällt, warmes Blut spritzt Naum ins Gesicht. Oder dieses Bild: 28. Juli 1942. Nach vier Tagen darf Naums Arbeitskommando endlich ins Ghetto zurückkehren. Er hat ein ungutes Gefühl. Die Straßen sind leer, auf dem Boden sind überall Blutspuren zu sehen. Im Bett, in dem vor vier Tagen noch seine Mutter und sein kleiner Neffe schliefen, findet er nur eine Blutlache. Während seiner Abwesenheit hatten deutsche SS-Männer und Polizisten zusammen mit ihren ukrainischen und litauischen Helfern 3000 Ghettobewohner erschossen. Es war der größte Pogrom in der Geschichte des Minsker Ghettos. Erschießungen gab es regelmäßig. Wer nicht durch eine Kugel ums Leben kam, starb an Hunger, Krankheiten oder erstickte in einem Gaswagen. Naum hatte Glück. Im Juli 1943, drei Monate vor der endgültigen Räumung des Ghettos, saß er mit 2000 jüdischen Männern in einem Zug, der Richtung Westen fuhr. Es sollte der einzige Transport sein, der das Minsker Ghetto jemals verließ. Nach Zwischenstationen in Lublin und Auschwitz sowie Zwangsarbeit in mehreren Konzentrationslagern befreiten ihn amerikanische Soldaten am 30. April 1945 auf dem Todesmarsch aus Dachau Richtung Tirol. Nur 13 Männer aus dem Minsker Transport waren noch am Leben. Heute sind es nur noch zwei: Er und Leonid Rubinstein.

Tag des Gedenkens: Malyj Trostenez

Der Trolleybus kommt pünktlich. Es ist ein Sonntagmorgen im Juni, die meisten Hauptstadtbewohner schlafen noch oder verbringen das warme Wochenende auf ihren Datschas. Bis auf ein paar Frühaufsteher und Hundehalter, die vor der Kulisse der mächtigen Plattenbausiedlungen und breiten Prospekte wie Fliegen auf einer überdimensionalen Bühne wirken, sind die Straßen leer. Nach drei Jahren deutscher Besatzung lag die weißrussische Hauptstadt im Sommer 1944 in Schutt und Asche und musste komplett neu aufgebaut werden. Von der alten zaristischen Provinzhauptstadt der jüdischen Handwerker und russischen Beamten blieb bis auf ein paar Häuser kaum etwas übrig. Noch heute erzählen alte Minsker voller Stolz, wie sie im patriotischen Eifer Trümmer wegräumten, Beton mischten,

Steine schleppten und auf Baugerüsten standen, oft neben deutschen Kriegsgefangenen, die zum Wiederaufbau zwangsverpflichtet waren. Entstanden ist eine Musterstadt sozialistischer Architektur, ein Konglomerat monumentaler Sowjetbauten aus Beton und Granit. Heute kommen die Investoren vor allem aus China und Russland. Wolkenkratzer, futuristisch anmutende High-Tech-Gebäude und moderne Wohnhäuser, für die sich weder Berlin noch Wien schämen müssten, sollen Minsk nach dem Willen des Staatspräsidenten den Glanz einer europäischen Metropole verleihen. Von einem Appartement in den Neubauten kann ein weißrussischer Durchschnittsverdiener mit einem Monatsgehalt von umgerechnet 500 Dollar allerdings nur träumen.

Die Fahrt nach Malyj Trostenez dauert nicht lange. Schon aus weiter Ferne erkennt man auf beiden Straßenseiten Menschenschlangen. Eine junge, sonnengebräunte Polizistin im engen Rock, ihre Augen hinter einer Sonnenbrille verborgen, führt bei Frauen schweigend Leibesvisitationen durch. Ihr Kollege nimmt sich die männlichen Besucher vor. Hinter ihnen steht eine provisorische Bühne, daneben erstreckt sich eine wilde, von Waldstücken gesäumte Wiese. Zehn junge Soldaten üben dort Salutschießen, Männer in Zivil durchsuchen mit Hunden das Gelände. Außer einem Obelisken an der Autobahn Richtung Moskau, der an die Ermordung «friedlicher Zivilisten, Partisanen und Kriegsgefangener der Roten Armee» erinnerte, wies jahrzehntelang nichts darauf hin, dass sich auf diesem weitläufigen Gelände elf Kilometer südöstlich vom Stadtzentrum einst die größte Vernichtungsstätte des Naziregimes auf ehemaligem sowjetischen Gebiet befand. Die Bewohner der Wohnsiedlung auf der gegenüberliegenden Straßenseite grillten sonntags an diesem Ort und führten ihre Hunde aus. Zwischen 1942 und 1944 ermordeten deutsche SS-Männer und Polizisten zusammen mit ihren Helfern in den Wäldern um das Dorf Malyj Trostenez mindestens 60 000 Menschen, weißrussische Historiker sprechen sogar von 200 000 Opfern. Die meisten von ihnen waren Juden. Sie erstickten in speziell umgebauten Gaswagen, oder man stellte sie nackt vor eine Grube und tötete sie mit Genickschüssen. Unter den Ermordeten waren 16 000 Juden aus

Deutschland und besetzten Gebieten. Seit April 1942 gab es in Trostenez auch ein Zwangsarbeiterlager für etwa 200 000 Juden und Kriegsgefangene. Ende Juni 1944, als man schon die Artilleriegeschütze der Rotarmisten hörte, erschossen deutsche Bewacher die letzten 6500 Häftlinge in einer Scheune und brannten sie anschließend nieder. Erst nach vielen Jahren und mehreren Anläufen legte die Minsker Stadtverwaltung einen Gedenkstättenentwurf vor, der nun realisiert werden soll. Auf der Tribüne stehen viele deutsche Gäste, Vertreter verschiedener Organisationen, Kirchen und Städte, aus denen die deutschen Mordopfer stammten. Sie haben für das Gedenkstättenprojekt Geld gesammelt. Ein deutsches Regierungsmitglied sucht man dagegen vergebens, auch der Botschafter ließ sich entschuldigen. Nirgendwo in Europa wüteten nationalsozialistische Mordkommandos brutaler als in Weißrussland, das im Aufmarschgebiet für die Eroberung Moskaus lag. Jeder Vierte der insgesamt 10,6 Millionen weißrussischen Einwohner kam ums Leben; von den etwa 850 000 Juden, die nach der Rückeroberung ostpolnischer Gebiete durch die Rote Armee 1939 in der Weißrussischen Sowjetrepublik lebten, fielen mindestens 700 000 dem Massenmord zum Opfer. Nach dem Krieg waren die meisten Städte und Dörfer zerstört, ganze Regionen entvölkert und drei Millionen Menschen obdachlos. Bis heute hat sich Deutschland für die Verbrechen des Nazi-Regimes auf weißrussischem Gebiet nicht entschuldigt.

Die Tribüne ist voll. Auch eine Schulklasse ist da. In ihren Schuluniformen mit den langen, zu Schnecken über den Ohren gewickelten Zöpfen und den weißen Schleifen erinnern die Mädchen an Postkartenmotive aus der Sowjetzeit. Mehr als eine Stunde vergeht, ohne dass etwas geschieht. Einem der Mädchen wird in der prallen Sonne schlecht, es muss sich übergeben. In der ersten Reihe, direkt gegenüber der Bühne, sitzen Kriegsveteranen, ihre Uniformbrüste sind mit Orden bedeckt, weiter rechts Mitglieder der jüdischen Gemeinden und ehemalige Zwangsarbeiter, unter ihnen Leonid Rubinstein. Naum sehen wir nirgendwo. Auf einer Wiese hinter den Polizeiabsperrungen, vielleicht fünfzig Meter von der Bühne entfernt, wartet eine große Menge Menschen. Polizeiwagen und Busse versperren ihnen die Sicht, trotzdem schwenken manche von ihnen begeistert rot-grüne weißrussische Fahnen. «Bestellte Zaungäste», kommentiert das sarkastisch ein deutscher Besucher neben uns. Endlich passiert etwas. Eine Autokolonne wirbelt Staub auf, aus Lautsprechern erschallt ein grelles: «Und jetzt! Kommt! Der Präsident der Republik Belarus! Alexander Lu-ka-schen-kooooo!» Es hört sich an, als würde ein Boxweltmeister die Bühne betreten. Alle springen hoch, jeder will den Mann sehen, den westliche Medien «den letzten Diktator Europas» nennen. Umringt von seinen Bodyguards betritt Lukaschenko die Bühne, gefolgt von einem kleinen Jungen im schwarzen Anzug. Der Präsident nimmt seinen zehnjährigen unehelichen Sohn Kolja fast überallhin mit. Darüber kursiert in Minsk schon der Witz, dass Lukaschenko ihn nach nordkoreanischem Vorbild zu seinem Nachfolger erzieht. Für einen «Diktator» hat der weißrussische Präsident, ein studierter Landwirt und zur Sowjetzeit Direktor einer sozialistischen Sowchose, eine überraschend dünne Stimme. Seine Ansprache hält er auf Russisch, das im Alltag zwei Drittel der weißrussischen Bevölkerung sprechen. Sprache ist in Weißrussland ein politisches Statement. Wer in der Öffentlichkeit Weißrussisch redet, gibt zu erkennen, dass er sich für die nationale Wiedergeburt engagiert, eines der Hauptanliegen der Opposition, und für die Unabhängigkeit von Moskau. Deshalb wird ein paar Wochen später Lukaschenko am 70. Jahrestag der Befreiung Weißrusslands durch die Rote Armee am 3. Juli 1944 für eine Überraschung sorgen. Zum ersten Mal in seiner Präsidentschaft seit 1994 hält er die Rede auf Weißrussisch. Die Beziehung zu Russland verschlechterte sich infolge der Ukraine-Krise deutlich: Lukaschenko, der um die Souveränität Weißrusslands fürchtet, kritisierte die russische Annexion der Krim und unterstützte demonstrativ die Kiewer Regierung. Heute, in Trostenez, spricht er Russisch, verkündet den Bau einer großen Gedenkstätte, erzählt vom Krieg, macht mehrere Anspielungen auf die Ukraine und zählt die Opfergruppen von Trostenez auf: Kriegsgefangene, Zivilisten, Partisanen, Sinti und Roma. Erst an letzter Stelle erwähnt er Juden, die Mehrzahl der Opfer dieser Mordstätte. Laut kritisieren will ihn dafür niemand. Viel wichtiger ist den Vertretern der weißrussischen jüdischen Gemeinden etwas anderes: Neben dem vom Westen isolierten Lukaschenko steht der Präsident des Jüdischen Weltkongresses, Ronald Lauder. Ein stimmgewaltiger Frauenchor setzt den Schlussakkord, die Soldaten schießen eine Salve in die Luft. Die Veranstaltung ist beendet. Ein knapper Text auf der Marmorplatte des Grundsteins kündigt an, dass im Sommer 2015 auf diesem Gebiet auf Anweisung des Präsidenten eine Gedenkstätte entstehen wird. Die Bauarbeiten beginnen jedoch erst 2017. Bevor Lukaschenko in seine schwarze Limousine steigt, geht er, begleitet von Fernsehkameras, auf Kriegsveteranen zu und schüttelt mehrere Hände. Für jüdische Überlebende hat er keinen Blick.

«Lu-ka-schen-koo!», verzieht Leonid Rubinstein seinen Mund zu einer verächtlichen Grimasse. «Wie konnte er bloß alte Menschen so lange auf ihn warten lassen. Ich hasse ihn dafür», bricht aus dem 87-Jährigen die angestaute Wut heraus. Am späten Nachmittag sitzen wir mit ihm und Naum unter einem Sonnenschirm im Garten der Internationalen Bildungs- und Begegnungsstätte (IBB). Die deutsch-weißrussische Organisation widmet sich seit mehr als 20 Jahren der Versöhnungs- und Bildungsarbeit und hat die Fahrt nach Trostenez mitorganisiert. Naum schweigt, nur sein Blick verrät, was er von Leonids Meinung hält. Der weißhaarige Mann mit rauer Stimme und auffälliger Tätowierung auf dem rechten Unterarm lässt sich von ihm nicht einschüchtern. Leonid hat von jeher das gemacht, was er für richtig hielt. Anfang der achtziger Jahre, für eine kurze Zeit herrschte in der Sowjetunion politisches Tauwetter, suchte er das Archiv des Minsker Justizministeriums auf. Er wollte wissen, warum in den weißrussischen Schulbüchern zwar viel über den Großen Vaterländischen Krieg und die Heldentaten der Partisanen zu lesen ist, jedoch keine Zeile über die Ghettos. Das quälte ihn seit Jahren, und weil jetzt einige Archive öffneten, nahm er all seinen Mut zusammen. Der Leiter des Archivs empfing ihn mit gespielter Freundlichkeit und hörte sich sein Anliegen geduldig an, um dann zu einem Monolog anzuheben. Leonid solle ihm glauben, er wisse Bescheid über die Ghettos, habe darüber viel gelesen. Das seien abgetrennte Wohnbezirke gewesen, in denen Juden während der Okkupation eine Zeit lang leben mussten. Als Leonid versuchte, ihm zu widersprechen, reagierte der Staatsbeamte gereizt: «Warum wollen die Juden immer etwas anderes beweisen? Die nichtjüdische Bevölkerung musste im Krieg doch auch furchtbar leiden!» Das stimmte zwar, erklärte aber nicht, warum man über die Ghettos nicht reden durfte. «Ich weiß nicht, welche Literatur Sie lesen, aber Sie täuschen sich gewaltig», sagte Leonid dem selbstgefälligen Hüter der sowjetischen Staatsideologie. «Uns Juden hat man in die Ghettos eingesperrt, um uns zu töten, und das nur deshalb, weil wir Juden waren.» Dann erzählte er dem Mann von den Ghetto-Nächten, in denen stets jemand wachbleiben musste, um andere zu wecken, wenn sich deutsche Lastwagen den Ghettotoren näherten. Er sprach darüber, wie er und die anderen Gras aßen, um nicht zu verhungern und schilderte auch seine erste Begegnung mit einem Gaswagen. Es war im Frühjahr 1942. Er arbeitete gerade in der Nähe einer Gruppe von sechs, sieben Kindern, die auf der Straße spielten, als deutsche Polizisten ins Ghetto kamen und versuchten, die Kinder mit Bonbons zu locken: «Kommt her, wir fahren euch im Auto!» Die Kinder waren so klein, dass man ihnen beim Einsteigen helfen musste. Sie ahnten wohl etwas, denn plötzlich begannen sie, sich zu wehren. Man warf sie einfach hinein und schloss die Autotüren. «Ich werde nie die Schreie der Mütter vergessen, als der Wagen nach einer Weile zurückkam. Die Türen flogen auf, und die Mörder warfen leblose Kinderkörper heraus.» Der Staatsbeamte schwieg. Leonid ging wütend nach Hause, doch er fühlte sich besser.

Die Sonne sinkt am Horizont, es ist immer noch sehr warm. Wir sprechen mit Leonid und Naum über den heutigen Tag. «Ich sah nichts, hörte kein Wort und musste drei Stunden ohne Wasser in der prallen Sonne stehen», berichtet Naum. Erst jetzt erfahren wir, dass er und andere Ghettoüberlebende und ehemalige Zwangsarbeiter hinter der Polizeiabsperrung aufgehalten worden waren. Naum gibt sich Mühe zu verbergen, wie gekränkt er ist. Leonid, der als Vorstandsmitglied des Opferverbandes der jüdischen Ghettoüberlebenden einen Tribünenplatz hatte, kann sich aber kaum beruhigen: «Wenn ich das gewusst hätte, wäre ich nicht gekommen!», schimpft er. Naum will sein Mitleid nicht, ihm gefällt es nicht, dass Leonid so unbekümmert redet, noch dazu vor uns. Die beiden sind nur selten einer Meinung, also wechseln wir das Thema und sprechen über das Überleben im Krieg. «Ich lebe, weil ich früher fest an Stalin glaubte», beginnt Leonid und wird sofort von Naum unterbrochen: «Das war Schicksal. Ich lebe, weil mich keine Kugel traf.» Leonid lässt seine Worte unkommentiert, er ist noch nicht fertig und will erzählen, wie aus seinem Traum von Stalin ein Albtraum wurde. Anfang Mai 1945, er erholte sich im befreiten Dachau gerade von einer Typhuserkrankung, sprach ihn ein amerikanischer Soldat an. Als er erfuhr, dass Leonid ein Jude aus Weißrussland ist, warnte er ihn: «Geh' nach Amerika oder nach Palästina, bloß nicht zurück. Sie werden dich als Verräter verhaften.» Leonid schaute ihn zornig an. Nach all dem, was er erlitten hatte, sollte ihn jemand für einen Verräter halten? Wie sehr er sich täuschte, musste er bald erkennen. Amerikanische Militärautos brachten ihn mit vielen anderen sowjetischen Dachau-Überlebenden in die sowjetische Zone nach Linz. Dort übergab man sie der sowjetischen Armee. Das Dokument, das belegte, dass Leonid in Dachau gewesen war und davor in anderen Lagern, nahm man ihm weg. Dann begannen die Verhöre. Wer bist du, wie bist du in Gefangenschaft geraten? Er lebte wieder hinter einer Absperrung, durfte ohne Genehmigung nirgendwohin gehen. Tagsüber lief die politische Umschulung: «Man kann alles verlieren, die Braut, die Mutter, erinnere dich aber stets, dass auf dich dein Vaterland wartet», hieß es im Lied, das sie singen mussten. Leonid verstand nicht. Wenn das Vaterland auf ihn wartete, warum hielt man ihn gefangen? Später brachte man Leonid in ein Dorf bei Lemberg. Die letzte Überprüfung, hieß es, dann könne jeder nach Hause fahren. Mitten in der Nacht rissen drei finstere Gestalten Leonid aus dem Schlaf und zerrten ihn in einen Verhörraum. «Na, Rubinstein, beenden wir das Theater. Sag endlich die Wahrheit!», brüllten ihn die Mitarbeiter des militärischen Nachrichtendienstes an. Sie behaupteten, sie hätten ein Dokument, das beweise, dass er für den Feind gearbeitet hat, durch sein Verschulden seien ein paar Menschen ums Leben gekommen. Leonid starrte die Männer an und brachte kein Wort über die Lippen. Er, ein Kollaborateur der Deutschen? Das alles konnte doch nur ein großes Missverständnis sein. «Wo hast du deine Papiere? Warum sonst bist Du am

Leben, die Deutschen haben doch alle Juden umgebracht», schrie einer und schlug ihm ins Gesicht. Sein Mund war voller Blut, die Vorderzähne lagen auf der Zunge. Die Demütigung trieb dem Siebzehnjährigen Tränen in die Augen, schmerzte mehr noch als die körperliche Verletzung: «Bei Faschisten wusste ich wenigstens, dass es Faschisten sind. Dort aber schlugen mich unsere Leute. Ich begriff, wie dumm ich gewesen war», sagt Leonid heute. Er teilte das Schicksal vieler sowjetischer Kriegsgefangener, ehemaliger KZ-Häftlinge und Zwangsarbeiter, die nach ihrer Befreiung als Vaterlandsverräter oder Deserteure verfolgt wurden. Man warf ihnen vor, für die Deutschen gearbeitet zu haben, während Soldaten und Partisanen im Kampf ihr Leben riskierten. Leonid kam in ein Arbeitsbataillon für ehemalige sowjetische Kriegsgefangene ins russische Kursk. Widerstand war nicht möglich, also fügte er sich. Auf mich wartet sowieso keiner, dachte er resigniert, bis eines Tages ein Brief kam. Seine Tante aus Amerika schrieb ihm, dass sein Cousin in Minsk auch das große Morden überstanden habe. Außer sich vor Freude ging Leonid zum Kommandanten und bat ihn um eine Woche Urlaub. Der lachte ihn aus. Nirgendwohin wirst du gehen, sagte er zu ihm. Noch am selben Abend sprang Leonid auf einen Güterzug, danach auf noch einen und noch einen, bis er schmutzig und ausgehungert im ausgebombten Minsk ankam. Eine ganze Woche blieb er bei seinem Cousin, inzwischen suchte der NKWD nach ihm. Zurück in Kursk, musste Leonid sich für seine Flucht vor einem Militärgericht verantworten. Er erzählte der Richterin alles – dass er im Ghetto war, dort seine Eltern verloren hatte, dann in verschiedene Lager verschleppt wurde und bis zur Nachricht über seinen Cousin überzeugt war, dass er als Einziger aus seiner Familie überlebt hatte. Der Frau tat der stolze Waisenjunge leid. Für das unerlaubte Verlassen der Arbeitsstelle verurteilte sie ihn zu weiteren drei Monaten Zwangsarbeit, die mildeste Strafe, die sie verhängen konnte. Nachdem alles überstanden war, entschied sich Leonid, Zahntechniker zu werden. «Ich war nicht zufrieden mit meinen Ersatzzähnen und wollte mir unbedingt neue basteln», lacht er und zeigt dabei ein perfektes Gebiss.

Naum wurde für die sowjetische Armee mobilisiert und musste

zwei Jahre Militärdienst in der Sowjetzone in Ostdeutschland leisten. Eine so harte Behandlung wie Leonid erlebte er zum Glück nicht. Nach der Demobilisierung kehrte er nach Minsk zurück und arbeitete bis zu seiner Pensionierung als Werbegrafiker. Mit einer kleinen Gruppe Mitarbeiter produzierte er im Auftrag der Partei und verschiedener staatlicher Institutionen Werbeplakate, in seiner Freizeit las er weiterhin Gedichte und zeichnete Portraits. «Mein Schicksal hatte mit dem sowjetischen Antisemitismus zu tun», sagt Leonid überzeugt. «Leider gibt es ihn heute immer noch, nicht nur hier, sondern auch in Deutschland.» Naum protestiert. Deutschland habe ja die Türen für Juden aus der ehemaligen Sowjetunion geöffnet, und auch in Weißrussland sei der Antisemitismus doch nur schwach ausgeprägt. Ähnlich wie er äußerten sich viele unserer Gesprächspartner in Minsk. «Vielleicht liegt es daran, dass in jedem Weißrussen im Grunde ein Jude steckt», witzelte der israelische Botschafter Yosef Shagal, der zur Gedenkfeier gekommen war. Er verwies auf die vielen bedeutenden israelischen Politiker und Staatsmänner mit weißrussischen Wurzeln, der erste Staatspräsident Chaim Weizmann, der Friedensnobelpreisträger Schimon Peres oder die früheren Ministerpräsidenten Menachem Begin und Jitzchak Shamir. Lukaschenko tritt seit einiger Zeit als Freund Israels auf, spricht von einer «Schicksalsgemeinschaft der beiden Völker» und wirbt um israelische Investitionen. Noch 2007 beschuldigte ihn das israelische Außenministerium des Antisemitismus, weil er öffentlich erklärt hatte, die weißrussische Stadt Babrujsk sei deshalb in einem so schlechten Zustand, weil es eine jüdische Stadt sei. Man müsse sich bloß anschauen, wie es in Israel aussehe, hatte er gesagt.

Leonid ist skeptisch. Die gängige Meinung über die Judenfreundlichkeit der Weißrussen teilt er nicht. Vor ein paar Jahren schändeten Unbekannte das Grab seines Sohnes. «Tod den Juden!» sprühten sie auf die Grabplatte, auf der der Name Rubinstein eingraviert ist. «Das sind Einzelfälle», beschwichtigt Naum und erzählt begeistert von der jüdischen Tradition der Stadt, vom jüdischen Theater und darüber, dass Jiddisch hier einst eine Staatssprache war. «Das war doch alles vor dem Krieg, wir reden von heute!», wirft ihm Leonid ungehalten vor.

«Sei froh, dass unser Präsident keine Faschisten und Antisemiten duldet», bleibt Naum stur. Zwangsläufig reden sie jetzt über Politik, über
die man hierzulande lieber nur in den eigenen vier Wänden spricht.
Leonid erzählt, dass er mit dem Kiewer Majdan sympathisierte und
lobt die jungen Ukrainer, die das korrupte Janukowitsch-System
stürzten. Weißrussland hingegen stehe vor großen Problemen: den
Rentnern gehe es immer schlechter, die Staatsschulden wüchsen.
Naum schüttelt verärgert den Kopf. «Ich bin froh, dass wir hier keine
ukrainischen Verhältnisse haben.» Freiheit oder Demokratie sind für
ihn abstrakte Werte, damit kann er nicht viel anfangen, er hat sie nie
leben können. Ein Vierteljahrhundert nach dem Zerfall der Sowjetunion empfindet der 90-Jährige sich immer noch als einen Sowjetmenschen. Von Lukaschenko erhofft er sich vor allem Frieden. Dafür
ist er bereit, ein bescheidenes Leben zu führen und sich unterzuord-
nen. Mit versteinertem Gesichtsausdruck steht Naum auf und geht.
So hatte er sich diesen Tag nicht vorgestellt. Als wir am späten Abend
in die Wohnung kommen, liegen auf unserem Nachttisch zwei Schlaf-
tabletten. Das ist seine Art, uns zu sagen, dass wir uns gleich schlafen
legen sollen. Morgen wartet auf uns wieder ein langer Tag.

Minsk, eine jüdische Stadt

Der Wachmann an der Pforte des Jüdischen Gemeindezentrums liest
weiter seine Zeitung, als wir durch die offene Eingangstür eintreten.
Auch an der Sicherheitsschleuse steht niemand, der Fremde kontrollieren würde. Angst vor judenfeindlichen Attacken hat man hier offenbar nicht. In dem unscheinbaren, flachen Gebäude im Hinterhof
einer Minsker Wohnsiedlung ist die Stimmung entspannt. Grigorij
Levins kleines Büro befindet sich am Ende des Korridors im Erdgeschoss. Eine junge Mitarbeiterin bittet uns, im Vorzimmer zu warten. Wie schon draußen im Flur hängen auch in Levins Büro Fotos
mit Motiven aus Israel, die Nationalflagge des jüdischen Staates weht
vor dem Gebäude, gleich neben der amerikanischen und der weißrussischen. Nach dem Kollaps der Sowjetunion und der Entstehung
der unabhängigen Weißrussischen Republik im August 1991 ging die

jahrzehntelange Unterdrückung der Religionen zu Ende. Synagogen öffneten, die Weißrussische Union der jüdischen Gemeinden entstand, der mehr als hundert weitere jüdische Organisationen folgten. Man könnte fast meinen, es sei wieder Normalität eingekehrt in das Leben der weißrussischen Juden. Es ist aber nichts mehr wie früher. Die meisten Juden, die die Vorkriegszeit noch gekannt haben, sind tot. Naum oder Leonid können noch erzählen, wie jüdische Männer früher am Shabbat in traditioneller Bekleidung mit einer Jarmulka auf dem Kopf über die kopfsteingepflasterten Minsker Straßen spazierten und in der Luft der Duft jüdischer Festspeisen lag. Heute leben in Weißrussland, einem Land mit mehr als zehn Millionen Einwohnern, nur etwa 13 000 Juden. Von der jahrhundertealten Schtetl-Kultur blieben kaum Spuren übrig. Jiddisch spricht fast niemand mehr.

Eine jüdisch geprägte Stadt war Minsk schon im 16. Jahrhundert, nachdem der polnische König Stefan Bátory jüdischen Familien erlaubte, innerhalb der Stadtmauern Handel zu treiben. Das heutige Weißrussland war damals Teil des polnisch-litauischen Königreiches. Vom Ende des 18. Jahrhunderts an gelangte Weißrussland durch die Teilungen Polens nach und nach unter russische Herrschaft. Ende des 19. Jahrhunderts lebten im Minsker Gouvernement etwa zwei Millionen Einwohner: Weißrussen, Juden, Russen, Polen, Ukrainer, Litauer, Tataren und Deutsche. Der Großteil der Minsker Juden sprach Jiddisch, Hebräisch nutzte er im Schriftverkehr, Russisch in der Kommunikation mit Nichtjuden. Die meisten arbeiteten als Handwerker und Kleinhändler, besuchten Synagogen und schickten ihre Kinder in jüdische Schulen, streng Orthodoxe in Cheders. Minsker Juden waren tief verwurzelt in der litauischen Tradition, bevorzugten den analytischen, rationalen Ansatz im Gegensatz zur Volksfrömmigkeit des Chassidismus. Minsk entwickelte sich zu einem der wichtigsten Zentren für Talmud-Studien in Osteuropa. Auf weißrussischem Gebiet wirkten mehrere berühmte Jeshivas, die Einfluss auf das gesamte orthodoxe Judentum hatten. Es gab kaum eine große religiöse und geistige Bewegung in der Geschichte des osteuropäischen Judentums, die nicht in irgendeiner Form mit dem weißrussischen Gebiet zusammenhing – neben dem Chassidismus und dem traditionellen rabbinischen Judentum verbreitete sich hier von der Mitte des 19. Jahrhunderts an die jüdische Aufklärung. Auch die Chabad Lubawitsch-Bewegung entstand vor 250 Jahren auf weißrussischem Gebiet als Zweig des Chassidismus. Vom Ende des 19. Jahrhunderts an fanden die säkularen politischen Ideologien des Zionismus und der Allgemeine jüdische Arbeiterbund begeisterte Anhänger. In Städten wie Minsk, Babrujsk oder Gomel war die Hälfte der Bevölkerung jüdisch, in Pinsk zwei Drittel. Der Maler Marc Chagall, der Pionier der jüdischen Geschichtsforschung Simon Dubnow, viele andere Künstler und Wissenschaftler stammten aus Weißrussland. Mit ihrem Vernichtungskrieg gegen die Sowjetunion löschten die Deutschen eine jüdische Kultur aus, die auf ganz Europa gewirkt hatte. Nur etwa 2500 der 70 000 Minsker Juden kehrten nach dem Krieg in die Stadt zurück. Die Einwohnerzahl von Minsk sank von 240 000 auf 50 000. In den folgenden Jahren begann die Stadt wieder zu wachsen, Weißrussen, Russen, Juden aus dem ganzen Land zogen in die Hauptstadt. Jüdische Überlebende hofften auf einen Neubeginn. Stattdessen begannen die Staatsorgane mit einer umfassenden Überwachung ihrer religiösen Aktivitäten. Ende der vierziger Jahre existierten in Weißrussland nur noch zwei zugelassene Synagogen, eine davon in Minsk. An hohen Feiertagen strömten so viele Menschen in das Gebäude, dass es wegen Überfüllung geschlossen werden musste. Die antijüdische Politik der spätstalinistischen Zeit verschärfte sich mit der Gründung des Staates Israel. Die Wut darüber, dass sich der jüdische Staat dem Westen zuwandte, ließ das Regime an den jüdischen Bürgern aus. Die Namen derer, die sich in der Öffentlichkeit positiv über Israel äußerten, erschienen auf «schwarzen Listen». Medien diffamierten sie als «bourgeoise Nationalisten». Im Januar 1948 kam der prominente jüdische Theaterregisseur und Vorsitzende des Jüdischen Antifaschistischen Komitees, Solomon Michoels, bei einem fingierten Autounfall in Minsk ums Leben. Seine Ermordung war der Auftakt des Terrors. Führende jüdische Intellektuelle kamen ins Gefängnis, jüdische Parteimitglieder schloss man aus. Eine aggressive Pressekampagne gegen «wurzellose Kosmopoliten, jüdische Imperialisten und Zionisten» vergiftete die Atmosphäre noch mehr. Nach Stalins

Tod hörte der große Terror zwar auf, aber auch Chruschtschow
verfolgte eine antijüdische Politik. Der Antisemitismus wurde unter
der Maske des Antizionismus sogar staatlich gefördert. Davon zeugen
antijüdische Quoten an sowjetischen Hochschulen und für Beamte
in Regierungsstellen, Verhaftungen wegen angeblicher Gründung
«zionistischer Zellen» oder die staatliche Hetze gegen die «barbari-
sche» Beschneidung. 1959 lebten in Weißrussland etwa 150 000 Juden,
das entsprach zwei Prozent der Gesamtbevölkerung. Die meisten von
ihnen zogen sich ins Privatleben zurück und passten sich nach außen
hin ihrer Umgebung an. In der «Großen Sowjetischen Enzyklopädie»
aus dem Jahr 1954 stand im Minsk-Kapitel kein Wort über die jüdische Vergangenheit der Stadt. Das hat Nachwirkungen bis heute:
«Als ich geboren wurde, gab es keine Juden mehr in Weißrussland»,
schreibt Valentin Akudowitsch, einer der einflussreichsten opposi-
tionellen Denker Weißrusslands, im Nachwort zu seinem Essayband
«Der Abwesenheitscode. Versuch, Weißrussland zu verstehen». Der
1955 geborene Autor beleuchtete verschiedene Aspekte der weißrussischen Geschichte, erwähnte aber die Juden mit keinem einzigen Wort.

Der Neubeginn

Grigorij Levin stürmt herein und entschuldigt sich für die Verspätung. Der 66-Jährige, früher ein Berufssoldat, leitet «Hessed Racha-
mim». Seit 20 Jahren betreut die Organisation Minsker Notleidende,
mittlerweile ungefähr 5000 Menschen. Waren es zu Beginn hauptsächlich Juden, sind vierzig Prozent der heutigen Hilfeempfänger
christliche Ehepartner jüdischer Überlebender sowie Weißrussen, die
im Krieg Juden gerettet haben. Trotz gesetzlich garantierter Rente
leben viele in materieller Not. «Gnade und Barmherzigkeit», wie die
Wohltätigkeitsorganisation übersetzt heißt, beschäftigt fast 400 Freiwillige. Sie besuchen Alleinstehende in ihren Plattenbauwohnungen,
bringen ihnen warmes Essen und Medikamente. In «Hessed Racha-
mim» kann man psychologische Hilfe bekommen und aus einer Fülle
von Kursen wählen, deren Hauptziel es ist, alte Menschen aus ihrer
Einsamkeit herauszuholen und vielleicht sogar neue Lebensfreude zu

wecken. Besonders beliebt sind die Hebräisch-Kurse. Viele alte Menschen haben Enkelkinder in Israel, die kein Russisch mehr sprechen. Sie lernen, wie sie mit ihren Familienangehörigen mailen oder skypen können. Zum besseren Verständnis der modernen Kommunikationstechnik hängen an den Wänden im Computerraum auseinandergenommene Festplatten, Bildschirme und PC-Tastaturen. Die Migrationswelle der weißrussischen Juden begann 1989, zwei Jahre vor dem Zerfall der Sowjetunion, und erreichte ihren Höhepunkt Ende der neunziger Jahre. Mehr als 100 000 Menschen verließen damals das Land. Sie wanderten hauptsächlich nach Israel aus, aber auch in die USA und nach Deutschland. Mittlerweile gibt es schon die ersten Rückkehrer. Sie erzählen enttäuscht, dass sie sich in ihrer neuen Heimat nicht akzeptiert fühlten. «Hier warf man uns vor, dass wir Juden sind. Dort waren wir die Russen, also wieder Menschen zweiter Klasse», sagt einer. Warum ging Grigorij nicht nach Israel? «Mir wäre es dort zu heiß», lacht der 66-Jährige, wird dann aber ernst: «Natürlich war ich neugierig, fuhr hin und kam wieder zurück. In Moskau leben meine beiden Söhne und meine Enkelkinder, was soll ich also in Israel.» Außerdem hat er hier eine wichtige Aufgabe, die ihn erfüllt. Finanzielle Unterstützung kommt vom amerikanischen Joint, von jüdischen Gemeinden einiger amerikanischer Städte, aus Israel, aus der Schweiz und Deutschland. «Ohne diese Spenden könnten wir nicht überleben», sagt er. Vom weißrussischen Staat gibt's nichts.

Seine Vorgängerin Sofija Abramowa kommt herein. Die 67 Jahre alte Frau erzählt uns, wie es zur Gründung des ersten «Hessed-Rachamim» Weißrusslands kam. An einem kalten Frühlingsabend 1989 hörte sie einen Vortrag über jüdische Kultur. Jemand aus dem Publikum schlug vor, man könne doch alleinstehende Juden in einem nahen Altenheim besuchen und ihnen zum Purim-Fest gratulieren. Drei Frauen meldeten sich, sie war eine von ihnen. Religiös war Sofija zwar nie, ganz im Gegenteil: «Ich bin eine hundertprozentige, eine absolute Atheistin», lacht sie heiter. Ihre jüdische Herkunft verleugnete sie aber nicht. 1951, da war sie gerade 14, zogen ihre Eltern mit ihr und ihrem Bruder aus Russland nach Weißrussland um, in das Heimatdorf von Sofijas Vaters, früher einmal ein typisches Schtetl.

Jeden Freitagabend trafen sich im Haus von Sofijas Großonkel heimlich Gläubige zum Gebet. Auch ihre Eltern waren dabei. Auf dem Land waren solche religiöse Untergrundzellen keine Seltenheit. Manche lokalen Behörden tolerierten sie, andere ließen die Zusammenkünfte von der Polizei auflösen. Als Mikwe nutzten praktizierende Juden kleine Holzbäder mit Regenwasser, im Sommer Flüsse und Seen. Sofijas Großmutter schaffte es sogar, sich bis zu ihrem Tod im Jahre 1965 koscher zu ernähren. Ihre Lebensmittel kaufte sie bei einem fliegenden Händler. Wer aus einer solchen Familie stammt, lernt schon in der Kindheit, mit Gefahren umzugehen. Nach dem ersten Besuch im Minsker Altenheim für Kriegsinvaliden verbrachte Sofija dort jeden freien Sonntag – und schrieb heimlich Namenslisten. Es war schwierig, in einer Großstadt wie Minsk nach so vielen Jahren jüdische Überlebende zu finden, die sich assimiliert hatten oder vor den Nachbarn ihre Herkunft verborgen hielten. Ein Umstand erleichterte ihre Suche erheblich: Bei allen sowjetischen Bürgern wurde die Nationalität in die Ausweispapiere eingetragen. So konnten die Bürokraten des Sowjetregimes die Kontrolle behalten. Jugendliche, deren beide Eltern jüdisch waren, hat man automatisch als Juden registriert. Sie konnten ihre Nationalität nur sehr schwer ändern. Anders war es bei Kindern aus gemischten Ehen. In Weißrussland hatten 1988 40 Prozent aller Juden nichtjüdische Ehepartner. Mit 16 Jahren mussten sich ihre Kinder für eine Nationalität entscheiden. Die überwiegende Mehrheit wählte – aus verständlichen Gründen – die nichtjüdische Nationalität. Mit ihrer Namensliste in der Tasche ging Sofija von Tür zur Tür, klingelte und gewann mit ihrer offenen Art schnell das Vertrauen der Menschen. Als die Liste immer länger wurde, gründete sie mit einigen Mitstreitern 1994 die erste Wohlfahrtsorganisation für jüdische Überlebende in Weißrussland. Mittlerweile existieren «Hesseds» in 15 weiteren Städten. «Wir sind zwar eine weltliche Organisation, möchten aber, dass sich alte Menschen an unsere gemeinsame jüdische Tradition, Religion und Bräuche erinnern», sagt Grigorij Levin, der vor ein paar Jahren die Leitung übernahm. Deshalb feiern sie hier gemeinsam die jüdischen Feiertage und jeden Freitag den Shabbat, der entgegen der religiösen Vorschrift schon am

Nachmittag beginnt. Aber schließlich wollen die etwa 50 Senioren noch vor Einbruch der Dunkelheit wieder zu Hause sein. Die wenigen wirklich Religiösen gehen zuvor noch in die Synagoge, die gleich nebenan von Chabad Lubawitsch 2008 eröffnet worden ist. «Auch mich haben sie mehrmals eingeladen», sagt Grigorij Levin etwas verlegen. Da er aber nicht religiös ist, lehnte er ab. Neben der Chabad gibt es in Weißrussland heute noch die Orthodoxe Union und die Union des progressiven Judentums. Im zweiten Stock des Gebäudes hat auch eine der jüdischen Kinder- und Jugendorganisationen ihren Sitz. Kann man aber deshalb schon von einer Renaissance des Judentums in Weißrussland sprechen, wie oft zu lesen ist? Das jüdische Leben ist zwar nicht erloschen, aber doch äußerst bescheiden. Den Gemeinden fehlen junge Menschen, die ihnen eine neue Dynamik geben könnten. An Jom Kippur ist die Lubawitscher Synagoge zwar voll und unter den Besuchern finden sich viele junge Gesichter. Werden sie aber in diesem Land bleiben? Sofija Abramowa stimmt noch etwas anderes pessimistisch. Anders als etwa in Deutschland haben, wie sie sagt, die Juden in Weißrussland kein politisches Gewicht: «In unseren Statuten steht, dass wir uns mit Politik nicht beschäftigen.» Grigorij Levin will die düstere Stimmung seiner Vorgängerin etwas aufhellen. «Wir feiern wieder unsere Feiertage, halten die Tradition ein. Das war früher nicht möglich. Ich glaube, wir können schon von einer Renaissance sprechen.» Sofija zieht nur die Augenbrauen hoch. «Die Kultur kann man pflegen und verbreiten», sagt sie. Aber alle liberalen Einrichtungen des progressiven Judentums, die in den vergangenen 25 Jahren hier entstanden sind, seien doch nur Interessenklubs. «Menschen kommen zu uns, lernen Hebräisch, hören Vorträge über jüdische Kultur und feiern Shabbat. Wir bieten ihnen verschiedene Programme an, das alles kann aber nicht darüber hinwegtäuschen, dass wir trotzdem nur ein Klub sind.» Könnte vielleicht eine Rückkehr zur Orthodoxie den Untergang des jüdischen Lebens in Weißrussland aufhalten? «Vielleicht», sagt Sofija nachdenklich. «Wenn wir über den Glauben sprechen, dann kann es nur die Orthodoxie sein. Ich glaube nicht, dass der progressive Judaismus so viele Jahrhunderte überdauert hätte wie sie.» Für jemanden, der sich selbst als

Atheist bezeichnet, ist das ein überraschendes Bekenntnis. Aber sie und ihre Generation arbeiten doch mit Erfolg am Aufschwung? Sofija Abramova lächelt. Ihre Generation sei für die jüdische Gemeinde schon verloren, sagt sie, und ihre Kinder seien es auch. «Wir versäumten es, sie jüdisch zu erziehen. Das bedaure ich sehr.»

In der Suppenküche, dem Treffpunkt jüdischer Bedürftiger

Am nächsten Tag wartet auf uns vor Naums Haus Tatjana, eine fröhliche Person mit dunkelblondem Haar und Grübchen im Gesicht. Sie fährt uns in die Suppenküche, in der sie von Montag bis Freitag von elf Uhr an warmes Essen an etwa 100 betagte Besucher verteilt. Die meisten von ihnen sind Juden. Die Biografie der 60-Jährigen ähnelt vielen sowjetisch-jüdischen Schicksalen. Tatjana wuchs in einem säkularen Elternhaus im weißrussischen Grodno auf, ihr geschiedener Mann war russisch-orthodox. Einen Juden zu heiraten, traute sie sich damals nicht, erzählt sie lachend, dafür heißen ihre Enkelkinder jetzt Esther, David und Samuel. Während der Sowjetzeit arbeitete Tatjana in einer Staatsfabrik, kontrollierte täglich die Erfüllung der Norm. «Ich hasste es. Von acht Uhr morgens bis fünf Uhr abends saß ich nur da und rechnete, rechnete und rechnete.» Als Anfang der neunziger Jahre ihre Fabrik schließen musste, war sie fast froh. Um über die Runden zu kommen und das Studium der Tochter in Minsk zu finanzieren, fuhr Tatjana regelmäßig ins benachbarte Polen und verkaufte dort auf Märkten. Sie hätte wie ihr Bruder nach Israel auswandern können. «Mein Platz ist aber hier, bei meiner Familie», sagt sie und meint damit auch Naum, der schweigend neben ihr sitzt. Vor etwa 20 Jahren hat Tatjana den Glauben für sich entdeckt. Es kam, wie sie sagt, durch ihren Schwiegersohn, einen protestantischen Pfarrer, und die intensiven Gespräche mit ihm. «Das veränderte mich.» Seitdem trifft sich in Tatjanas Wohnung jeden Freitag eine Gruppe von zehn jüdischen Männern zum Gebet. Auch Naum. Als wir ihn fragend angucken, lächelt der 90-Jährige etwas verlegen wie ein ertapptes Schulkind. An hohen Feiertagen geht Tatjana aber doch lieber in die

Synagoge, und einmal pro Woche in die protestantische Kirche. Im Rückspiegel sieht Tatjana unsere überraschten Gesichter: Kirche und Shabbat? Das sei für sie kein Widerspruch, sagt sie ernst, denn sie glaube an den «allmächtigen Gott Israels», der für alle da sei, nicht nur für die Juden.

Wir fahren durch das Stadtzentrum. Auf dem Unabhängigkeits- prospekt flanieren Menschen, kaufen ein oder genießen das schöne Wetter auf den Terrassen eines der wenigen Straßencafés. Auch in Minsk gibt es Reiche, aber niemand protzt schamlos mit seinem Geld und teuren schwarzen Landrovern, wie wir das noch in Kiew beob- achten werden. «Das ist Weißrussen grundsätzlich fremd. Sie sind schon von ihrer Mentalität her viel zurückhaltender und toleranter als ihre ukrainischen oder russischen Nachbarn», erklärte uns der slowa- kische Botschafter Miroslav Mojžita, mit dem wir in einem Restau- rant in der Karl-Marx-Straße verabredet waren. Diese Toleranz prägt auch das Verhältnis zu Minderheiten. «Ich kann hier bedenkenlos eine Kette mit dem Davidstern tragen», sagte Sofija Abramowa, als wir sie gestern nach Antisemitismus fragten. Das hat historische Gründe. Über Jahrhunderte hinweg lebten auf engem Raum mehrere Nationen und Religionen zusammen, Weißrussen, Juden, Polen, Rus- sen, Ukrainer, Deutsche, Tataren. In der Zwischenkriegszeit bildeten Juden die größte Gruppe nach der weißrussischen. Das weißrussische Nationalbewusstsein blieb schwach ausgeprägt, unzählige Kriege und die Zugehörigkeit zu verschiedenen Imperien behinderten die Her- ausbildung eines starken nationalistischen Denkens. Auch nach dem Zerfall der Sowjetunion konnte sich keine starke Nationalbewegung wie in der Ukraine etablieren. Schon im zweiten Jahr der Unabhän- gigkeit sprachen sich die meisten Weißrussen in einem Referendum für Russisch als zweite Staatssprache aus, auch für die Einführung von Staatssymbolen, die stark an die Sowjetzeit erinnern. «Wir müssen uns daher klarmachen, dass Weißrussland auch in Zukunft niemals ausschließlich weißrussisch sein wird, aber auch niemals nur russisch oder nur polnisch, niemals nur orthodox oder nur katholisch oder protestantisch, niemals nur prowestlich, aber auch niemals proöstlich oder sonst irgendetwas», stellt der Philosoph Valentin Akudowitsch

ernüchtert fest. Er wollte mit einer Gruppe national gesinnter Intellektueller Ende der achtziger und Anfang der neunziger Jahre die
nationale Wiedergeburt Weißrusslands herbeiführen.

In der Krasnaja Straße steigen wir aus und gehen über den Hinter-
eingang, vorbei an aufeinandergestapelten vollen Blechkanistern, in
die Kantine. Seit zehn Jahren arbeitet Tatjana schon in der karitativen
Einrichtung, die von Schweizer Protestanten finanziert wird. Die
alten Frauen und Männer kommen nicht nur wegen des Essens. Sie
brauchen jemanden zum Reden, Tatjana hilft ihnen beim Schreiben
von Behördenbriefen und verteilt Medikamente, die von Sponsoren
kommen. «Das jüdische Volk hat lange genug gelitten», sagt sie etwas
pathetisch und verschwindet in der Küche. Am Tisch in der hinteren
Ecke des Saals unterhalten sich fünf alte Frauen. Naum und wir setzen uns zu ihnen. «Tatjana ist unser Engel», sagt eine und stellt sich
als Palina Dorfman vor. Den Krieg überlebte die 1933 in Minsk geborene Frau in Kasachstan, ihr Vater starb an der Front. Nach der Befreiung studierte Palina Jura und arbeitete bis zu ihrer Pensionierung
als Abteilungsleiterin am Nationalgericht. Nach dem Ende der Sowjetunion kamen auf sie schwere Zeiten zu, die Rente reichte nicht
mehr aus, um die steigenden Preise für Strom, Lebensmittel und Medikamente zu bezahlen. Zum Glück fand Palina eine Stelle als Kassie-
rerin im Kino Moskwa, in dem sie sich auch Filme ansehen konnte,
die früher verboten waren. «Wenn die Kraniche ziehen» sei ihr Lieb-
lingsfilm gewesen, erzählt sie. In dem 1957 gedrehten Klassiker geht es
um ein Liebespaar, das während des Krieges auseinandergerissen wird
und nie mehr zusammenkommt. Auch Palina blieb nach 1944 allein,
heiratete später einen Juden, heute ist sie Witwe. «Ich fühle mich
schwach, meine Beine schmerzen. Das kommt von Tschernobyl»,
klagt sie. Die 82-Jährige leidet an einer Schilddrüsenerkrankung, einer
der häufigsten Spätfolgen der Reaktorkatastrophe; außerdem hat sie
Diabetes. Ihre Augen füllen sich mit Tränen. Die teuren Medikamente kann sie sich nicht leisten, aber hier bekommt sie das dringend
benötigte Insulin. Auch Bella Benjaminowna aus Gomel im Süden
Weißrusslands hat Probleme mit der Schilddrüse. Der verheerende
Austritt radioaktiver Substanzen aus dem grenznahen ukrainischen

Atomkraftwerk am 26. April 1986 traf die Gebiete um Gomel und Mogiljow am stärksten. Für das kleine Weißrussland, das selbst kein einziges Atomkraftwerk hat, war Tschernobyl die größte Katastrophe seit dem Zweiten Weltkrieg. Das Land bekam 70 Prozent der radioaktiven Niederschläge ab. Ein Fünftel des weißrussischen Gebiets wurde kontaminiert, die Zahl der Krebserkrankungen stieg um das 74-fache der Zahl vor dem Unglück. «Alles schien wie gewohnt – die Farben, die Formen, die Gerüche – und alles konnte töten», beschrieb die weißrussische Schriftstellerin Swetlana Alexijewitsch im Vorwort ihres Buches «Tschernobyl» die unsichtbare Gefahr. Während wir uns mit den Frauen unterhalten, verteilt Natascha mit breitem Lächeln Teller mit dampfender Hühnersuppe, später gibt es Frikadellen mit Kartoffelbrei und ein Stück Kuchen. Nach dem Mittagessen bleiben die Frauen noch sitzen, unterhalten sich mit Tatjana und Naum. Nina, die bislang nicht viel sagte, wendet sich plötzlich zu uns und erzählt, dass sie schon seit einem Jahr auf die Entschädigungszahlung aus Deutschland warte. Man hat sie allen versprochen, die zu Beginn des deutsch-sowjetischen Krieges evakuiert werden mussten. «Wahrscheinlich will man uns nichts geben», sagt sie resigniert.

Mehr als eine Million sowjetischer Juden konnten 1941 bis 1942 vor der anrückenden Wehrmacht ins Landesinnere evakuiert werden oder selbst dorthin fliehen. Viele Einheimische mochten die Flüchtlinge, die ein schweres Leben voller Entbehrungen hatten, nicht. Antisemitismus war vor allem in der Landbevölkerung verbreitet. Nach dem Krieg mussten sich die Rückkehrer wiederum verletzende Bemerkungen anhören, nicht selten auch von Juden, die Ghettos oder Lager überlebt hatten. «Haben Sie in Taschkent gekämpft?» Diese spöttische Frage drückte Verachtung für jene aus, die wie Garri Rosenbaum den Krieg weit weg von den Kampfhandlungen überlebten. Der alte Mann mit den gütigen Augen kann wegen eines Rückenleidens nicht mehr aufrecht gehen. Tatjana bringt ihm sein Mittagessen deshalb in die Wohnung. Garri ging noch in den Kindergarten, als die Wehrmacht Minsk einnahm. Bis heute sieht er sich noch, wie er mit seinen vier Jahren in einen großen Lastwagen klettert und zusammen mit anderen Kindern durch die Stadt fährt, während um sie herum die

Bomben einschlagen. Ein Mann in Uniform, an sein Gesicht kann er sich nicht mehr erinnern, drückt ihn fest an sich. Erst nach dem Krieg erfuhr Garri, dass es sein später an der Front gefallener Vater war. Die 40-köpfige Kindergruppe konnte dank ihrer mutigen Kindergärtnerin das Kriegsende im Uralgebiet abwarten. Auch nach der Befreiung hatte Garri kein leichtes Leben. Während die nichtjüdischen Kinder aus seiner Gruppe schon bald nach ihrer Rückkehr nach Hause gehen konnten, wuchs er in Waisenhäusern auf, litt an Hunger und an der alles überschattenden Frage, wer er eigentlich ist. «Ich würde für ein einziges Foto von meiner Mutter alles geben», sagt er traurig. Als Vollwaise, dazu mit guten Schulnoten, durfte er sich eine Universität seiner Wahl aussuchen, obwohl es für Juden sonst Quoten gab. «Das war der einzige Vorteil, den ich hatte», lächelt er. Über seinen Vater weiß Garri nur, dass er vor dem Krieg Geschäftsführer eines Sportartikelladens namens Dynamo war. So oft hatte Garri schon in der Synagoge alte Menschen gefragt, ob jemand ihn vielleicht gekannt hatte. Nur deshalb ging er hin. «Fragte ich dich schon mal?» Naum sagt nur: «Ich kaufte dort ein, zwei Mal ein, an deinen Vater erinnere ich mich aber nicht.» Für einen Moment strahlt Garri, weil er jemanden gefunden hat, der sich zumindest an das Geschäft seines Vaters erinnert.

«Sprechen Sie überhaupt Weißrussisch?»

Auf dem Rückweg steigen wir in der Metrostation Frunzenskaja aus und stehen mitten in einer typisch Minsker Wohngegend. Nur wenige Tage nach der deutschen Invasion entstand auf diesem Territorium eines der größten Ghettos im besetzten Teil der Sowjetunion. Auf einem zwei Quadratkilometer großen Gelände, auf dem schon vor dem Einmarsch der Deutschen viele Juden wohnten, pferchten die Besatzer rund 70000 Menschen zusammen. Quer durch das Ghetto verlief die Respublikanskaja Straße und teilte das Gebiet in zwei Bezirke. Auf beiden Straßenseiten stand jeweils ein Tor, von einheimischen Hilfspolizisten bewacht. Naum wählt präzise jedes Wort, erzählt und erzählt, einige vorbeigehende Passanten verlangsamen neugierig den Schritt und hören zu, aber er sieht sie nicht. Wir nähern uns dem

Jama-Denkmal für die Ghettoopfer. Die kreisförmige «Jama» – Russisch für Grube – liegt mitten in einem Plattenbaugebiet. Die Stufen führen hinab zu einem kleinen Obelisk. Bereits einige Monate nach Kriegsende bat eine Gruppe von Minsker Juden die Stadtverwaltung um Genehmigung, an der Stelle eines der Massengräber ein Denkmal errichten zu dürfen. Ihre Initiative scheiterte, also stellten sie hier heimlich einen kleinen Obelisken aus schwarzem Granit auf, den sie auf dem zerstörten jüdischen Friedhof fanden. Die «Jama» war eines der ersten Denkmäler in der Sowjetunion, das eine Inschrift auch in jiddischer Sprache trug, und nicht von sowjetischen Bürgern, sondern explizit von Juden sprach. «Zum ewigen Andenken an 5000 Juden, ermordet durch Todfeinde der Menschheit, die deutsch-faschistischen Übeltäter», stand dort eingraviert. Die Inschrift verfasste der jüdische Poet und frühere Rotarmist Chaim Maltinskij. Im November 1946 fand hier die erste Gedenkfeier statt. Jüdische Überlebende aus allen Teilen Weißrusslands reisten an, manche auch aus dem Ausland. Das Kaddisch für die Toten sprach der damalige Rabbiner der Minsker Synagoge, Jakov Berger. Fünf Jahre später beschuldigten die Behörden die Initiatoren des Jama-Denkmals des «jüdischen bourgeoisen Nationalismus» und ließen einige verhaften. Chaim Maltinskij kam für zehn Jahre ins nordrussische Arbeitslager Worchuta, über das man sagte, dass der Winter dort 13 Monate dauere. Unmittelbar nach dem Krieg sollten alle zivilen Opfer des Krieges möglichst rasch vergessen werden. Der Wiederaufbau stand bevor, der Kalte Krieg begann. Die Erinnerung an die Millionen Toten stand der moralischen Aufrüstung für die Gegenwart im Weg. Die offizielle Geschichtsschreibung besang stattdessen den Sieg im Großen Vaterländischen Krieg und seine Helden, Soldaten der Roten Armee und Partisanen. Seit Anfang der siebziger Jahre trafen sich an der «Jama» jährlich am 9. Mai jüdische Überlebende, um im Schatten der offiziellen Siegesparaden ihrer Toten zu gedenken. Auch Naum und Leonid waren stets dabei. Während ein Redner das Kaddisch sprach, dröhnte auf der Straße aus den Lautsprechern dort geparkter Lastwagen laute Musik. Seit 2000 steigen in die Grube 27 Bronzefiguren hinab, ein beeindruckendes Werk des jüdischen Architekten Leonid Levin. Naum

«Jama»-Denkmal in Minsk, 2014

beugt sich hinab und hebt einen Kranz hoch, der vor dem Obelisken liegt.

Wir spazieren hinauf zur Suchaja Straße, wo die letzten Holzhäuser aus dem Minsker Ghetto stehen. Eine Gruppe Jugendlicher geht lachend und scherzend an uns vorbei, der Park hinter den Holzhäusern ist ein beliebter Freizeitort. Vor einigen Jahren enthüllten Vertreter einiger deutscher Städte, aus denen Juden nach Minsk deportiert worden waren, am Rande des Parks Obelisken. Den jüdischen Friedhof, der sich dort befunden hatte, ließ die Minsker Stadtverwaltung schon kurz nach dem militärischen Triumph Israels im Sechs-Tage-Krieg 1967 zerstören. «We are still free», sprühte jemand an das Eisentor eines der Holzhäuser. Durch eine Lücke im Zaun erblicken wir einen überwucherten Innenhof. Das einstöckige Haus ist verwittert, die Tür fehlt, an einem Haken hängt ein verrosteter Blecheimer. Plötzlich geht das Gartentor auf, und ein halbnackter Mann in Unterhose fragt uns mit gereizter Stimme, was wir hier wollten. Wir erklären, dass Naum, ein Überlebender des Ghettos, in einem Haus wie diesem lebte. Der Mann ändert sofort seinen Tonfall und behauptet, ein Touristenführer zu sein. Dann trägt er mit Inbrunst einen auswendig gelernten Text vor: «Hier lebten einst friedliche sowjetische Menschen, die an die helle Zukunft glaubten, bis der schreckliche Krieg kam.» Naum zieht uns beschämt weg. Der Mann merkt, dass aus seinem erhofften Geschäft nichts wird und ärgert sich. «Sprechen Sie überhaupt Weißrussisch?», fragt er Naum, der wie alle Juden seiner Generation Russisch spricht. Unser Begleiter bleibt höflich und antwortet auf Weißrussisch. Der Mann bleibt unschlüssig stehen, dann geht er ohne ein weiteres Wort durch das Tor zurück.

«Jetzt können Sie nach Israel oder nach Amerika gehen»

Leonid Rubinstein wohnt in einer Siedlung aus den fünfziger Jahren; die Häuser, fünf, sechs Stockwerke hoch, nennt man deshalb «Chruschtschowki». Der Tisch im Wohnzimmer ist schon gedeckt, aus der Küche bringt er Wurst, Speck, Brot und eine Flasche Wodka. Dem Wodka war Leonid nie abgeneigt, nach dem Herzinfarkt vor ein paar Wochen und der zurückkehrenden Krebserkrankung verbaten ihm die Ärzte jeden Alkohol. «Einen kleinen darf ich noch», schmunzelt er. Ende der achtziger Jahre suchte Leonid das KGB-Gebäude in der Innenstadt auf. Er wollte endlich eine Bestätigung seiner KZ-Haft und Ghettozeit. Aus einer Zeitung wusste er, dass die Organisation der ehemaligen Häftlinge des Ghettos und der Konzentrationslager gegründet worden war. Er wollte ihr beitreten, dazu brauchte er aber ein Dokument, dass er ein Häftling gewesen war. Der junge KGB-Offizier hörte sich seine Geschichte aufmerksam an, verließ dann das Büro und übergab ihm kurze Zeit später ein vergilbtes Dokument. Es war die Bestätigung der Amerikaner, dass er, Leonid Rubinstein, das Minsker Ghetto und mehrere Konzentrationslager überlebt und in Dachau befreit worden war. Das Schriftstück, das ihm einst in Linz die Smersch weggenommen hatte, sprach ihn endgültig frei vom Vorwurf der Kollaboration. Es lag fünfzig Jahre lang in einer Akte, die der

KGB über ihn geführt hatte. «Mit diesem Dokument können Sie jetzt nach Israel oder nach Amerika gehen und dort viel Geld verdienen», sagte der KGB-Mann mit einer Spur Wärme in der Stimme. Der alte Mann war ihm irgendwie sympathisch. Leonid lächelte und steckte das Dokument in seine Aktentasche: «Hier bin ich geboren, an diesem Ort starben meine Eltern, mein Bruder und mein älterer Sohn. Hier arbeitete ich nach dem Krieg am Wiederaufbau mit. Das ist meine Stadt. Ich werde nirgendwohin gehen», sagte er dem verdutzten Mann.

Zum Abschied trinken wir noch einen Wodka auf seine Gesundheit. «Ich überstehe den Krebs», sagt er, «macht Euch keine Sorgen.» Eineinhalb Jahre später starb er.

Ein Besuch in Nowogrudok

Wadim Akopjan hat einen festen Händedruck und eine unmissverständliche Art, Fremde auf Abstand zu halten: «Ich bin ein schweigsamer Mensch, aber wenn Sie Fragen haben …» Wortlos steigen wir in sein Auto ein und lassen nach etwa zwanzig Minuten Minsk hinter uns. Der Weg führt nach Südwesten, quer durch flaches Land mit Wiesen und Feldern, vorbei an Dörfern mit bunten Holzhäusern, die an vergangene Zeiten erinnern und an das schwere Bauernleben, das Menschen in dieser Gegend immer schon hatten. Am Straßenrand grasen im Frühnebel Ziegen und Schafe, wir sehen die Umrisse einer leerstehenden Fabrik, Soldatenfriedhöfe mit Sowjetsternen und Plattenbausiedlungen, die nicht mehr so gepflegt aussehen wie in der Hauptstadt. Dann rücken die Birken enger zueinander, und wir tauchen in die Dunkelheit der Wälder ein. «Hier überall wurden Juden ermordet», unterbricht Wadim Akopjan die Stille. Der Satz, schwer wie Blei, hängt in der Luft. Seit ein paar Jahren erinnern an die einstigen jüdischen Bewohner der Dörfer entlang der Straße Denkmäler mit Davidsternen, finanziert von den Nachfahren der Opfer, die im Ausland leben. Gleich nach dem Einmarsch der deutschen Wehrmacht im Sommer 1941 begannen die Massenerschießungen, bis Ende des Jahres waren die meisten Regionen Weißrusslands riesige Friedhöfe. Nach dem ersten Schock beschlossen viele Juden, nicht widerstandslos auf ihren Tod zu warten. Zwischen 1941 und 1944 flüchteten 30 000 bis 50 000 jüdische Männer und Frauen aus den Ghettos und den Arbeitslagern in die Wälder, die meisten von ihnen schlossen sich Partisanen an. Dichte Wälder und Sümpfe boten den Gejagten Unterschlupf. Mitte 1943 standen fast 60 Prozent des weißrussischen Territoriums unter der Kontrolle der Partisanen, im Gegenzug verstärkten deutsche Besatzer den Terror gegen die Zivilbevölkerung. 5295 weißrussische Dörfer legten sie in Schutt und Asche, weil ihre Bewohner unter dem Verdacht standen, Partisanen zu unterstützen.

Ein Straßenschild weist darauf hin, dass wir uns der Stadt Woloschin nähern. Die hiesige Jeshiva zog seit ihrer Gründung im Jahre 1803 Knaben und junge Männer aus allen Landesteilen an. Manche von ihnen wurden später zu führenden Vertretern der litauisch-jüdischen geistigen Elite. Das Bauwerk ist in einem schlechten Zustand. Die kleine jüdische Gemeinde kann sich die Rekonstruktion nicht leisten, das Geld aus dem Ausland reichte gerade einmal für die Erneuerung des Daches und eines Teils der Fassade. Die berühmte Jeshiva ist nur ein Beispiel für den Umgang mit dem jüdischen Erbe im Osten Europas. In Weißrussland gibt es mehr als 200 verwahrloste jüdische Friedhöfe, pro Jahr können höchstens einer oder zwei saniert werden. «Am Geld mangelt es bei anderen Objekten auch, nicht nur bei jüdischen», sagt Wadim Akopjan etwas verärgert, als wir ihn fragen, warum der Staat den jüdischen Gemeinden nicht mehr Geld gibt. Für die Nöte seiner Regierung hat der wortkarge Intellektuelle Verständnis. Auch das kleine Museum für Geschichte und Kultur der weißrussischen Juden in Minsk, dessen Direktor er ist, finanziert sich hauptsächlich aus Spenden. Es sei nicht alles falsch, was Lukaschenko mache, und wer Demokratiedefizite in seinem Land kritisiere, solle doch schauen, wie es um die Demokratie in manchen EU-Ländern bestellt sei. Lukaschenko würde Aufmärsche von Veteranen der Waffen-SS, wie er sie vor ein paar Jahren in Riga erlebte, nicht dulden, auch antisemitische Übergriffe, die Juden in Frankreich oder in Belgien erleiden, könne er sich hierzulande nicht vorstellen. Auf die Frage nach der Zukunft jüdischen Lebens in Weißrussland gibt

Wadim Akopjan eine knappe Antwort: «Die gibt es nicht.» Gut ausgebildete junge Weißrussen, jüdische und nichtjüdische, werden das Land verlassen. «Nur in Israel haben Juden eine Perspektive, in Europa, ausgenommen Deutschland, nicht.» Für ihn selbst endete der Traum von einem Leben in Israel enttäuschend. Der Familienvater konnte trotz seines Hochschulabschlusses nur schlecht bezahlte Hilfsarbeiten finden und kehrte desillusioniert zurück.

Nach eineinhalb Stunden erreichen wir Nowogrudok. Die 30 000 Einwohner zählende Stadt wirkt beschaulich. Die Straßen sind eng und verwinkelt, im Zentrum liegt ein mittelalterlicher Platz mit Kirchen und Klöstern. Außer der Ruine eines alten Schlosses, das sich auf einem Hügel oberhalb der Stadt erhebt, deutet heute nichts mehr auf die einstige Bedeutung Nowogrudoks hin. Dabei soll hier die Wiege der weißrussischen Identität sein. Die ersten schriftlichen Erwähnungen von Nowogrudok sind mit dem Namen Jaroslaws des Weisen verknüpft. 1044 ließ der kämpferische Kiewer Großfürst hier eine mächtige Festung bauen, die sein Staatsgebilde vor Raubzügen des westbaltischen Stammes der Jatwinger schützen sollte. Im 13. Jahrhundert war Nowogrudok für einige Jahrzehnte die Hauptstadt des Großfürstentums Litauen, auf dessen Territorium Weißrussland lag. Literaturfreunde zieht es aus einem anderen Grund in die Stadt: 1798 kam in einem nahegelegenen Dorf der polnische Nationaldichter Adam Mickiewicz zur Welt. In Nowogrudok verbrachte der junge Poet seine Kindheit, hier erlebte er als Vierzehnjähriger, wie Napoleons Soldaten auf ihrem Moskaufeldzug durch die Stadt zogen und nur wenige Monate später besiegt und stark dezimiert auf dem gleichen Weg zurückkehrten. Zu dieser Zeit gehörte Nowogrudok schon zum Russischen Reich, es gab hier Synagogen, Moscheen und Kirchen. Die Mehrheit der Bevölkerung sprach Jiddisch, der polnische Landadel, zu dem auch Mickiewiczs Familie gehörte, regierte. In der Zwischenkriegszeit fiel die Stadt wie der gesamte Westen Weißrusslands an Polen. Nach mehreren Auswanderungswellen stellten die Juden nicht mehr zwei Drittel der Stadtbevölkerung wie früher, aber immer noch die Hälfte. Jüdische Handwerker und Geschäftsleute bekamen im neuen Staat den wachsenden Antisemitismus der privilegierten polnischen Minderheit deutlich zu spüren. Doch anders als in der Weißrussischen Sowjetrepublik genossen Juden in Ostpolen religiöse und kulturelle Freiheit. In Nowogrudok pulsierte das jüdische Leben mit einer Vielzahl jüdischer Institutionen und Synagogen, hebräischer Schulen und jüdischer Zeitungen; hier lebten Zionisten, Bundisten und auch Mitglieder der in der Illegalität wirkenden Kommunistischen Partei. Am 17. September 1939 rollten in Nowogrudok sowjetische Panzer ein, im Zuge des geheimen Zusatzprotokolls zum Hitler-Stalin-Pakt kam Ostpolen unter sowjetische Herrschaft. Nur 22 Monate später, am 4. Juli 1941, marschierten deutsche Soldaten in die Stadt ein, in der etwa 6000 Juden lebten. Eine Woche später erschossen SS-Männer auf dem Marktplatz 50 jüdische Geschäftsleute, am 7. Dezember 1941, kurz nach der Errichtung des Ghettos, brachten sie weitere 5100 Juden um. Im Frühjahr 1942 flüchteten 250 jüdische Männer aus einem Arbeitslager der deutschen Wehrmacht. Sie hatten einen unterirdischen Tunnel in die Freiheit gegraben. Um das Arbeitslager herum verlief ein elektrischer Zaun und Stacheldraht, auf Türmen standen Wachen mit Maschinengewehren, nachts beleuchteten Scheinwerfer das Lager. Bis auf acht Menschen, die sich auf dem Dachboden versteckten, stiegen in der Nacht vom 26. auf den 27. September 1943 alle in den 300 Meter langen Tunnel hinab. 170 von ihnen erlebten das Kriegsende, die meisten als Mitglieder der Partisanenabteilung der Bielski-Brüder, der größten jüdischen Widerstandsgruppe, die während des Zweiten Weltkriegs in den Wäldern Weißrusslands gegen die Deutschen operierte.

Vor einem weißgestrichenen Gebäudekomplex wartet Tamara Vershitskaja auf uns. Die elegante Mittvierzigerin leitet das Regionale Historische Museum in der Stadt, zu dem auch das 2007 errichtete Museum des jüdischen Widerstands gehört. Wadim Akopjan wechselt mit ihr ein paar höfliche Worte, begleiten will er uns aber nicht. Wir betreten die dunklen Räume des ehemaligen Gerichtsgebäudes, das zwischen August 1942 und September 1943 Teil des jüdischen Arbeiterlagers von Nowogrudok war, und lassen uns von Tamara die Geschichte der spektakulären Flucht erzählen. Sie zeigt uns auch den Eingang zum Tunnel im vorderen Raum des Gebäudes. Das dunkle

Loch ist durch eine Absperrung gesichert, der unterirdische Gang liegt einen Meter unter der Erde. Es dauerte fast fünf Monate, bis er gegraben war. Als Jack Kagan, einer der Geflüchteten, zu den Bielski-Brüdern kam, hatte ihre Partisanenabteilung bereits 700 Mitglieder. Die meisten von ihnen waren wie er Ghetto- und Arbeitslagerflüchtlinge. Die Aufgaben wurden genau aufgeteilt: Eine Gruppe war für den Wachdienst zuständig, eine andere beschaffte Essen. Frauen, die keine Waffen trugen, bereiteten es zu. Im Lager gab es eine Bäckerei, eine Schneiderwerkstatt, eine Krankenstation, sogar ein Badehaus mit heißem Wasser. In ruhigeren Zeiten entwickelte sich im Wald so etwas wie ein Schtetl-Leben: Am Shabbat erklangen im Schatten der Bäume jüdische Gebete, Kinder besuchten eine provisorische Schule und lernten Texte aus der Tora. Im August 1943 begann die SS, unterstützt von ukrainischen, litauischen und weißrussischen Schutzbataillonen, mit einer großangelegten Razzia. 52 000 Männer waren an der «Operation Hermann» beteiligt, aber die Bielski-Juden entkamen. Einen ganzen Monat lang versteckten sie sich auf kleinen Inseln im Sumpf, geplagt von Mücken, Hitze und Hunger. Wir schauen in das Gesicht des Mannes, dem mehr als 1200 Juden ihr Leben verdankten. Tuvia Bielskis Foto wie auch die seiner Brüder hängen im Museum nebeneinander. Nach der Ermordung seiner Eltern und seiner Frau im Ghetto von Nowogrudok war Tuvia im Dezember 1941 in die Wälder geflüchtet und hatte mit seinen Brüdern die erste Partisanengruppe gegründet. Sie schickten Kundschafter in umliegende Ghettos, um möglichst viele zur Flucht zu bewegen, nahmen jeden hilfesuchenden Juden auf, unabhängig von Alter, Geschlecht oder seiner Kampferfahrung. Darin unterschied sich ihre Partisanenabteilung von allen anderen. «Und wenn es Tausenden gelänge, in unser Lager zu fliehen, wir nähmen sie alle auf», pflegte Tuvia zu sagen.

Der Streit um die Bielski-Partisanen

Erst 2008 erkannte man in Weißrussland die jüdischen Partisanen um Tuvia Bielski an. Ganz anders bewertet man ihre Rolle im Nachbarland Polen. Als dort bekannt wurde, dass ein Hollywood-Regisseur

einen Film über die Bielski-Partisanen mit Daniel Craig in der Haupt-
rolle plant, gab es heftige Kritik. Hollywood wolle ein «antipolnisches
Werk» auf die Leinwand bringen, in dem Polen als Antisemiten diffa-
miert würden, hieß es in der Presse. Die Bielski-Brüder und ihre Partisanen hätten zwar Verdienste, seien aber keine Helden, sondern
vielmehr Banditen gewesen, die mit den Sowjets kooperiert und Verbrechen an der unschuldigen polnischen Landesbevölkerung begangen hätten. Gemeint war ein Massaker, an dem sie gar nicht beteiligt
waren, wie spätere Recherchen der Reporter von «Gazeta Wyborcza»
ergaben. Nach der Premiere legte sich zwar die groteske Aufregung
wieder – Polen kamen in dem Film gar nicht vor. Die Bielski-Partisanen spalten die Nation aber weiter. Auch in den Augen vieler alter
Menschen rund um Nowogrudok waren sie Diebe und Mörder. Die
Museumsdirektorin zeigt Verständnis. «Man kann die armen Bauern
nur bemitleiden; in den Dörfern plünderten sowohl Deutsche als
auch Partisanen.» Nur mussten Letztere um ihr Überleben kämpfen – und sie leisteten Widerstand gegen die deutschen Besatzer, die
auch nichtjüdische Weißrussen abschlachteten. Manche Überlebende
erklären das bis heute vorherrschende seltsam negative Bild der jüdischen Partisanen in Teilen der polnischen und weißrussischen Bevölkerung anders. «Die Lokalbevölkerung lieferte Juden an die Deutschen aus», schreibt Jack Kagan im Buch «Novogrudok. The History
of a Shtetl». Die Motive für die Kollaboration waren vielfältig: Angst,
Antisemitismus, Habgier und in manchen Regionen eine antisowje-
tische Haltung. Verglichen mit den baltischen Ländern und der
Ukraine war die Kollaboration in Weißrussland den Recherchen des
Historikers Christian Gerlach zufolge zwar weitaus geringer, was vor
allem an der starken prosowjetischen Tradition des Landes sowie an
dem schwach ausgeprägten Nationalismus lag. Dennoch war sie stärker, als man lange angenommen hatte. Unter den 48 000 Angehörigen der Schutzmannschaft-Bataillone bildeten junge weißrussische
Bauern die Mehrheit.

Tuvia Bielski wollte nie ein Held sein. Nach dem Krieg ging er
nach Palästina, kämpfte für die Unabhängigkeit Israels und lebte später als Taxifahrer in Brooklyn. Die amerikanische Soziologin Nachama

Tec traf den schwer kranken Mann 1987, zwei Wochen vor seinem Tod. «Ich wollte retten», sagte er zu ihr. Sein Leichnam wurde nach Israel überführt und auf dem Nationalfriedhof der Helden bestattet. Ob er das wollte oder nicht: In den Augen des jüdischen Volkes ist er ein großer Mann – und das sollte er für ganz Europa sein.

Litauen

«Die hübschesten Mädchen
sind schon weg»

Die Erinnerung verdrängen, bis es nicht mehr weh tut

אויף דעם אָרט איז אין דער
צוזייטער העלפט פון
יארהונדערט אויסגעבויט געוואָרן
א קלויז צעשטערט נאָך דער
צ

Die ehemalige Partisanin Fanja Brancowskaja, Vilnius 2014

Kaunas ertrinkt im Regen. Vielleicht wirkt die Stadt, mit 360 000 Einwohnern die zweitgrößte in Litauen, deshalb so düster und ausgestorben. Juni ist der niederschlagsreichste Monat mit einer durchschnittlichen Wassermenge von 74 Millimetern. Der Turm der gotischen Vytautas-Kirche, der ältesten der Stadt, stemmt sich gegen den grauschweren Himmel. Ein kühler Wind fegt über die Memel und bauscht das Kleid der jungen Braut, die auf der verlassenen Uferpromenade mit ihrem Bräutigam für ein Hochzeitsfoto posiert. Dann eilen das Paar und die Fotografin an der Kirche vorbei, eine steil ansteigende Gasse hinauf zur Aleksoto und weiter zum Marktplatz mit seinen barocken Hausfassaden. Die lange Schleppe des Brautkleids zerteilt die schmutzigen Wasserlachen auf dem Kopfsteinpflaster. Fünfzehn Minuten Fußweg weiter, auf der Laisves Aleja (Freiheitsallee), die Kaunas von Westen nach Osten durchschneidet, verlieren sich ein paar Touristen unter den Linden, 577 sollen es sein, und den Kastanien und Spitzahornen des 1,6 Kilometer langen Boulevards. Früher einmal war diese Prachtstraße, deren Name sich mit den wechselnden Besatzern und Eroberern des Landes veränderte, das Herz der Stadt. 1918 hieß sie Kaiser-Wilhelm-Straße, 1946 bis zur Unabhängigkeit Litauens Stalin-Prospekt. Im Buchladen erhebt sich die Verkäuferin schwerfällig von ihrem Stuhl, als wir nach Literatur zur jüdischen Stadtgeschichte fragen. Sie kramt zwei, drei Bücher aus den Regalen hervor, nicht gerade viel für eine Stadt, die einmal ein Zentrum jüdischer Gelehrsamkeit in Osteuropa war.

Das Gedächtnis der Stadt

«Mit Kaunas geht es bergab», sagt Simon Davidovich. «Die hübschesten Mädchen sind schon weg.» Der 56-Jährige lacht laut über seinen Witz. Er hat sich nicht verändert seit unserer letzten Begegnung. Eigentlich ist es kein Witz. Die jungen Litauer bleiben nicht in Kaunas, sie gehen nach London, Dublin oder Berlin, irgendwohin, wo sie mehr Geld verdienen können. Simon ist geblieben. Er ist gut im Geschäft. Dafür hat er einen hohen Preis bezahlt. Vor zwei Jahren erlitt er einen Herzinfarkt. Danach wollte er kürzertreten, ein paar

Pfund abspecken und sich längere Pausen gönnen. Aber daraus ist wohl nichts geworden. Auf dem Tisch liegen zwei Handys, alle fünf Minuten läutet eines, manchmal beide gleichzeitig. «Mein Leben ist furchtbar», sagt Simon. Er ist gefragt bei den Nachkommen der Kaunaser Juden. Sie reisen aus den USA und Israel an, um mit eigenen Augen zu sehen, was aus den Erzählungen ihrer Eltern und Großeltern wie ein Alptraum aufscheint. Auch aus Berlin, Frankfurt, München und Wien kommen Besucher. Die Nationalsozialisten hatten Tausende Juden dieser Städte 1941 und 1942 nach Kaunas deportiert und ermordet. Es gibt noch andere Touristenführer, die muss Simon aber nicht fürchten. Einen besseren Wegbegleiter als ihn kann man sich nicht wünschen. Der herzliche und humorvolle Mann kennt alles und jeden aus der langen Geschichte von Kaunas, spricht Litauisch, Deutsch, Englisch, Russisch, Hebräisch und Jiddisch. Kein anderer versteht so gut wie er die Erschütterung, die durch die Reise in die Vergangenheit ausgelöst wird.

Er ist das Gedächtnis der Stadt, die sich nicht erinnern mag, besser gesagt, die Erinnerung an den Judenmord umformt, bis sie nicht mehr wehtut. Dabei ist er gar kein Litwak, wie die litauischen Juden sich nannten. Seine Eltern sind wie die meisten der heute 400 bis 500 Mitglieder zählenden jüdischen Gemeinde in den fünfziger Jahren des vergangenen Jahrhunderts zugewandert. Darüber spricht er nicht viel. Ungefähr 5000 Juden leben heute in Litauen. Die litauische jüdische Bevölkerung, etwa 240 000 Menschen, wurde in weniger als drei Jahren, von 1941 bis 1944, ausgelöscht. Nur ungefähr 8000 sind dem Massenmord entgangen, den deutsche Einsatzgruppen und litauische Kollaborateure verübt hatten. Bereits einen Tag nach dem Einmarsch der Wehrmacht am 22. Juni 1941 in Kaunas kamen viele der Juden, die ein Drittel der Bevölkerung ausmachten, in Pogromen ums Leben. Die jüdische Vorstadt Slobodka (Vilijampolé) wurde vom Mob geplündert und gebrandschatzt. Wie im ganzen Land spielten sich Szenen unglaublicher Brutalität auf den Straßen und Plätzen der Stadt ab. Gleichsam über Nacht verwandelten sich friedliebende, christliche Bauern und Städter in blutrünstige Mörder ihrer jüdischen Nachbarn. Vor allem daran tragen die Überlebenden noch heute schwer. Die Mitglieder der seit dem Mittelalter in Litauen ansässigen jüdischen Gemeinden, die die ersten Wochen überstanden, wurden in die Ghettos von Kaunas, Schaulen und Vilnius getrieben. «Es fällt schwer, darüber zu sprechen, und für mich als Litauer ist es besonders schwer, weil viele meiner Landsleute an diesem Mord beteiligt waren», schreibt der Lyriker Tomas Venclova, einer der wenigen, die sich der geschichtlichen Wahrheit stellen.

Schön wäre Kaunas am Zusammenfluss von Neris und Memel schon, würden nicht so viele schwere Erinnerungen in seinen Gassen und Häusern nisten. Gleich nach unserer Ankunft tauchten wir in die beklemmende Aura einer Stadt ein, die von den Gespenstern der Vergangenheit nicht loskommt. Die Universitätsstadt Kaunas ist Zentrum der Textilindustrie und Wissenschaft im Land. Für die Überlebenden und ihre Kinder aber ist sie nicht viel mehr als ein Friedhof, ein Ort bestenfalls wehmütiger Erinnerungen. Simon Davidovich mag es nicht, wenn man so von seiner Stadt spricht. Er hängt, was seine Kunden zuweilen irritiert, sehr an Kaunas. In typisch litauischer Sturheit kämpft er mit seiner Stadt, greift sie an, nimmt sie aber in Schutz, wenn Fremde allzu schlecht urteilen. Es ist schon fast eine Ironie, dass Kaunas in einem Juden einen so verständnisvollen Fürsprecher hat, der selbst unter der Leugnung der Verbrechen an seinem Volk leidet. «Ein bisschen Wahrheit ist schon auch auf litauischer Seite», sagt er. «In keinem Dorf können alle Bewohner Faschisten gewesen sein.» Nach der Unabhängigkeit Litauens 1991 stellte man zwei Judenmörder vor Gericht. Aber die Haftstrafen wurden nie vollzogen. «Das ist schwierig nach so langer Zeit», sagt Simon. Er führt die Touristen in die Gedenkstätte für stalinistische und nationalsozialistische Opfer im Fort IX am westlichen Stadtrand. Die Festung entstand Anfang des vergangenen Jahrhunderts, als Kaunas zum zaristischen Russland gehörte. In den Jahren 1940 und 1941, der Zeit der ersten sowjetischen Besatzung, diente das Fort dem NKWD als Gefängnis. Nach dem Einmarsch der Deutschen wurden zwischen Ende Juni und Juli 1941 Tausende von Juden in die Festung verschleppt. Die litauischen Wächter misshandelten und erschossen sie. Am 28. Oktober 1941 trieben Litauer und SS etwa 9000 Juden aus dem Ghetto der

Stadt, die Hälfte davon waren Kinder, in das Fort. Auch Tausende Juden aus Städten in Deutschland, sowjetische Kriegsgefangene und Sinti und Roma wurden in Fort IX getötet. Simons Miene hellt sich auf, wenn er nach dem bedrückenden Rundgang durch die Katakomben und Gefängniszellen mit eisernen Bettgestellen einen kleinen Raum betritt, in dem eine Ausstellung über die 891 Litauer informiert, die von Yad Vashem als Gerechte der Völker geehrt werden. Es ist, als suchte er ein Licht, das Litauen den Weg aus der Vergangenheit erleuchten könnte. Deshalb wohl hat er am Aufbau eines besonderen Museums mitgewirkt, das dem japanischen Diplomaten Chiune Sugihara gewidmet ist. Der Vizekonsul rettete zwischen 1939 und 1940 in Kaunas Tausenden von jüdischen Flüchtlingen aus Polen das Leben. Er stellte ihnen entgegen der Weisung seiner Regierung Transitvisa aus, auch denjenigen, die kein Geld hatten. Es gab auch litauische Christen, die halfen. Der Lyriker Abraham Sutzkever, der das Ghetto Vilnius überlebte, schrieb ein Gedicht für Janowa Bartoschewitsch: «Meine Retterin, nach Jerusalem kommst du als Regen./Für deine Seele zündet ein Regenbogen.»

Doch an die Frauen und Männer, die sich vom Hass nicht anstecken ließen, erinnert das heutige Litauen nicht so gerne. Mehr als 75 Jahre danach glauben viele noch immer der propagandistischen Naziformel vom «jüdischen Bolschewismus». In Fernsehsendungen kann Simon jede Woche hören, dass 50 Prozent der Juden in der kommunistischen Partei gewesen seien. Tatsächlich zählte die Litauische Kommunistische Partei am 1. Januar 1941 insgesamt 2286 Mitglieder, darunter 412 Juden, der Großteil also waren christliche Litauer. Im Gedenken an die Deportation von 20 000 Menschen im Sommer 1941 vor dem Einmarsch der Deutschen wird verschwiegen, dass auch viele Juden unter den Verschleppten waren. Ebenso wird die Tatsache ignoriert, dass Juden, die der kommunistischen Ideologie zufolge Klassenfeinde waren, nicht weniger als die anderen Litauer unter der sowjetischen Besatzung von Juni 1940 bis Juni 1941 litten. «Daran kann ich mich nicht gewöhnen», sagt Simon. Gerade eben hat er noch die Frage, wie er als Jude in dieser Stadt lebe, mit «frei» und «normal» beantwortet. Das würde er gerne. Ein trauriges Lächeln umspielt seinen Mund. Vielleicht ist sein Herz auch daran erkrankt, dass Kaunas, die litauischste Stadt in Litauen, nicht auf die immerwährende Totenklage hören mag. Zum Abschied drückt er uns fest an seinen Bauch – zurück bleibt seine Traurigkeit. Vielleicht findet der Pendler zwischen Vergangenheit und Gegenwart noch das, wonach er sich so lange schon sehnt.

Lügen im Haus der Mörder

«Die litauisch-jüdischen Beziehungen stagnieren», schreibt Tomas Venclova in einem Essay aus dem Jahr 2011. Das ist im Grunde noch heute so. Er sieht die Litauer als «eine Nation von Fürsprechern von Judenmördern». «Wir sind nicht reif genug zu verstehen, dass es unzulässig ist, einen solchen Schwerverbrecher zu rechtfertigen oder zu unterstützen, nur weil er ein ethnischer Litauer ist (der sich selbst als Patrioten betrachtet) und seine Opfer oder Ankläger keine Litauer sind.» Venclova beschreibt eine Entwicklung, die alle baltischen Länder seit ihrer Unabhängigkeit genommen haben. Die ehemaligen Partisanen werden als Helden verehrt. Gerade aber die Mitglieder der «Litauischen Aktivistenfront», die 1941 und nach 1944 gegen die Sowjetunion kämpften, waren Antisemiten. Sie ermordeten noch vor den SS-Einsatzgruppen und dann in ihrem Auftrag Tausende von Juden. Die Polizei-Bataillone gelten bis heute nicht als verbrecherische Organisation. Das «Museum der Opfer des Genozids» in Vilnius blendet Holocaust und Kollaboration aus, behandelt nur sowjetische Besatzung und stalinistische Verbrechen. Litauen zählt zu den Ländern, die versuchen, die Geschichte des Zweiten Weltkriegs und der Judenvernichtung umzuschreiben. Die Theorie des «doppelten Genozids» ist einer der zentralen Punkte der Prager Erklärung vom Juni 2008: «Solange Europa den Gedanken nicht akzeptieren wird, dass der Nationalsozialismus und der Kommunismus völlig gleichwertige verbrecherische Regime sind, wird es nicht einheitlich sein», hatte der tschechische Senator Martin Mejstřík betont. Auch der spätere deutsche Bundespräsident Joachim Gauck unterzeichnete das Dokument. Ein Jahr später wurde im Europäischen Parlament der 23. August als

«Europäischer Tag des Gedenkens an die Opfer von Stalinismus und Nationalsozialismus» ausgerufen. In Deutschland wirkt der Geist dieser Erklärung in der Bezeichnung der ehemaligen DDR als «zweite deutsche Diktatur» in den Koalitionsvereinbarungen der Bundesregierung im Jahr 2014. Was aber ist schlecht daran, dass man der Opfer beider Regime gedenkt? Nichts. Der Historiker Efraim Zuroff, Leiter des Simon Wiesenthal Centers in Jerusalem, kritisiert die Prager Erklärung, weil sie «den Holocaust und seine einzigartige Bedeutung für die Weltgeschichte relativiert». Die Gleichsetzung ignoriere absichtlich, dass die Massenvernichtung im Nationalsozialismus auf die Herkunft der Opfer abzielte. Schon die Geburt als jüdisches Kind war das Todesurteil. Im Stalinismus dagegen seien Menschen auf «Grundlage ökonomischer und politischer Faktoren» ermordet worden. 1998 hatte der litauische Präsident eine «Internationale Kommission zur Untersuchung der Verbrechen der Besatzungsregime von Nazis und Sowjets» einberufen. Seit Juni 2010 muss mit zwei Jahren Haft rechnen, wer «den von der UdSSR oder Nazideutschland verübten Völkermord gegen litauische Bürger» leugne oder bagatellisiere. Litauen geht einen Schritt noch über die Prager Erklärung hinaus, macht aus Judenmördern Opfer und aus Opfern Mörder. 2006 begann die rechte Presse eine Hetzkampagne gegen die «Roten Mörder»; gemeint waren ehemalige jüdische Partisanen, gegen die die Staatsanwaltschaft ermittelte. Im Jahr 2008 wurden nazistische und kommunistische Symbole verboten, doch zwei Jahre später entschied ein Gericht in Klaipeda, dass das Hakenkreuz litauisches Kulturerbe sei und setzte damit das Verbot von Nazisymbolen faktisch außer Kraft.

Wer die Wahrheit sagt, ist ein Verräter

Doch auch in Litauen gab es Vorstöße, sich der Vergangenheit zu stellen. Als Litauens Staatspräsident Algirdas Brazauskas im März 1995 sich im israelischen Parlament, der Knesset, für die Verbrechen von Litauern an Juden entschuldigte, bezog er nach seiner Rückkehr jedoch verbale Prügel. Die litauische Beteiligung am Holocaust polarisiert die Gesellschaft. Das zeigte wieder einmal das Buch «Die Unsrigen» über die Nazi-Kollaboration, das die litauische Schriftstellerin Ruta Vanagaitè zusammen mit Efraim Zuroff Anfang 2016 veröffentlichte. Der Bestseller stieß bei den jungen Litauern auf Interesse, von der älteren Generation wurde die Autorin als «Verräterin» beschimpft. Im März 2017 stellen Ruta Vanagaite und Efraim Zuroff ihr Buch im NS-Dokumentationszentrum in München vor. Auch der litauische Botschafter in Berlin, Deividas Matulionis, ist gekommen. Er versucht sich in Schadensbegrenzung. Es gefalle ihm nicht, wie die beiden Autoren generalisierten. Die Nazis hätten die litauischen Täter, die ihrer Propaganda erlegen seien, benutzt. «Wir dürfen nicht vergessen, was die Nazis getan haben.» Efraim Zuroff platzt der Kragen. «Das ist die alte Lüge der litauischen Regierungen», herrscht er den Botschafter an. Wir erfahren, dass Zuroff ihn schon am Nachmittag bei der gemeinsamen Besichtigung des Dokumentationszentrums ziemlich lautstark angegangen ist. Es ist aber auch zum aus der Haut fahren. Die Regierung spielt einen aufgeklärten Umgang mit der Geschichte nur vor. Die litauische Schuld wälzt sie auf angebliche Kriminelle ab oder gar auf die Opfer. Mehr als 18000 Litauer machten bei den Massakern an Juden direkt mit. Viele mehr lieferten sie aus und stahlen ihren Besitz.

Ende August 2016 gab es erstmals Gedenkveranstaltungen an drei Orten von Judenmassakern, mehr als 200 solcher Mordstätten sind über das ganze Land verteilt. Jeder Litauer lebt in der Nachbarschaft eines Massengrabes. Nach Molėtai kamen ungefähr 2000 Menschen, darunter Künstler, Intellektuelle, Medienleute, einige katholische und evangelische Priester. Im Sommer 1941 hatten litauische Helfer auf Befehl der Deutschen die Juden erschossen, etwa zwei Drittel der Einwohner des Dorfes. Von den heute 6000 Einwohnern kamen kaum welche zur Veranstaltung. Drei Tage zuvor hatte einer der Initiatoren, der Schriftsteller Marius Ivaškevičius, einen Text unter dem Titel «Ich bin kein Jude» veröffentlicht. Darin beschreibt er, dass ihn das spurlose Verschwinden der jüdischen Nachbarn nicht mehr loslässt. Die Regierung kündigte an, die Listen mit mehr als tausend Namen von litauischen Nazikollaborateuren, die ihr schon lange vorliegen, veröffentlichen zu wollen. «Es gibt eine Spaltung in der Bevölkerung.

Die Jüngeren sind offen, neugierig. Unter ihnen ist das Judentum fast schon modern. Die anderen wollen vergessen, nicht darüber reden. Sie sehen gar nicht ein, dass man sich für irgendetwas entschuldigen müsste», sagt Ruta Vanagaitė. Mark Adam Harold, Stadtrat in Vilnius, zählt zu denjenigen, die offen für eine Wende im Umgang mit der Geschichte eintreten. Er forderte im Juli 2016, die Straße zwischen der Kathedrale, dem Nationalmuseum und der Burg umzubenennen. Sie trägt den Namen von Kazys Škirpa, eines Antisemiten, der Hitlers Politik unterstützt hat. Wenn man schon Helden ehren wolle, meint der Stadtrat, dann doch die Gerechten unter den Völkern.

«Alles, was war, das ist noch …»

Nicht einmal in der Hauptstadt Vilnius hängen in diesen Tagen so viele litauische Staatsfahnen, verziert mit schwarzen Bändern, zum Gedenken an die Opfer der Deportation am Ende des sogenannten Russenjahrs. Die Besatzung stürzte die litauische Seele in ein Trauma. 1944 befreite die Rote Armee, andere sagen, besetzte sie erneut das baltische Land, das zu den widerständigsten unter dem fast 40 Jahre währenden Moskauer Regime zählte. Kaunas wiederum war KGB-Berichten zufolge die am meisten antisowjetisch eingestellte Stadt in der ganzen UdSSR. Am 14. Mai 1972 übergoss sich der 19 Jahre alte Romas Kalanta mit drei Litern Benzin und zündete sich im Park vor dem Musiktheater an der Laisvės alėja an. Mit den Worten «Freiheit für Litauen» ging er in Flammen auf. Am Ort seiner Tat steht heute eine große Gedenktafel. «Die Freiheit ist mehr wert als das Leben», sagte Staatspräsidentin Dalia Grybauskaitė bei einer Gedenkfeier 40 Jahre danach. Sie hatte im Kommunismus an der Parteihochschule in Vilnius «Wirtschaftswissenschaften» unterrichtet, also marxistische Ökonomie, eine Position, die nur für die Elite erreichbar war. Tomas Venclova, der große Dichter litauischer Sprache, war zu jener Zeit bereits viele Jahre im erzwungenen Exil in den USA. Nach der politischen Wende 1990, die Dalia Grybauskaitė einen steilen Aufstieg als Europapolitikerin bescherte, kehrte der Lyriker und Essayist in seine

Heimat zurück. «Denn alles, was war, das ist noch … und die immer gleiche Scheibe hält inne über dem Meer», schrieb Venclova im Jahr 2000.

Aus der ganzen Stadt wurden nach 1990 alle russischen Aufschriften an Läden und auf Schildern entfernt, anders als im 100 Kilometer entfernten Vilnius mit seiner von jeher kosmopolitischen Vergangenheit und italienischem Flair. Das war schon einmal so in Kaunas. Durch ein Fahnenmeer zog im April 1919 Antanas Smetona, der spätere Staatspräsident der ersten unabhängigen litauischen Republik, in die Stadt ein. Wenige Monate später wurde Kaunas zur provisorischen Hauptstadt erklärt, nachdem Polen sich unter Bruch des Völkerrechts Vilnius einverleibt hatte. Kaunas verstand sich als Zentrum der nationalen Erhebung und gab sich durch den Bau unzähliger Villen, Palais und Boulevards ein europäisches Aussehen. Im Jahr 1937 besuchte die Schweizerin Annemarie Schwarzenbach die Stadt im Aufbruch und stellte einen «Nationalismus an der Grenze nationaler Überheblichkeit» fest. «Man ist in Litauen ausgesprochen fremdenfeindlich … Der Hass trifft vor allem die Minoritäten in Litauen selbst, unter ihnen die Juden, die seit Jahrhunderten in den Städten nicht nur Handel trieben, sondern die intellektuellen und wissenschaftlichen Berufe ausübten, kurz: den Litauern gegenüber zu den höheren Ständen zählten. Jetzt beginnt man, sie zu verdrängen …»

Ein Jude ist wie ein Sechser im Lotto

Was wir denn auf dem jüdischen Friedhof überhaupt wollten, fragt der Taxifahrer, ein 45 Jahre alter Litauer, der neugierig geworden ist. Auch die Frau im Tourismusbüro am Marktplatz war überrascht. Zögernd markierte sie die Stelle auf dem Stadtplan, riet aber von einem Besuch ab. «Der Friedhof ist geschlossen.» Aber einen Blick werde man doch hineinwerfen können? «Nein, da sehen Sie nichts. Eine hohe Mauer umgibt den ganzen Friedhof.» Auch sagt sie nichts darüber, dass es noch einen weiteren im Stadtteil Aleksotas gibt, der allerdings erst in den fünfziger Jahren errichtet und als einziger noch heute genutzt wird. Zwei andere, darunter der älteste beim ehemaligen Ghetto in Vilijampolé, sind zerstört worden. Er habe in seinem ganzen Leben noch keinen Juden getroffen, sagt der Taxifahrer. «In Kaunas einem Juden zu begegnen, das ist wie ein Sechser im Lotto. In den siebziger Jahren sind die letzten ausgewandert. Aber die Deutschen haben schon im Krieg 95 Prozent der Juden umgebracht.» Das Tor zum Friedhof im Stadtviertel Žaliakalnis ist zu unserer Überraschung, als wir nach zwanzig Minuten Fahrt ankommen, weit geöffnet. Da ist keine Mauer. Ein Zaun umgibt den verwahrlosten Friedhof. Die Grabsteine sind umgestürzt, einige sind in die Erde eingesunken und von kniehohem Gras und Unkraut überwuchert. Irgendwo bellen Hunde. Die meisten Inschriften sind verwittert. Einer noch lesbaren Jahreszahl zufolge fanden Beerdigungen noch in den fünfziger Jahren des 20. Jahrhunderts statt. Gegenüber ragen Plattenbauhochhäuser in den Himmel empor. Fast 40 000 Menschen wohnen in dem Siedlungsgebiet. Zwischen den Grabsteinen sehen wir eine junge Frau und einen Mann, Orinta und Pavel. Das Ehepaar fährt einmal die Woche zum Friedhof und sammelt Plastikflaschen und anderen Abfall ein. Pavel entzündet an einem windgeschützten Grabmal zehn Kerzen zum Gedenken an die Toten. Warum sie das tun? «Weil es sonst niemand tut», sagt die 29 Jahre alte Orinta. Die jüdische Gemeinde habe kein Geld, und die Stadt Kaunas tue nichts. So verfällt der alte Friedhof, eines der wenigen noch erhaltenen Zeugnisse der großartigen jüdischen Vergangenheit. Ein Teil des Geländes ist bereits eingeebnet und in eine Wiese verwandelt worden.

Die junge Frau freut sich über die Begegnung. Vielleicht weil sie froh ist, offen über ihre Gefühle für diesen Ort sprechen zu können. In ihrer Bekanntschaft gilt sie wegen ihres ungewöhnlichen Interesses am Judentum als etwas kompliziert. Das ist sie überhaupt nicht. Orinta, eine studierte Dolmetscherin, ist aufgeschlossen und nachdenklich. «Meine Frau ist so enthusiastisch», sagt Pavel, der 35 Jahre alt ist. Sein strahlender Blick zeigt, dass er gerade das an ihr schätzt. «Ich würde so gerne etwas anderes sagen, aber die Litauer mögen Juden nicht», sagt Pavel. Auch unter seinen Freunden ist das so. Wenn er sie nach den Gründen ihrer Ablehnung fragt, können sie jedoch keine nennen. Es herrscht auch unter Jüngeren die Meinung vor, dass die Juden selbst an ihrer Vernichtung schuld waren, weil sie doch angeblich mit den Kommunisten paktiert haben. Außer dem Vorurteil gibt es noch einen anderen, handfesten Grund: In Kaunas gehörten viele Wohnungen in der Altstadt früher einmal Juden. Die jüdische Gemeinde will sie zurückhaben oder für den Raub entschädigt werden. Die litauische Regierung aber hat in der Phase der Restitution absichtlich sehr kurze Fristen gesetzt, in denen viele es nicht schafften, ihre Ansprüche anzumelden. «Es geht um sehr viel Geld», sagt Orinta.

Wie die überwiegende Mehrheit der Litauer, 80 Prozent, ist Orinta im katholischen Glauben erzogen worden. Sie geht ein bis zweimal die Woche in die Kirche – und überrascht uns damit, dass sie seit einem Jahr Mitglied der jüdischen Gemeinde ist. Der Halacha entsprechend ist Orinta zwar keine Jüdin. Aber wie soll man sonst dem Judentum in der Stadt eine Zukunft sichern, wenn sich die Gemeinde nicht öffnet. Die Jungen gehen nach England, Irland, Norwegen und Dänemark. In den ersten Jahren nach der Unabhängigkeit und dem EU-Beitritt 2004 erfuhr Litauen mit heute knapp drei Millionen Einwohnern einen wirtschaftlichen Boom, dann den Einbruch infolge der internationalen Finanzkrise. Inflation, Steuererhöhungen, Gehaltskürzungen, Stellenabbau waren die Folge. Die Menschen ertrugen den Sparkurs der Regierung geduldig. Nur im Jahr 2009 kam es in mehreren Städten zu Massendemonstrationen. Die Jugendarbeitslosigkeit lag bei 30 Prozent, heute bei 17 Prozent. Der monatliche Durchschnittsverdienst beträgt ungefähr 800 Euro. Langsam erholt sich die Wirtschaft des Landes, das 2015 der Euro-Zone beigetreten ist und einen harten Sparkurs fährt. Die jüdische Gemeinde mit überwiegend alten Menschen stirbt aus. Der langjährige Vorsitzende Simonas Alperavičius, der im März 2014 starb, äußerte sich wenig zuversichtlich über die Zukunft des litauischen Judentums. Ihm fehlt es nicht nur an Menschen. Da ist auch noch die Frage nach der jüdischen Identität in den ehemals kommunistisch regierten Ländern, in denen Juden zur Assimilation gezwungen waren und viele die traditionelle Lebensweise aufgaben. Alte wie Kinder besinnen sich seit der politischen Wende auf ihre Wurzeln. Sie sind der jüdischen Kultur und Religion aber entfremdet – und müssen sie sich erst wieder aneignen. Mit dieser Frage aber hält sich Orinta nicht lange auf, an eine Konversion denkt sie nicht. «Ich fühle mich als Jüdin.» Punkt. In ihrer Familie wurde erzählt, dass die Urgroßeltern väterlicherseits Juden waren. Aber das sind Geschichten, von denen Orinta nicht weiß, ob sie wahr sind. Die Erzählungen ihrer Großmutter vom jüdischen Litauen sind ihr aus den Kindheitstagen jedoch im Gedächtnis geblieben. Vielleicht bewirkten sie ihr Interesse an der jüdischen Geschichte ihres Landes. 19 war sie, als es begann. Heute hat sie zwei Kinder, denen sie die Vergangenheit bestimmt nicht vorenthalten wird. Auch nicht den Massenmord. Da können die Politiker, wie sie sagt, noch so oft erklären, man solle sich damit nicht beschäftigen, das schwäche nur den Staat. «Umgekehrt müssten sie reden.» Orinta lernt jetzt Jiddisch. In Krakau fände sie die Gemeinschaft vieler junger Menschen, die auf der Suche nach ihrer jüdischen Identität sind. Aber sie und ihr Mann sind schon am richtigen Platz. Litauen braucht Menschen wie sie.

Das Dreieck des Hasses

Pavels Großvater war Litauer, besaß große Landgüter und wurde 1941 mit seinen drei Söhnen nach Sibirien deportiert. Der vierte Sohn wurde auf dem Weg in die Verbannung geboren. Damals war Pavels Vater acht Jahre alt. Mit zwölf Jahren musste er schon arbeiten, studierte in der Verbannung schließlich aber Medizin. Pavels Mutter ist Russin. «Das ist der Grund, warum ich tolerant bin.» 1975 kehrte die Familie nach Litauen zurück. «Ich bin ein Litauer mit russischer Seele», hatte sein Vater, ein Neuropathologe, ihm immer erklärt. «Ich teile die Menschen nicht nach Religion oder Nation ein, sondern nach ihrer Menschlichkeit», sagt Pavel. 15 000 Russen leben in Kaunas, im ganzen Land machen sie etwa sechs Prozent der Bevölkerung aus. Sie sind nicht gut gelitten. «Das litauische Volk ist gar nicht so antirussisch, wie es den Anschein hat», sagt Pavel aber und lacht. «Einige haben sogar Sympathien für russische Fußballteams.» Nur die

Politik gehe gegen Russland. Auf der Straße vor dem Restaurant fahren drei schwarze Landrover mit abgedunkelten Scheiben vor. Aus dem Wagen steigen amerikanische Soldaten in Tarnuniformen aus. Litauen fühlt sich in der Ukrainekrise von Russland bedroht und setzt auf militärische Stärke. Das kleine baltische Land ist seit dem 16. Jahrhundert immer wieder zur Beute polnischer und russischer Großmachtansprüche geworden. Vilnius wechselte allein in den ersten vier Jahrzehnten des 20. Jahrhunderts dreizehn Mal die Herrscher. Bis zur Proklamation der litauischen Republik im Jahr 1918 war das litauische Sprachgebiet in drei Teile gespalten: Den größeren östlichen Teil hatte sich das russische Zarenreich einverleibt, der kleinere Teil lag in Preußen, die spätere Hauptstadt Vilnius stand unter polnischer Oberhoheit. Der Hitler-Stalin-Pakt vom August 1939 beendete die staatliche Unabhängigkeit Litauens, das zunächst mit dem polnischen Vilnius Deutschland, dann im September durch eine zusätzliche Geheimklausel der Sowjetunion zugeschlagen wurde. Der seit der Unabhängigkeit wieder erstarkende Nationalismus, der sich im Zweiten Weltkrieg an den jüdischen Litauern austobte, duldet keinen Fremden, wie jetzt die Flüchtlinge, die fast jeder zweite Litauer nicht in seinem Land haben will. Tomas Venclova spricht vom «litauischen Dreieck» des Hasses auf Polen, Russen und Juden. Der Dichter und Dissident, der Moskau die Stirn bot, hat nach seiner Rückkehr sein Zuhause nicht mehr gefunden. «Ich ersticke! Ein echter Litauer ist ausschließlich der, der Russen, Polen, Juden und auch Leute aus dem Westen nicht mag, ja besser noch hasst.» Die litauische Gesellschaft, 84 Prozent sind ethnische Litauer, schottet sich nach außen ab.

100 Kilogramm menschliche Knochen

Das Taxi biegt von der Lazuna nach rechts in eine schmale Straße ein, die schnurgerade zum Fort VII führt. Auf der linken Seite stehen Familienhäuser in gepflegten Gärten mit Bäumen und Büschen, gegenüber ragt über den Flachbauten einer Fabrik ein roter Schornstein in den Himmel. Das Gras auf den Erdwällen der früheren Zaren-Festung, neun Forts wurden im 19. Jahrhundert um das alte

Fort VII, Kaunas

Kaunas herum gebaut, ist noch nass. Ein langgestreckter roter Ziegel-
steinbau mit vergitterten Fenstern beherbergt heute ein Museum.
Mehrere Wege führen kreuz und quer durch das hügelige Gelände
mit den von Grassoden bedeckten Kasematten, die als Lager für Mu-
nition dienten. Wir folgen einem Pfad zu einem Artilleriehof, weiter
einem gepflasterten Weg durch einen Bunker zu einem größeren Hof
und kämpfen uns durch hohes Unkraut und Gras. In der Stille zer-
splittert ein Schneckenhaus mit lautem Krachen. Es ist fast unmöglich, nicht auf eine der unzähligen Schnecken zu treten. Ein schlam-
miger Trampelpfad führt zu einer Senke hinab am hinteren Ende
des Forts. Eine Mauer mit aufgesetztem Maschendrahtzaun trennt
die Festungsanlage von einem Wohnviertel. Die Bewohner sehen aus
ihren Fenstern einen Gedenkstein mit hebräischer Inschrift, die an
einen chassidischen Rabbiner erinnert, der im Fort gestorben ist. Auf
dem Boden der Senke, unter einer Grasnarbe von ungefähr zehn
Zentimetern Dicke, liegen 100 Kilogramm menschliche Knochen,
die sterblichen Überreste von etwa 6000 bis 8000 Juden, die vom
30. Juni bis 6. Juli 1941 bei den Massakern im Fort VII erschossen
wurden.

Das erzählt uns der russischstämmige Museumsleiter Wladimir
Orlow. Er möchte die sterblichen Überreste der Opfer würdig bestat-
ten lassen. Die jüdische Gemeinde habe jedoch kein Geld dafür. Stadt
und Staat wollen nicht helfen, denn wirklich glücklich sind sie nicht
darüber, dass der 32 Jahre alte Computerspezialist die Geschichte des

fast schon vergessenen Verbrechens ausgegraben hat. Vor sieben Jahren gründeten er und Freunde einen Verein, das Zentrum zur Erforschung der Militärgeschichte von Kaunas. Er erwarb das Gelände, das nach Kriegsende von den Sowjets teilweise asphaltiert und 70 Jahre lang als Müllkippe benutzt wurde, von der Regierung zu einem «lächerlichen Preis». Das Interesse der jungen Litauer galt vor allem der Geschichte des Forts im Ersten Weltkrieg. «Ich hatte überhaupt keine Beziehung zum Holocaust», sagt Wladimir Orlow. Wie auch, da doch über den Massenmord an den Juden weder in sowjetischer Zeit noch seit der Unabhängigkeit des Staates viel gesprochen wurde. Einige wenige, die Bescheid wussten, schwiegen. Wladimir Orlow bemerkte bald, dass Fort VII nicht nur ein militärischer Schauplatz war. Aber wo unter dem Asphalt oder in dem undurchdringlichen Gestrüpp befanden sich die Plätze des Massakers, wo waren die Massengräber? Niemand wusste es. Die Behörden rieten dem Verein von Nachforschungen ab. «Besser ihr beschäftigt euch nicht damit. Es bringt nichts Gutes», wurde Wladimir Orlow erklärt. Außerdem sei dafür kein Geld vorhanden. «Wären es Partisanen, wäre das natürlich etwas anderes gewesen», sagt der 32-Jährige. Der Mann mit Schnurrbart, der wie ein Student wirkt, ist ziemlich gewitzt, und so gelang ihm ein unglaublicher Coup. Der Verein gewann die Unterstützung der litauischen Armee. Soldaten sanierten das Gelände in der Annahme, es ginge um ein militärhistorisches Projekt. «Sie wussten nicht, wonach sie suchten. Nach zwei Jahren ging den Vorgesetzten ein Licht auf.» Aber da war das Massengrab mit 4000 bis 5000 Opfern schon gefunden. Wladimir Orlow lacht. «Ein zweites Mal bekommen die Soldaten diesen Befehl nicht.»

Der Hüter der Katzen und Hunde

Wladimir Orlow zeigt die Überbleibsel, die in der Nähe des Massengrabs gefunden worden sind. Münzen, Brillengestelle, Ringe, eine Mensch-Ärgere-Dich-Nicht-Figur, eine Halskette – insgesamt 25 Relikte, darunter ein hebräisches Gebetsbuch und Bankdokumente. Auch die Täter hinterließen Spuren: Patronenhülsen und Alkoholflaschen. Die Funde, die DNA-Untersuchung der Knochen und Zeugnisse aus Archiven sowie von Überlebenden beweisen, wie Wladimir Orlow sagt, dass die Massaker stattgefunden haben. Das ist ihm wichtig – in einem Land, in dem die Mörder wie Nationalhelden verehrt werden. 2012 wurde er zusammen mit 450 Lehrern und Forschern zu einem Seminar nach Yad Vashem eingeladen. Diese Reise bleibt ihm unvergesslich. Nicht nur, weil die israelischen Historiker ihm und seiner Arbeit größtes Interesse entgegenbrachten. Er fühlte sich nicht mehr allein: «In Yad Vashem habe ich Menschen kennengelernt, die sich schon seit vielen Jahren damit beschäftigen», sagt er. In Jerusalem gelang es ihm, 86 von 4000 Toten des Forts VII zu identifizieren. Auch Chaim Nauchowicz starb an diesem Ort. Nicht einmal eine Fotografie ist von dem großen, sportlichen Jungen mit schwarz gelocktem Haar geblieben. Sein Bruder Abba Naor erzählt uns nach unserer Rückkehr eine Geschichte über Chaim: Jeden Nachmittag verließ Chaim das Haus. Nach ein, zwei Stunden kehrte er zurück und schwieg. Das ging nun schon seit ein paar Wochen so, bis seine Mutter Hana dem rätselhaften Verhalten ihres Sohnes auf den Grund gehen wollte. Sie schlich hinter Chaim her, der ein paar Hundert Meter die Italianska Straße hoch und zu einem Holzverschlag ging. Der Schuppen barg das Geheimnis Chaims. Mindestens ein Dutzend Hunde, Katzen und Tauben wartete auf ihren Sohn. Chaim liebte Tiere. Die Mutter beobachtete ihn, wie er sie fütterte, streichelte und zu ihnen sprach. Erleichtert eilte sie zurück, wartete auf Chaim und stellte ihn zur Rede. «Aber sie haben doch Hunger», verteidigte sich der Junge. Zwei Monate vor seinem 15. Geburtstag am 6. Oktober 1941 wurde Chaim im Fort VII erschossen, weil er versucht hatte, in der Stadt Brot zu kaufen. Abba hatte seinen Beschützer, wie er ihn nennt, verloren, und die Tiere der Italianska ihren Hüter.

Vielleicht hat Putin seine Hände im Spiel

Die Bedeutung dieser Forschung, sagte Yad-Vashem-Mitarbeiterin Irit Abramski, liegt auch darin, wer sie unternahm: «Nicht wir Juden erzählen die Geschichte, sondern ein unabhängiger litauischer Forscher enthüllt die Rolle und die Verantwortung von Litauern für die Morde.» Die Israelin litauischer Abstammung fügte hinzu: Jetzt müsse das der Öffentlichkeit bekannt gemacht werden. Das war vor zwei Jahren. Inzwischen haben Wladimir Orlow und weitere 50 Vereinsmitglieder eine Ausstellung eingerichtet. Die Mauern des Gewölbes, ein ehemaliger Pulverkeller, glänzen im Licht der Lampen, sie schwitzen Feuchtigkeit aus. In einjähriger Arbeit hat der Verein zum Teil noch nicht bekannte Exponate zum Holocaust in Kaunas zusammengetragen. Aus drei Perspektiven, der Sicht der Opfer, der Täter und der Zuschauer, wird vom Massenmord erzählt. Fotos, Zeitungsausschnitte, Relikte und Redenmitschnitte machen das ganze Ausmaß der litauischen Beteiligung an der Judenvernichtung deutlich. Nach jedem Regen stapft Orlow in Gummistiefeln durch die Pfützen auf dem unebenen Pflasterboden und kämpft mit Absaugrohren und Heizlüftern gegen die tropfende Nässe. Aber im Hauptgebäude wollte er die Ausstellung nicht unterbringen, das wäre ihm zu ästhetisch gewesen. Die Litauer sollen die Vergangenheit in einer nicht angenehmen Umgebung sehen, meint er. Doch die Litauer kommen nicht. Der Verein hat auch vergeblich Lehrer angesprochen. In den ersten Wochen nach der Eröffnung im April 2014 kamen nur etwa 50 Besucher. Auch Angehörige des litauischen Geheimdienstes, wie Orlow sagt. Der Bürgermeister kam schon zweimal privat, aber bei der offiziellen Eröffnung sah Orlow ihn nicht. Die Presse verschwieg das Ereignis. Manche erzählten, Putin stecke hinter der Ausstellung, wolle dadurch Litauen schwächen. Orlow grinst. Dann hätten wir wohl nicht ein derart kleines Budget. «Wir haben den Vorteil, dass wir unabhängig sind und deshalb sagen können, was wir wollen. Wir möchten, dass das nicht mehr ignoriert und als unangenehme Geschichte verdrängt wird», sagt Wladimir Orlow. Vor allem die Jugend müsse darüber lernen. «Für mich als Kaunaser Bürger ist es beschämend, wie die Stadt auch mit den jüdischen Friedhöfen umgeht.» Das Wort von «Litauens Tragödie», das auf die sowjetische Besatzung bezogen wird, kann Orlow nicht mehr hören. «Die Vernichtung der litauischen Juden ist die Tragödie der Litauer, des Staates, der Nation, die dadurch einen wichtigen Teil verloren hat.»

Wer so spricht, möchte man meinen, scheint die Aufklärung über die Verbrechen an den litauischen Juden doch ernst zu nehmen. Keine zwei Jahre später aber geraten Orlow und sein Verein in die Kritik: Hochzeitsfeiern, Studentenpartys, Kostümpartys, Sommercamps für Kinder inklusive Schatzsuche auf dem Gelände des Forts VII. Was ist in Orlow gefahren, der aus dem ehemaligen Konzentrationslager einen Vergnügungspark gemacht hat. Uns hatte er noch erklärt: «Mich interessiert das Thema mehr als Geld zu verdienen.» Und seine Verteidigung, die Veranstaltungen würden nicht auf dem Areal des Massengrabes, sondern anderswo im Gelände von Fort VII stattfinden, klingt fast schon zynisch. Die sterblichen Überreste der Opfer liegen noch immer im Massengrab, Gedenktafeln, die von der Jüdischen Gemeinde Litauens gefordert wurden, soll Orlow abgelehnt haben. Der Historiker Efraim Zuroff spricht von einer Beleidigung der Opfer und hat 2016 den Kaunaser Bürgermeister aufgefordert, das Treiben zu beenden. Genau darin liegt das Problem: Nicht eine private Organisation, sondern staatliche Stellen in Litauen müssten sich eben der Erinnerung an den Massenmord an den Juden annehmen.

Juden sind auch nur Menschen

Die schlanke Frau, wir schätzen sie auf ungefähr 70, prüft eine Porzellantasse in dem Antiquitätengeschäft am Anfang der Ožeškienės Straße. Sie trägt ein aus den Jahren gekommenes, aber elegantes Kostüm, eine Brille und an den Fingern große Ringe, im Ausschnitt ihrer beigen Bluse baumelt eine schwere Perlenkette. Sie wirft uns einen verdutzten Blick zu und erklärt uns dann freundlich den Weg zur Choral Synagoge. Nach kurzem Zögern meint sie, warum wir nicht die Kirchen von Kaunas besichtigen wollen. «Wir haben viele schöne Kirchen.» Auch noch andere Synagogen? «Nein, das sind litauische Kirchen», sagt sie. Die Dame irrt, nicht nur, weil die meisten Gotteshäuser polnischen Ursprungs sind. In der Italianska steht eine verfallende chassidische Synagoge aus der Vorkriegszeit. Die Choral Synagoge an der Ecke der Jeruzalės und E. Ožeškienės ist ein prächtiger Bau in neobarockem Stil aus dem Jahr 1872. Das eiserne Gittertor zum Vorhof ist heute geschlossen, aber die kleine Gemeinde versammelt sich an Shabbat und den Feiertagen in dieser letzten von einst 70 Synagogen und Bethäusern der Stadt Kaunas. An einer Stelle ist in die Mauer ein Hakenkreuz geritzt, auf einem Verkehrsschild, das zur Synagoge weist, hat jemand in schwarzer Farbe gesprayt: «The evil».

Der Mann mit der abgewetzten Ledertasche, den wir an der Bushaltestelle ansprechen, freut sich über die Gelegenheit, einmal wieder Deutsch zu sprechen. «Das ist schön.» 1944 wurde er geboren, als die letzten Juden aus dem Ghetto Kaunas nach Stutthof und in die Dachauer KZ-Außenlager bei Landsberg am Lech deportiert wurden. 1944 kehrte die Rote Armee in die Stadt zurück. «Für die einen war es die Befreiung, für die anderen die Besatzung», sagt der Pianist, der in den neunziger Jahren viel durch Deutschland tourte, und lächelt vielsagend. Auf den Judenmord in seiner Stadt angesprochen, stockt sein Redefluss. Sein Gesicht drückt Unbehagen aus, er verabschiedet sich knapp und springt für sein Alter ganz schön behände in einen Trolleybus. Vielleicht ist es nicht ganz fair, die alte Frau, die an diesem Samstagmorgen die Straße entlangspaziert, gleich mit einem solchen Anliegen zu konfrontieren. Wir suchten nach ehemaligen jüdischen Häusern, weil unser Freund in Israel gerne davon Fotos haben würde. Er sei ein gebürtiger Kaunaser Jude, können wir noch hinzufügen, bevor sie uns unterbricht und anstarrt. «Ich weiß schon, wer das ist, ich kenne ihn», flüstert sie, tritt einen Schritt zurück und streckt uns abwehrend die Handflächen entgegen. «Nehmen Sie ein Taxi und fragen Sie nach dem Friedhof der Juden.» Sie sagt das Schimpfwort für Juden, und dann, bereits im Weggehen, wendet sie sich noch einmal um: «Aber das waren auch Menschen.»

Das jüdische Kaunas

Simon Davidovich hat vor zwei Tagen noch gesagt: «Es ist eben schwierig, eine ganze Gesellschaft umzumodeln.» Einer Umfrage im Jahr 2006 zufolge lehnen 31 Prozent der Litauer einen jüdischen Nachbarn ab. Für Deutsche ist das kein Grund zur Überheblichkeit: 18 Prozent meinen, dass die Juden durch ihr Verhalten selbst mitschuldig an ihrer Verfolgung waren. Fast ein Viertel der Deutschen von 60 Jahren und älter meint, dass Juden zu viel Einfluss in Deutschland hätten. Das behaupten auch knapp zehn Prozent der Jüngeren bis 30 Jahre. In Ostmitteleuropa seien Litauen und Polen, sagte uns der israelische Botschafter in Weißrussland, Yosef Shagal, die Länder, in denen der Antisemitismus am stärksten ausgeprägt sei. In Westeuropa nehmen Anfeindungen und Übergriffe auf Menschen jüdischen Glaubens seit 2007 von Jahr zu Jahr zu. Im Gegensatz zu Frankreich, Belgien, Holland oder auch Deutschland, meint Simon Davidovich, würden Juden in Kaunas aber nicht auf offener Straße überfallen oder gar getötet.

Die Mitarbeiterin im Fremdenverkehrsbüro hat es nicht gewusst. Nur zweihundert Meter weiter wird im Städtischen Museum eine Ausstellung über die Kaunaser Juden gezeigt. Die Stadt und das Kreisarchiv haben sie unter Beteiligung der Jüdischen Gemeinde konzipiert – eine gelungene Arbeit, die deutlich macht, wie stark Kaunas jüdisch geprägt war. Viele Besucher hätten sie nicht gehabt, sagt eine Mitarbeiterin bedauernd. Heute ist der letzte Tag, eigentlich schließt das Museum in 15 Minuten. Aber für uns macht sie eine Ausnahme. Im Schnelldurchgang eilen wir durch die Räume. Fotos, Dokumente, Texttafeln, ein Schofar, Kerzenleuchter, Gebetbücher – Spuren der einst lebendigen jüdischen Kultur der Stadt. An einer Wand Passfotos von Kaunaser Juden, das Schicksal vieler davon ist ungeklärt. Und dann, in einer Vitrine, sein Foto: Abba, der 13 Jahre alte Junge in einem viel zu großen Mantel, der ihm bis zu den Fußknöcheln reicht, steht mit einer umgehängten Schultasche im Schnee mit vier anderen Jungen. Auf dem Kopf hat er eine Mütze mit Ohrenklappen. Es ist kalt in diesem Winter 1941/42 im Ghetto von Kaunas. Sein Bruder Chaim liegt zum Zeitpunkt der Aufnahme, die George Kadish heimlich machte, in einem Massengrab im Fort VII. Seine Mutter und sein kleiner Bruder Berale haben noch gut zwei Jahre Leben – zwei Jahre Angst, Hunger und Demütigung –, bevor sie in Auschwitz-Birkenau vergast werden. Abba Naor hat überlebt. Wir versuchen, durch seine Augen Kaunas zu sehen. Er hat einmal seine Heimatstadt besucht. Ein lautloser Reigen von Gesichtern und Namen tanzte vor seinen

Augen. Die gotischen und barocken Bauwerke, die Flüsse und Parks, das Straßenpflaster, über das er als Kind gelaufen war, – die Angst, das Entsetzen, die sich über all die Jahre in seinen Körperzellen eingenistet hatten, krochen hervor. Das schöne Kaunas, das sich wegduckt unter der Erinnerung und in Geschäftigkeit und Gleichgültigkeit flüchtet. Am Abend telefonieren wir mit Abba Naor im israelischen Rehovot. «Was macht ihr in Kaunas. Packt Eure Koffer und verlasst diese Stadt», sagt er.

Die jüdische Gemeinde in Kaunas besuchen wir nicht mehr. Einige Mitglieder der Gemeinde in Vilnius hatten wir vor unserer Reise bereits im weißrussischen Minsk getroffen. Sieben alte Frauen und Männer waren zu einer Gedenkfeier für Holocaust-Opfer in das Nachbarland angereist. Die Überlebende Betja Nemirowskaja, 1939 in der Ukraine geboren, sagte uns: «Ich erzähle in Litauen niemandem, dass ich als Kind in einem Ghetto war. Die Menschen auf der Straße grüße ich auf Litauisch, nicht auf Russisch», sagte Ljudmila, die aus Angst ihren Nachnamen nicht preisgeben wollte. Es leben, wie sie sagte, etwa 3000 Juden in Litauen, davon sind 99 Ghetto-Überlebende. Über den Holocaust spreche kaum jemand. «Alle Juden in Litauen haben Angst. Gott, wir hoffen, dass es bei uns besser wird», flüsterte uns Ljudmila zum Abschied zu.

Tagebuch aus der Hölle

Als wir Kaunas verlassen, bricht die Sonne durch die dunklen Regenwolken. Am 24. Juni 1941 schrieb die Kaunaser Augenärztin Elena Kutorgienė-Buivydaitė, die viele Juden rettete, in ihr Tagebuch: «Wie gern würde auch ich aus dieser verfluchten Stadt, vor diesen mir fremden Menschen davonlaufen! …Niedertracht, Hass, Hohlheit, Judenmorde, Raub … Die Partisanen (was für eine dumme und unwahre Bezeichnung) haben die verängstigten, flüchtenden, sich zurückziehenden, unbewaffneten, müden und geschlagenen Rotarmisten ermordet … Nirgends, nirgends sehe ich auch nur ein wenig Menschlichkeit, Humanität.» 27. Juni: «Den ganzen Tag über tummeln sich Leute mit Siegermiene und mit Armbinden in den litauischen Nationalfarben in den Straßen, dringen in die Häuser ein und transportieren am helllichten Tag jüdischen Besitz ab, wobei sie auch den letzten Plunder nicht verschmähen. Es ist wie eine Epidemie, ein Ausbruch von Gier … Alle sind mit Gewehren bewaffnet. Leider ‹kämpfen› sie so tapfer nur mit Genehmigung der Machthaber (ob nun der roten oder der schwarzen, das ist gleich: Ich erinnere mich, als die Sowjets einmarschierten, trieben sich alle Strolche in den ersten Tagen mit roten Armbinden herum).» 4. Juli: «Einige tausend Juden sind erschossen worden. In Vilijampolé sind die Menschen in jedem dritten Haus abgeschlachtet worden. Auf Lastkraftwagen werden jüdische Frauen irgendwohin transportiert …» 31. Dezember: «Doch hinter der Wand zechen die betrunkenen Deutschen, grölen, schreien, singen mit groben Stimmen … Sie glauben an ihren Triumph … glauben, sie seien die Herrenrasse, dazu bestimmt, das ‹Neue Europa› zu regieren.»

Die Farben einer Stadt: Vilnius

Drei Jahre später war Europa ein Trümmerhaufen. Und an seinem östlichsten Rand verfiel das vielgestaltige Vilnius. Das reiche Erbe seiner Völker und Sprachen war ausgelöscht, das jüdische Viertel verödet, die deutschen Besatzer hatten nur Ruinen zurückgelassen. Von den 80 000 jüdischen Einwohnern des «Jerusalems des Nordens», fast die Hälfte der Stadtbevölkerung, hatten gerade einmal 800 die Vernichtung überlebt. Auf die Stadt der drei Farben, wie Tomas Venclova sie nennt – das Gelb der Fassaden, das Grün der Gärten und das Rot der Dachziegel –, legte sich das Grau der sowjetischen Besatzung, das für mehr als vier Jahrzehnte das Stadtbild bestimmen sollte. Damals, im Juni 1945, kam ein kleiner Junge aus Krasnodar im Kaukasus auf einem Pferdewagen in die Stadt. Acht Jahre alt ist Milan Chersonskij. Er weiß nichts über die Anfänge von Vilnius am Zusammenfluss von Neris und Vilnia. Sie reichen weit in die Zeit zurück, als undurchdringliche Wälder das ganze Land bedeckten. Auch weiß er nichts vom jüdischen Vilne, dem Massenmord im nahegelegenen Paneriai, wo 70 000 Juden erschossen worden sind. Die Einheimischen wussten es, aber sie schwiegen. Auf historischen Aufnahmen vom Ghetto nach Kriegsende sehen wir, was den Achtjährigen damals schaudern ließ. Berge von Schutt, Häusergerippe, geschwärzte Mauern, aus Ruinen ragende Kamine. Viele Jahre später sollte aus dem Neuankömmling einer der Großen des jiddischen Theaters in Osteuropa werden. Auch das ist schon Vergangenheit. Milan Chersonskij, wir treffen ihn in einem Bistro mitten im ehemaligen Ghetto, begrüßt uns mit einem herzlichen Lächeln. In seinem Leben spiegelt sich die Geschichte des 20. Jahrhunderts wider.

Ein Pelzmantel für eine Kuh

Ein Tag um den 22. Juni 1941 herum. Der vierjährige Milan beobachtet durch ein Fenster der elterlichen Wohnung in Kiew einen Riesenauflauf von Menschen auf der Straße. Sie schreien und gestikulieren. Viele schleppen Koffer, Körbe und prall gefüllte Säcke. Lastwagen und Armeefahrzeuge bahnen sich hupend einen Weg durch die Menschenmenge. Die Atmosphäre ist aufgeladen mit Angst. Der Vater, Redakteur und Rotarmist, verlässt die Wohnung und sagt zum Abschied: «Wir werden die Deutschen nicht in die Stadt lassen.» Milan blickt seinem Vater auf der Straße nach, bis er in der Menge verschwindet. Er wird ihn nie mehr sehen. Der Politkommissar überlebt zwar den Krieg mit zerschmetterter Hüfte, Milans Mutter lässt sich aber von ihm scheiden. Die Oma schimpft auf Milans weinende Mutter ein, treibt sie zur Flucht. Mit einem Koffer, Bettlaken und Decken rennen die drei zur Leninwerft, auf der Milans Mutter als Sekretärin und Stenografin arbeitet. «Meine Mutter war wunderbar. Ich habe sie viel mehr als meinen Vater geliebt.» Mit einem der letzten Züge, die Kiew noch verlassen, einem Güterzug, entkommen sie. Beim Ausfahren sieht Milan von der Plattform des Zuges aus deutsche Panzer, die darauf warten, die Stadt einzunehmen. Die meisten seiner Verwandten sterben in der Schlucht von Babij Jar. SS und ukrainische Hilfstruppen erschießen am 29. und 30. September 33 771 Juden der Stadt. Der Zug bringt Milan nach tagelanger Fahrt in eine fremde Welt. Die Flüchtlinge kommen in einem Dorf bei der Stadt Kasan westlich des Uralgebirges unter. Zwanzig Familien leben in einem einstöckigen Gebäude mit einem langen Flur, von dem auf beiden Seiten die Zimmer abgehen. Am Ende des Ganges steht ein großer Ofen zur gemeinschaftlichen Benutzung. Die Mutter arbeitet zwölf Stunden täglich in der Qualitätskontrolle einer Panzerfabrik. Sie spricht Jiddisch wie alle hier. Milan bekommt ein russisch-tatarisches Wörterbuch in die Hände und ärgert die Erwachsenen, weil er deren Jiddisch immer ins Russische übersetzt. Der Junge eignet sich auch die tatarische Sprache an. Anfang 1943 zieht die Familie in die Gebirgsregion Krasnodar im Kaukasus zu einem Bruder des Vaters, einem Schuldirektor, der aus dem belagerten Leningrad evakuiert worden war. Der Onkel ist seit der Blockade geistig verwirrt und verteilt den ganzen Tag über im Dorf Brotkügelchen. Alle hungern. Wäre da nicht Maschka gewesen, sie hätten nicht überlebt. Die Oma hatte einen Pelzmantel gerettet und ihn gegen die Kuh eingetauscht. «Ich habe die Kuh sehr geliebt und sie mich», sagt Milan Chersonskij. Jeden Abend wartet der Junge auf ihre Rückkehr von der Weide. «Maschka suchte mich immer mit ihren großen, sanftmütigen und glänzenden Augen. Dank ihrer Milch haben wir überlebt bis zum Sieg. Maschka war auch meine Erzieherin.» Die Mutter will zurück nach Kiew, aber Moskau hat andere Pläne mit den Evakuierten. So kommt die Familie nach Vilnius. «Ich war wahnsinnig traurig, dass ich von Maschka Abschied nehmen musste.» Milan kann schreiben und lesen, aber die Mutter lässt den Achtjährigen zunächst nicht in die Schule gehen. Sie hat Angst um ihn. Die Sowjets vertreiben die polnische Bevölkerung aus Vilnius und machen unter Litauern Jagd auf Kollaborateure. Hinrichtungen, Internierungen, Deportationen – viele Litauer sind mit den Deutschen geflohen, wanderten in die USA aus, Tausende gehen in den Widerstand, kämpfen noch bis 1953 als sogenannte Waldbrüder in den litauischen Wäldern gegen die Sowjets. 50 Jahre später wird die starke litauische Gemeinde in der Emigration den Mythos von der Opferrolle ihrer Nation gebären. Die Reste des Ghettos stehen noch lange. Man weiß und schweigt und mag die Juden nach wie vor nicht. Milan trägt kurze Hosen. Die Schwester der Hausbesitzerin greift ihm plötzlich in den Schritt, um zu prüfen, ob er beschnitten ist. Er erschrickt und tritt sie mit dem Fuß. Die

Frau fällt nach hinten, ihr Rock fliegt hoch, und der Junge starrt auf ihren nackten Unterleib.

Verordnetes Vergessen

Die neuen Machthaber froren die Erinnerung an den Judenmord ein. 1953 schlossen sie das jüdische Museum, das nach Kriegsende eingerichtet worden war. Sie ersetzten das Mahnmal für die Opfer von Ponariai durch ein anderes, dessen Inschrift nur noch davon erzählte, dass an diesem Ort «sowjetische Bürger» von den Faschisten ermordet worden waren. Sie überbauten die Überreste jüdischer Friedhöfe und anderer Bauwerke. Die Mauerreste der Großen Synagoge, von den Deutschen bereits weitgehend zerstört, wurden in den 1950er Jahren abgetragen, um Platz für einen Kindergarten zu schaffen. Ein paar Relikte der Synagoge aus dem 17. Jahrhundert sind heute im Jüdischen Museum aufbewahrt. Die Altstadt von Vilnius mit ihren barocken Palästen und Kirchen, den engen und kurvigen Straßen, Hinterhöfen, Gassen und vielen Türmen wirkt lichter und freundlicher als Kaunas. Über den Plätzen liegt ein fast italienisches Flair. Ein wenig wirkt das historische Zentrum aber auch wie ein Freilichtmuseum für Touristen. Auf beiden Seiten der Deutschen Straße lag das Ghetto. Eine Gedenktafel in der Arkliu-Straße 5 erinnert an das Ghettotheater, das im Januar 1942 gegründet wurde und 120 Aufführungen inszenierte. Eine Bronzestatue zeigt den jüdischen Arzt Zemach Schabad (1864–1935), das Mädchen neben ihm hält ihm vertrauensvoll ihre kranke Katze entgegen. Milan Chersonskij umkreist die Figuren und fragt, was uns daran auffällt. Eben nichts. Kein Hinweis darauf, dass die Statue einen Juden zeigt. Ein paar Schritte weiter steht abseits und verborgen zwischen Hecken ein Gedenkstein für die Ghettoopfer. «Sehen Sie die Tausende, die hierher pilgern?» An das jüdische Vilne erinnert in der 543000 Einwohner großen Stadt nur noch die Choral-Synagoge in der vielbefahrenen Plačioji Straße im Stadtzentrum. Sie ist als einzige von 107 Synagogen und Bethäusern vor dem Zweiten Weltkrieg erhalten geblieben. Das Bauwerk mit maurisch-romanischen Stilelementen wurde von dem Architekten Dawid Rozenhaus im Jahr 1903 errichtet. Nach Kriegsende kamen Juden von überall her, aus Lettland, Estland, Ukraine und Weißrussland, weil in der Synagoge Matzen für Pessach hergestellt wurden. Aber noch wichtiger als die ungesäuerten Brotfladen war den Besuchern etwas anderes: Die Synagoge fungierte als Nachrichtenbörse, an der die Überlebenden zu erfahren hofften, wer aus ihren Familien das Morden überstanden hatte.

Verschüttetes Erbe

650 Jahre litvakische Kultur in Litauen waren ausgelöscht. Die Bedeutung dieses Verlusts für die jüdische Diaspora und das christliche Europa ist noch heute, 70 Jahre danach, nicht wirklich verstanden worden. Der Historiker Solomon Atamuk zählt auf: «In der Stadt hatte sich ein weites Netz jüdischer Sozialhilfe- und Wohltätigkeitseinrichtungen entwickelt, Krankenhäuser, Waisenheime, Altenheime, Armenküchen, Sozialwohnungen. Aktiv waren die jüdischen Sportvereine, deren zahlenstärkster der 1916 gegründete «Maccabi» war. Mitte der dreißiger Jahre waren in Vilnius 160 jüdische Gesellschaften und Vereine tätig: 72 Wohltätigkeitsvereine, 32 Berufs- und Wirtschaftsorganisationen, 30 für Bildung und Kultur, 12 Vereine für Wissenschaftler, acht von Akademikern, drei Sportvereine, fünf Vereine anderen Profils. Anfang der dreißiger Jahre erschienen in Vilnius 17 jüdische periodische Ausgaben, darunter fünf Tageszeitungen, fünf Wochen- oder Zweiwochen-Zeitschriften, drei Vierteljahresschriften.» Das Ensemble der «Wilner trupe» schrieb Theatergeschichte. Das jüdische Vilne strahlte in die Welt aus. Tomas Venclova meint, dass der Staat Israel ohne Vilnius nicht gegründet worden wäre. Die Grundlagen für das aufgeklärte, liberale Judentum, das in Vilnius herrschte, hatte Rabbi Elijah ben Solomon Zalman, der Gaon von Vilne (1720–1797), gelegt. Zu diesem überragenden Gelehrten strömten Schüler aus Deutschland, Ungarn und anderen Ländern. Er verteidigte Wissenschaft und Schrift gegen den Pantheismus der Chassiden, die in der Ekstase Gott suchten. Im 19. Jahrhundert wurde Vilnius zum Geburtsort der modernen hebräischen Literatur und der

jiddischen Sprache. Auf einer Stele nahe dem Standort der ehemaligen Großen Synagoge erinnert eine Büste an den Gaon.

Ungefähr 3000 Juden leben heute in Vilnius. Anfang des Jahrtausends wollte der Politiker Emanuelis Zingeris einen Großteil des jüdischen Viertels originalgetreu wieder aufbauen lassen. Das «Jewish Ghetto Project» wurde vom Parlament und der Stadt gebilligt – seitdem war nichts mehr davon zu hören. Allerdings hätte die jüdische Gemeinde ein «jüdisches Disneyland» ohnehin abgelehnt. Zingeris, der einzige Jude Europas, der die Prager Deklaration unterzeichnet hat, führt den Vorsitz der Kommission zur Erforschung der nationalsozialistischen und sowjetischen Verbrechen. «Das Problem ist, dass viele Litauer, die gegen die Sowjets und für die Unabhängigkeit Litauens gekämpft haben, zugleich an den Mordaktionen gegen Juden teilgenommen haben. Sie haben für Litauen gekämpft, aber sie haben auch Juden ermordet. Zugleich standen Juden im Kampf gegen die Nazis, also für die Freiheit Litauens. In Israel sind viele Namen von Kollaborateuren und Mördern bekannt, aber hier in Litauen werden sie als Partisanen und Helden betrachtet», erklärte Simon Alperavitchius, der frühere Präsident der Jüdischen Gemeinde, im litauischen Holocaust-Gedenkjahr 2011 in einem Interview der taz. Das staatliche «Museum für die Opfer des Genozids» spart denn auch den Massenmord an den Juden aus. Eine Holocaust-Ausstellung gibt es seit 1991 im Grünen Haus, das zum staatlichen Jüdischen Museum gehört. Der Weg zu dem abgelegenen Gebäude ist nicht leicht zu finden, es gibt keine Hinweisschilder.

«Kapitän auf dem sinkenden Schiff»

Zwei Tage lang sitzen wir mit Milan Chersonskij viele Stunden in dem kleinen Bistro an der Deutschen Straße. Er schlägt uns mit seinem Monolog auf das untergegangene Judentum Osteuropas in Bann. Aufbruch und Hoffnung, die vielleicht auch er einmal mit der Befreiung durch die Rote Armee verbunden hatte, starben im Laboratorium des neuen sowjetischen Menschen. Es war, als man die Zukunft zu gewinnen glaubte, schon vorbei. Sein Leben lang hat er für die Renaissance des jüdischen Lebens gekämpft – und keine andere Stadt als Vilnius wäre ein besserer Ort für seine Siege und Niederlagen gewesen. Von 1979 bis 1999 arbeitete er als Intendant und Dramaturg des jiddischen Theaters, des einzigen ständig spielenden in der UdSSR, dann bis 2011 als Publizist und Herausgeber der «Jerusalem of Lithuania», einer Zeitung in vier Sprachen, Englisch, Litauisch, Russisch und Jiddisch. Das Theater, die «Jüdischen Amateur-Kunstkollektive», wurde 1956 begründet und spielte eine zentrale Rolle gegen die Politik der Assimilation in sowjetischer Zeit. Das Ensemble umfasste bis zu zweihundert Mitglieder, Arbeiter, Beamte, Ärzte, Studenten. Milan Chersonskij, der als Junge durch das zerstörte Vilne gegangen war, brachte vergessene Lieder, Literatur, Theaterstücke, Tanzschritte und Musikkompositionen der verschwundenen Welt zum Erblühen. «Juden haben ihre eigenen ethnischen, moralischen und künstlerischen Werte, ihre eigene reiche Sprache und Kultur», sagt er. Das Theater gab den Juden wieder eine Art Heimat. Knapp 25 000 lebten nach einer Volkszählung 1959 in Litauen, fast alle waren nach dem Krieg zugewandert. Aufführungen und Konzerte boten auch die Möglichkeit, an unterdrückte und verbotene Informationen über das jüdische Leben auf der anderen Seite des Eisernen Vorhangs zu kommen. Das Beispiel von Vilnius strahlte auf die Juden anderer Sowjetrepubliken aus, ermunterte sie, ihre Identität gegen Zwangsassimilierung und antisemitische Politik zu verteidigen. Dann kam der Tag, an dem Milan Chersonskij ein letztes Mal über die Bühne seines Theaters in der Daukanto 5 ging und die Türen für immer schloss. Das war im Jahr 1996. Alle Jungen seines Ensembles gingen fort, nach England, Israel oder in die USA. Seine Schauspieler fragten ihn, dem sie als Regisseur ihr Bühnenleben anvertraut hatten, nach Rat für das wirkliche Leben. Ob sie weggehen oder hierbleiben sollten? Was hätte er ihnen sagen sollen? Milan Chersonskij wollte ihnen den Weg hinaus nicht schwer machen. «Ich blieb wie ein Kapitän auf dem sinkenden Schiff.»

Partisanin und Bibliothekarin

Fanja Brancowskaja sitzt an einem großen Tisch in der Bibliothek des Jiddischen Instituts und schneidet hebräische Buchstaben aus einem Blatt Papier aus. Der New Yorker Linguist Dovid Katz hat das Institut in der Universität Vilnius im Jahr 2001 mitgegründet. Im polnischen Wilno entstand 1925 das wissenschaftliche Institut Yivo, das 1940 nach New York umzog. Das weltweit größte Zentrum zur Erforschung der Geschichte und Kultur der osteuropäischen Juden hat heute seinen Hauptsitz in Manhattan. Von den Fenstern der Bibliothek geht der Blick in einen der Innenhöfe des verwinkelten und weiträumigen Universitätsgeländes. Auf dem Pflaster sonnt sich eine Katze. Die Bibliothekarin Fanja Brancowskaja, die 1922 geboren wurde, trägt einen rosafarbenen Pullover, auf dem die roten Perlen ihrer Halskette gut zur Geltung kommen. Die beeindruckende Frau mit strahlend klaren Augen und wachem Blick ist einer der wenigen Menschen in Vilnius, die noch Jiddisch sprechen. Fanjas gesamte Familie wurde ermordet. Sie überlebte das Ghetto in Vilnius, flüchtete zu jüdischen Partisanen, der Fareinikte Partisaner Organisatzije (FPO), bekämpfte die Deutschen und nahm mit ihrer Einheit an der Befreiung der Stadt durch die Rote Armee teil. Unter den Partisanen begegnete sie, wie sie sagt, der großen Liebe ihres Lebens, ihrem Mann und besten Freund Michail, der 1985 gestorben ist. Ihre Geschichte ist bekannt, auch in Deutschland, 2009 wurde sie mit dem Bundesverdienstkreuz ausgezeichnet. «Solange ich kann, bin ich verpflichtet zu erzählen», sagt sie. Das hat sie auch an der Führungsakademie der Bundeswehr in der Clausewitz Kaserne in Hamburg getan. In einem Dankesschreiben heißt es: «Berührend auch Ihre Erzählungen aus der sowjetischen Besatzungszeit, die für Sie und Juden nicht minder schlimm gewesen ist.» Nicht minder als was? Fanja Brancowskaja lächelt. Sie schiebt ein zerknittertes Foto aus der Vorkriegszeit über den Tisch. 16 Männer und Frauen ihrer Familie – alle von Deutschen ermordet. Als ihr Mann und sie aus den Wäldern nach Vilnius zurückkehrten, hofften sie darauf, dass es wieder ein jüdisches Leben geben wird. Das hofft sie noch heute. «Ich bin eine optimistische Seele», sagt sie und lacht.

Milan Chersonskij war von 1979 bis 1999 Intendant
des jiddischen Theaters in Vilnius.

Und sie ist eine typische Vertreterin des einst aufgeklärten Judentums
in Vilnius. Für ihre Identität spielt die Religion nicht die zentrale
Rolle. «Ich bin als Jüdin geboren und in der jüdischen Kultur aufgewachsen. Meine Familie war nicht religiös, aber wir haben alle
Feiertage eingehalten.» Sie war 19, als die Deutschen sie in das Ghetto
sperrten, und sie musste den Untergang ihrer Welt mitansehen.
«Schwarzbuch» heißt die Dokumentensammlung zur Judenvernichtung zwischen der Ostsee und dem Schwarzen Meer, an der Ilja
Ehrenburg und Wassilij Grossman nach Kriegsende in Moskau arbeiteten. Die Publikation erregte aber rasch das Missfallen der Sow-
jetführung. Ilja Ehrenburg hatte Angst, das Material, bei sich zu
Hause aufzubewahren. Die Zeugnisse aus Litauen lagerten im Jüdischen Museum in Vilnius. Als die Sowjets 1948 das Haus schlossen,
schmuggelte Fanja das brisante Material nach Moskau.

   «Vilnius war vor dem Krieg eine so schöne Stadt.» Fanja Brancow-
kaja ist ihrer Heimatstadt tief verbunden, auch wenn der Judenhass
im unabhängigen Litauen geblieben ist. Heute sei vieles erlaubt: Menschen feiern den Geburtstag Hitlers, Teile der Presse hetzen gegen
Juden, die Gerichte erlauben das Swastika – und einmal dachte Fanja
Brancowskaja, sie sei in Dreharbeiten zu einem Film gestolpert. Auf

der Straße sah sie vier Männer, die unbekümmert Hakenkreuze an ihrer Kleidung trugen. «Es gibt viele schlimme Sachen.» Aber das Schlimmste stieß ihr 2008 zu. Die Polizei suchte damals die 85-Jährige. Die Staatsanwaltschaft ermittelte wegen Kriegsverbrechen gegen die ehemalige Partisanin. Begonnen hatte es zwei Jahre früher. Die litauische Justiz ermittelte gegen Yitzhak Arad, Holocaust-Überlebender und ehemaliger Direktor von Yad Vashem bei Jerusalem. Sie bezichtigte ihn, als Partisan Kriegsverbrechen verübt zu haben und verlangte gar vom Staat Israel seine Auslieferung. «Es war schrecklich, meine Töchter machten sich große Sorgen», sagt Fanja Brancowskaja. Sie wurde über Arad verhört und musste sich selbst gegen völlig unbegründete Vorwürfe zur Wehr setzen. Die Kampagne gegen sie begann mit einem Zeitungsartikel, in dem sie als «Banditin» beschimpft wurde. Ein Parlamentsabgeordneter griff sie und Deutschland öffentlich an, da ihr das Bundesverdienstkreuz verliehen wurde. Die Verfolgung ehemaliger jüdischer Partisanen in der Kulturhauptstadt Vilnius 2009 löste weltweit Empörung aus. Dovid Katz mischte sich ein. «Das war ein Schritt, den ich als Mensch, als Jude und als Freund des Jiddischen nicht schweigend hinnehmen konnte.» Es sei ein Verbrechen gewesen, diese hochbetagten Menschen, Helden im Kampf gegen Hitler, als verdächtige Kriegsverbrecher in die Geschichte schicken zu wollen. Der Wissenschaftler verlor daraufhin seine Stelle am Institut. Katz betreibt die Website «Defending history», in der viele Autoren aufbegehren gegen die auch von Litauen ausgehenden Versuche, die Geschichte des Holocaust und des Zweiten Weltkriegs umzuschreiben. Einer der Autoren der Website ist Milan Chersonskij. Er und die anderen streiten für ein liberales und tolerantes Europa. Manchmal aber wähnt sich Milan Chersonskij auf aussichtslosem Posten: «Europa ist in Auschwitz gestorben.»

«In Litauens staatlichen Institutionen und in der Gesellschaft wimmelt es von antisemitischen Stimmungen», schrieb die angesehene litauische Tageszeitung «Lietuvos Rytas» vor ein paar Jahren. Damals wurde das Ermittlungsverfahren gegen Petras Stankeras, einen ehemaligen Mitarbeiter des Innenministeriums, eingestellt. Er hatte in einem Aufsatz über «angeblich» ermordete Juden geschrieben. Es hört nicht auf. Die Hexenjagd auf Fanja Brancowskaja geht 2017 weiter. In rechten Internet-Portalen wird die nunmehr 95-Jährige erneut beschuldigt. Am Unabhängigkeitstag, 11. März, hetzen «Defending History» zufolge Ultranationalisten bei einer genehmigten Kundgebung vor dem Präsidentenpalast in Vilnius gegen die ehemalige jüdische Partisanin und fordern, dass ihr die höchste staatliche Auszeichnung, die sie im Februar für ihren Einsatz zur «Holocaust-Erziehung» erhalten hat, entzogen wird. «Ist das etwa das wahre Gesicht Litauens, das zum Klub der zivilisierten Staaten Europas gehört?» fragte die Zeitung. Das fragt sich in manchen Momenten auch Fanja Brancowskaja und verzweifelt fast an ihrem Land: «Kann sein, dass ich hier fremd bin.»

Ukraine

«Ich will die Kinder nicht nur für Odessa, sondern für die Welt retten»

Die Nachwirkungen des Schreckens in einem zerrissenen Land

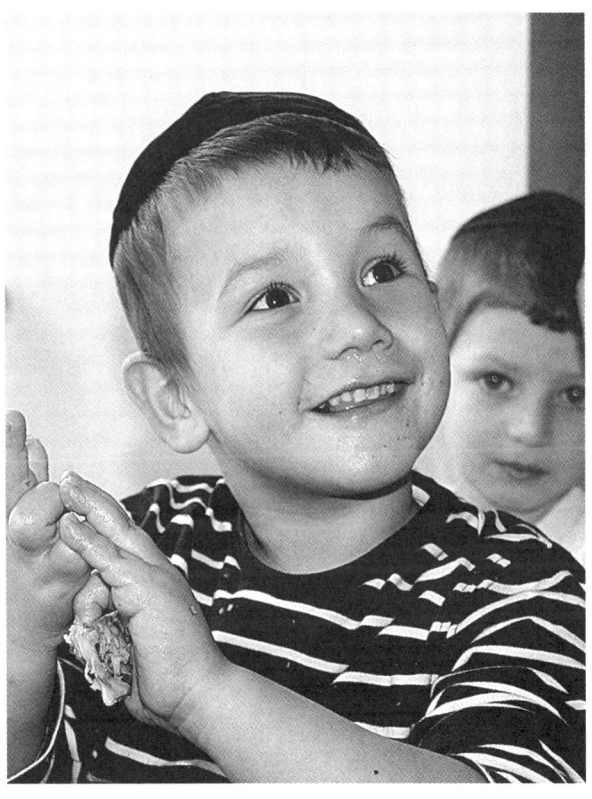

Im jüdischen Waisenheim Tikva in Odessa

Die Stimme des Vorbeters hallt von den kahlen Wänden wider, sein Oberkörper wippt rhythmisch vor und zurück. «Amen», wiederholen die Frauen und Männer wie aus einem Mund. Es ist ein ungemütlicher, verregneter Oktobertag mitten in Lemberg. In einem dunklen Gewölbeeingang einer zerstörten Synagoge am Ende der Starojewrejska Straße begeht eine kleine orthodoxe Gemeinde Simchat Tora, das Fest der Torafreude. In den jüdischen Gotteshäusern endet der wöchentliche Lesezyklus aus den Fünf Büchern Moses, die Tora wird wieder an den Anfang gerollt, und das Lesen beginnt von vorne. In Israel ist es üblich, dass gläubige Juden die Tora-Rollen anschließend in festlichen Umzügen durch die Straßen tragen. Kinder bekommen Süßigkeiten, bis in die frühen Morgenstunden wird getanzt und gesungen. Hier aber will keine Feierlaune aufkommen. Die Menschen frieren. Die kalte Luft verwandelt ihren Atem in weiße Wolken. Ein Teil des Eingangs, einige Grundmauern und die Nordwand mit zugemauerten Fenstern, das ist alles, was von der einst berühmtesten Synagoge Lembergs übrig blieb. Seit ihrer Zerstörung durch die Nazis im Sommer 1942 ist die «Goldene Rose» nur noch eine Ruine. Kein anderer Ort symbolisiert den Aufstieg und den Niedergang des Lemberger Judentums mehr als dieser. Erbaut Ende des 16. Jahrhunderts, war die «Goldene Rose» der ganze Stolz der Lemberger Juden. Heute wuchert an der Ruine Efeu empor, Tauben bauen sich in den Spalten der bröckelnden Mauern Nistplätze. 600 Jahre lang war Lemberg eines der Zentren des jüdischen Lebens und der jiddischen Sprache in Osteuropa. Zu Beginn des 20. Jahrhunderts wetteiferten drei religiöse Strömungen miteinander: Chassidismus, Orthodoxie und Neologie. Von den 45 Synagogen und Bethäusern der Vorkriegszeit stehen heute nur noch zwei. In der einstigen chassidischen Synagoge in der Wugilna Straße hat seit 1989 der jüdische Kulturverein Scholem Alejchem seinen Sitz. Das Gebäude ist baufällig, das Geld für kulturelle Veranstaltungen müssen die Mitglieder von Sponsoren auftreiben. Die zweite Synagoge, in der Nähe des Bahnhofs, wurde aufwendig renoviert. Geld kommt vor allem aus den USA, auch der Rabbiner Mordechai Bald ist Amerikaner. Dem strenggläubigen Mann aus Brooklyn wird nachgesagt, dass er zwar viel von der Religion versteht, aber nur wenig von der Mentalität der Menschen in Lemberg. «Ich erinnere mich, wie beleidigt er einmal war, als manche während des Pessach-Festes in der Synagoge Wodka tranken», sagt Olena Andronatij, Leiterin der jüdischen Jugendorganisation Hillel. Die meisten Lemberger Juden, ihre Zahl wird auf 1000 bis 1600 geschätzt, gehen gar nicht oder nur an Feiertagen in die Synagoge. Wie fast überall in postkommunistischen Ländern müssen auch hier die jüdischen Traditionen erst langsam wiederbelebt werden. Boris Oratsch und Boris Dorfmann befolgten einige *Mizwot,* jüdische Vorschriften, auch in der Zeit, als der staatlich verordnete Atheismus sie zur Anpassung zwang. Die beiden gehörten zu einer Gruppe religiöser Juden, die sich heimlich in Privatwohnungen zum Gebet trafen. Oft kam es vor, dass KGB-Agenten dort auftauchten, die Angelegenheit ließ sich aber meistens mit einer Flasche Wodka regeln. Seit Anfang der neunziger Jahre kommen die alten Herren in die Ruine der «Goldenen Rose». «Für mich ist dieser Ort heilig», sagt Boris Oratsch. Es gab mehrere Pläne, die Synagoge wieder aufzubauen, sie wurden aber nie umgesetzt. Die Gemeindemitglieder, alle schon ältere Menschen, wirken aber noch aus einem anderen Grund so betrübt. Die Preise für Medikamente, Lebensmittel, Strom und Heizung sind schon wieder gestiegen, die ohnehin kargen Renten aber nicht. Ohne die Hilfe jüdischer Wohlfahrtsorganisationen würden viele Lemberger Juden nicht über die Runden kommen. Die Spenden aus dem Ausland wecken in der wirtschaftsschwachen, von hoher Arbeitslosigkeit geplagten Stadt alte Ressentiments. Vor einer Woche wurde während des Abendgebets die Eingangstür mit Steinen beworfen, mehrere Besucher trauten sich danach nicht mehr auf die Straße. «Kinder», beschwichtigten manche, aber auch sie befiel ein Gefühl von Unsicherheit. Es war nicht das erste Mal. Auf dem Weg sahen wir an den Fassaden benachbarter Häuser antisemitische Schmierereien. Man hat sie zwar verwischt, lesen konnte man sie trotzdem noch.

«Unsere Leute haben Angst», sagte gestern Semjon Podolskij in der jüdischen Wohlfahrtsorganisation Hessed. Er ist der Vorsitzende des Lemberger Vereins der jüdischen KZ- und Ghettoüberlebenden. «Fragen Sie, was immer Sie interessiert. Nur über den Antisemitismus will

hier keiner mehr reden, man ist des Themas überdrüssig.» Kaum eine
halbe Stunde später sprachen er und die anderen acht alten Männer,
die zu dem Treffen kamen, über nichts anderes. Am Abend saßen wir
dann im Restaurant unseres Hotels mit dem 84-jährigen Chefredakteur der jüdischen Monatszeitung «Schofar», Boris Komskij, zusammen. Der charismatische Mann mit einer Vorliebe für filterlose Zigaretten war 1943 in der Panzerschlacht bei Kursk dabei. Er wurde
verwundet, schleppte sich aber zu seiner Einheit zurück und stieß mit
ihr bis nach Berlin vor. So jemand lässt sich nicht so leicht einschüchtern, könnte man meinen. Aber er wirkte nervös. Nur die Russen
würden in Lemberg noch mehr als die Juden gehasst, sagte er und kr-
amte Zeitungsartikel hervor. «Dem Gott die Macht, den Ukrainern
die Ukraine, den Judenparasiten Israel», lasen wir dort. Auch ein
Flugblatt mit der Nazikarikatur eines Juden, der nach der Weltherrschaft greift. Eines Nachts, kurz vor den Kommunalwahlen, fand
man solche Flugblätter in der ganzen Stadt. Der Vorfall ging Boris
Komskij nicht mehr aus dem Kopf. «Stellen Sie sich vor: Sie stehen
auf und finden in Ihrem Briefkasten so etwas.»

Judenfeindlichkeit begleitete den Alltag von Lemberger Juden auch
in der Nachkriegszeit. Im Juni 1945 kam es in der Stadt fast zu einem
Pogrom. In der Synagoge in der Ugolnaja hielt sich gerade eine
Gruppe religiöser Juden aus der Ostukraine auf, als sich vor dem Gebäude eine wütende Menge versammelte. Hysterisch schreiend beschuldigte der Mob die Betenden des Ritualmordes an christlichen
Kindern. Eine Untersuchungskommission wurde eingesetzt, sie fand
aber nur Federn und Blut von geschächteten Hühnern. Ende 1952
ging Moskau gegen eine angebliche «Ärzteverschwörung» vor. Nam-
hafte Ärzte im Kreml, die meisten von ihnen Juden, wurden beschuldigt, einen Plan zur Ermordung von Stalin und der Parteispitze ausge-
heckt zu haben. Nach Stalins Tod gaben die Sowjetführer zu, dass es
sich um eine gezielte antisemitische Kampagne gehandelt hatte. Aber
in der ganzen Sowjetunion mit geschätzten zwei Millionen jüdischen
Einwohnern kam es zu einem starken Anstieg des Antisemitismus.
1955 ermöglichte Moskau wie schon 1945 früheren polnischen Staats-
bürgern die Umsiedlung nach Polen. Tausende westukrainische Juden

emigrierten über das Nachbarland nach Israel. Eine Auswanderungswelle folgte in der Entspannungsphase zwischen Ost und West in den
siebziger Jahren. Eine Viertel Million sowjetischer Juden verließ bis
1980 ihre Heimat. Nach dem Zusammenbruch der Sowjetunion gingen 73 Prozent der 495 000 ukrainischen Juden. Heute leben in der
Ukraine, einem Land mit 45 Millionen Einwohnern, etwa 100 000 bis
150 000 Juden. Ihre Zahl schrumpft weiter.

Zwei Frauen dauert der Gottesdienst in der «Goldenen Rose» zu
lang, sie unterhalten sich laut. «Stille, Weiber!», schimpft eine Män-
nerstimme aus dem Vorderraum. Wie in den orthodoxen Gemeinden
üblich, sitzen Frauen und Männer voneinander getrennt. Zweimal
stören die Frauen noch, dann erscheint der wütende Vorbeter im
Frauenraum. Er bemerkt unseren Notizblock. «Man darf nicht schreiben!», ruft er und tippt mit dem Finger auf eine Passage im Gebet-
buch: «Nach dem Gottesdienst dreimal das hier lesen!» Beschämt stecken wir den Block weg und murmeln eine Entschuldigung. «Sie sind
doch keine Juden, sie schreiben ein Buch», kichert eine junge Berline-
rin. Sie und ihr Freund, Juden mit ukrainischen Wurzeln, sitzen neben uns. Boris Oratsch hat sie wie auch uns eingeladen. «Trotzdem»,
entgegnet der Vorbeter und verschwindet hinter dem Vorhang. Um
zwei Uhr nachmittags, die Tora wurde gerade siebenmal durch den
Bogengang getragen, bessert sich die Stimmung schlagartig. Auf
kargen Holztischen breiten Frauen Kohlrouladen aus, gefillten Fisch,
Kuchen, koscheren Wein, Obst und Gemüse. Der Vorbeter kommt zu
uns. «Ein Glas Wodka?», fragt er versöhnlich. «Tut gut bei der Kälte.»

Neuer Nationalismus in einer alten Stadt

Einige Jahre vergehen, bis wir wieder vor der «Goldenen Rose» stehen. Im September 2016 wurden im Rahmen des Projektes «Raum
der Synagogen» ihre baulichen Überreste konserviert. Für manche ist
das ihr endgültiges Ende. Im Haus daneben, einer ehemaligen jüdischen Bäckerei, hat ein Restaurant eröffnet. «Shalom», grüßt die Kell-
nerin freundlich, im Hintergrund spielt Klezmermusik. Auf der Spei-
sekarte stehen keine Preise. Um die Rechnung muss der Gast «wie ein

Jude» feilschen. Vor dem Lokal biegen sich ein paar Jugendliche vor
Lachen. Sie tragen schwarze Hüte mit angeklebten Schläfenlocken,
die Touristen sich für ein Erinnerungsfoto ausleihen können. Was
würde wohl Boris Oratsch dazu sagen? Wir können ihn nicht fragen.
Er und Semjon Podolskij, auch Boris Komskij sind nicht mehr am
Leben. Wir spazieren zum Marktplatz. Die Häuserfassaden in der
Starojewrejska bröckeln nach wie vor, aber die antisemitischen
Schmähungen sind weg. Anti-Putin-Graffitis zieren die Wände, Ver-
kaufsbuden bieten das Konterfei des russischen Präsidenten auf Klo-
papierrollen und Fußabstreifern an. Das ohnehin schwierige Verhältnis zwischen der Westukraine und Russland hat sich nach den
Massenprotesten auf dem Kiewer Majdan im Winter 2013/14, der Annexion der Krim und dem Krieg in der Ostukraine nochmals verschlechtert. Auch Lemberg erlebte seinen «Majdan». Im Januar 2014
besetzten Demonstranten das Gebietsverwaltungsgebäude und zwangen den Gouverneur aus der Clique des früheren Präsidenten Wiktor
Janukowitsch zum Rücktritt. Ein Parteigänger der ultranationalistischen «Swoboda» übernahm vorübergehend sein Amt. Inzwischen ist
wieder Ruhe eingekehrt, aber die stürmischen Ereignisse haben aus
einer verschlafenen Provinzstadt hinter der Außengrenze der EU eine
selbstbewusste Metropole gemacht. Freitagabend. Aus den Straßencafés und Bars in der Altstadt dringt Lachen, trotz herbstlicher Tempe-
raturen sind alle Stühle im Freien besetzt. Auf dem Marktplatz tragen
viele junge Männer und Frauen die «Vyschywanka», das bestickte traditionelle Hemd, als Ausdruck ihres Patriotismus. Vor dem Denkmal
des Nationaldichters Taras Schewtschenko auf dem Freiheitsprospekt
sammeln Männer in Tarnuniform Geld für ukrainische Freiwilligen-
bataillone. Überall wehen ukrainische Fahnen, im patriotischen Blau-
gelb präsentieren sich sogar Straßenbahnen und Blumenbeete. Lviv,
wie Lemberg auf Ukrainisch heißt, ist schon immer die ukrainischste
aller Städte im Land gewesen. Das behaupten jedenfalls Lokalpatrio-
ten und nationalgesinnte Intellektuelle. Sie vergessen dabei, dass die
einstige galizische Metropole bis zum Zweiten Weltkrieg ein mul-
tiethnischer Kosmos war, eine «kleine Filiale der großen Welt», wie
Josef Roth 1924 erfreut schrieb. Lemberger Buchhandlungen boten

damals die neueste Literatur Englands und Frankreichs an, auf dem Straßenkorso herrschte ein lebhaftes Sprachgemisch aus Polnisch, Ukrainisch, Jiddisch, Deutsch, Russisch und Armenisch. Wer aber in dieser Stadt etwas werden wollte, musste Polnisch sprechen. Josef Roth, der Schriftsteller der gerade untergegangenen Habsburgermonarchie, übersah in seiner Liebe für seine alte Heimat Galizien die ethnischen Konflikte, die damals schon unter der Oberfläche brodelten. Eines entging ihm aber nicht: die tiefe Unzufriedenheit der Ukrainer in der Zweiten Polnischen Republik. Im Gegensatz zu vielen anderen ost- und mitteleuropäischen Völkern, die nach dem Ersten Weltkrieg ihre Nationalstaaten gründeten, gelang er den Ukrainern nicht, ihren Traum von der Unabhängigkeit zu verwirklichen. Vierhundert Jahre lang stand das einstige Teilfürstentum der Kiewer Rus, Galizien-Wolhynien, unter polnischer Herrschaft, im 18. Jahrhundert fiel es an die Habsburger. Die galizische Metropole war nach Wien, Budapest und Prag die viertgrößte Stadt der Donaumonarchie. 1919 marschierten in Lemberg polnische Truppen ein und beendeten die kurze Existenz der Westukrainischen Volksrepublik. Die Stadt wurde wieder polnisch. Anfang der dreißiger Jahre lebten in Lemberg etwa 310 000 Menschen. Jeder Zweite war ein Pole, Juden machten ein Drittel der Stadtbevölkerung aus, die Ukrainer fünfzehn Prozent. Polen und Ukrainer waren sich feind, einig nur in der schon traditionellen Ablehnung der Juden. Die meisten Ukrainer lebten als arme Bauern auf dem Land, Juden überwiegend in den Städten. Sie hatten eine Schulbildung und betrieben Handel. Polnische und ukrainische Kaufleute engagierten oft Boykottposten, die die Kunden am Betreten von jüdischen Geschäften hindern sollten. Die andauernde Wirtschaftskrise und die Weigerung der polnischen Regierung, auf die Forderungen nationaler Minderheiten einzugehen, heizten die Konflikte noch mehr an. Die 1929 gegründete Organisation der ukrainischen Nationalisten, die OUN, war eine typische Vertreterin der faschistischen und rechtsextremen Bewegungen, die auch in anderen Ländern Europas in der Zwischenkriegszeit entstanden. Die OUN wollte eine unabhängige, ethnisch homogene Ukraine und hoffte auf Hilfe von Nazideutschland. OUN-Aktivisten verübten Sabotageakte und mörderische Terrorangriffe auf polnische Gutsbesitzer und Politiker, töteten aber auch polenfreundliche Ukrainer. Am 17. September 1939 marschierten sowjetische Truppen in die Westukraine ein. Durch das geheime Zusatzprotokoll zum deutsch-sowjetischen Nichtangriffspakt fiel Ostgalizien an die Sowjetunion. Im Juli 1941 erklärte OUN-Chefideologe Stepan Lenkavskyj: «Im Bezug auf die Juden müssen wir alle Methoden anwenden, die ihrer Vernichtung dienen.»

Es bleibt eine Tragödie der ukrainischen Juden, dass die Kämpfe der Ukrainer gegen die Fremdherrschaft, von der offiziellen Geschichtsschreibung als glanzvolle Höhepunkte der Nationalgeschichte gepriesen, meistens mit grausamen Judenmorden einhergingen. Schon die Kosaken- und Bauernaufstände unter der Führung von Bogdan Chmelnizkij gegen den polnischen Adel im 17. Jahrhundert kosteten mindestens 50 000 Juden das Leben. Nach dem Ersten Weltkrieg, als Ukrainer und Polen um einen eigenen Staat rangen, geriet wieder die jüdische Bevölkerung zwischen die Fronten. Aber keine historische Persönlichkeit spaltet das Land heute mehr als Stepan Bandera, der einstige Anführer des radikalen Flügels der OUN, der 1959 in München vom KGB ermordet worden ist. Für die Ost- und Südukraine, in Russland, in den Nachbarländern Polen und Weißrussland und für Israel sind Bandera und seine Anhänger Nazikollaborateure und Massenmörder von Polen und Juden gewesen. In der Westukraine herrscht hingegen ein regelrechter Bandera-Kult. Gleich nach der politischen Wende stellten viele Städte und Dörfer zur Ehre Banderas Denkmäler auf und gaben Straßen seinen Namen. 2010 verlieh Wiktor Juschtschenko, die Gallionsfigur der «Orangenen Revolution» von 2004, dem Nationalistenführer posthum den Titel «Held der Ukraine». Das Europaparlament kritisierte die Entscheidung, das Simon Wiesenthal Zentrum in Jerusalem drückte seinen «tiefen Ekel» aus. 2011, der Präsident hieß Wiktor Janukowitsch, erkannte ein ukrainisches Gericht Bandera den Titel ab. 2015 wiederum erklärte das ukrainische Parlament die antisemitische OUN und deren 1942 gegründeten militärischen Arm, die Ukrainische Aufständische Armee (UPA), per Gesetz zu Unabhängigkeitskämpfern. Ausländische Historiker forderten Präsident Petro Poroschenko vergeblich dazu auf, das Gesetz nicht zu

unterschreiben. Die UPA ermordete 1943 in Wolhynien und 1944 in
Ostgalizien ungefähr 70 000 bis 100 000 Polen, Tausende Juden und
eine nicht bekannte Zahl an Ukrainern. Im Sommer 2016 deklarierte
der polnische Sejm die Wolhynien-Massaker als Völkermord.

Von Banderisten, Juden und Zhidobanderisten

Wie jeden Morgen parkt Mischa seinen alten Skoda vor dem Hotel
George und wartet auf Fahrgäste. Der Mittvierziger entspricht ganz
dem Klischeebild eines Westukrainers: rotblonde Haare, blaue Augen, rundes slawisches Gesicht, griechisch-katholisch und, wie sich
herausstellen wird, ziemlich abergläubisch. Und natürlich ein Patriot.
«Anschnallen brauchen Sie sich nicht, das macht man hier nicht»,
sagt er. Dann folgt eine waghalsige Fahrt über das holprige Kopfsteinpflaster. Auch Lemberg hat die typischen Plattenbauten, wurde aber
nicht so stark sowjetisiert, weil die Westukraine kürzer ein Teil der
Sowjetunion war als die weiter östlich liegenden Gebiete. Das merkt
man nicht nur an der Architektur. Hier glaubten die Menschen lieber
an Gott als an eine klassenlose Gesellschaft. Die meisten westukrainischen Gläubigen gehören der mit Rom unierten griechisch-katholi-
schen Kirche an. Die «Cerkew», wie man sie hier nennt, trug wesentlich zum nationalen Empfinden bei. Man blieb ihr treu, auch als die
stalinistische Politik sie in den Untergrund zwang. Anders als in der
Ost- und Südukraine, wo hauptsächlich Russisch gesprochen wird,
redet in Lemberg fast jeder Ukrainisch. «Sagen Sie nicht «Spasibo»
(danke), das ist die Sprache unseres Feindes», rät uns Mischa. Die
Ukraine war immer schon ein gespaltenes Land. «Wir haben eine
ganz andere Mentalität, Kultur und Geschichte als die Menschen in
der Ostukraine», sagt Mischa. Für ihn sind sie Russen. Und die mag
er nicht. Nicht einmal für die Flüchtlinge aus den von Separatisten
besetzten Gebieten empfindet er Mitleid. Die hätten doch vorher russische Fahnen geschwenkt, spinnt er sich zusammen. Schattenwirt-
schaft, mangelnder Reformwille, politische Instabilität, Rechtsunsi-
cherheit und Korruption belasten das Land schwer. Der Verlust der
Krim und der Krieg im Donbass verschärften die Lage. Mit Hilfe in-

ternationaler Kredite erholt sich die Wirtschaft langsam. Aber Oligarchen beeinflussen nach wie vor die politischen Entscheidungen im Land. 2016 lag der ukrainische Durchschnittslohn bei 193 Euro im Monat. Am meisten verdient man in Kiew, das Schlusslicht bilden landwirtschaftlich geprägte Gegenden der Westukraine. Flüchtlinge aus dem Osten, fürchtet Mischa, würden alles nur verschlimmern. Wir sagen ihm, dass wir ein Buch über das jüdische Osteuropa schreiben. Auch ihn interessiere die Geschichte. «Waren Sie schon beim Bandera-Denkmal?» Als wir verneinen, wirkt er enttäuscht. «Das wäre für Ihr Buch aber wichtig», sagt er. «Er ist unser Held.»

Am 30. Juni 1941 rief Banderas Stellvertreter Jaroslaw Stezko in Lemberg den unabhängigen ukrainischen Staat aus. «Es lebe Adolf Hitler und Stepan Bandera. Tod den Juden und den Kommunisten», stand auf Plakaten zur Begrüßung der Deutschen. Hitler hatte mit dem fruchtbaren Gebiet im Osten aber ganz andere Pläne als die Unabhängigkeit des Landes. Bandera und Stezko wurden verhaftet und in das Konzentrationslager Sachsenhausen gebracht, wo sie als «Sonderhäftlinge» bis April 1944 blieben. Die Besatzer setzten ihre «Endlösung» in Gang. OUN-Kämpfer und ukrainische Milizen assistierten ihnen dabei und verübten Judenmassaker auch selbst. Als die Rote Armee im Juli 1944 Lemberg befreite, waren von den 100 000 Juden der Vorkriegszeit nur noch etwa 3400 am Leben.

In der Ferne bellt ein Hund. Auf einem Teil des weitläufigen ehemaligen Janowski-Lagers steht heute ein Gefängnis. Wir kommen nicht weiter und fahren um das Gelände herum. Eine Gedenktafel informiert, dass im Lager «Unschuldige» von den Naziokkupanten ermordet wurden. Mischa fühlt sich unwohl. «Ich warte lieber im Auto», sagt er und zündet sich eine Zigarette an. Wir betreten eine wilde Wiese mit stellenweise hüfthohem Gras. Hinter undurchdringlichem Gebüsch und Bäumen liegt ein Weiher mit sumpfigem Wasser. In einer Ecke des Geländes türmt sich Abfall, auch eine alte Klosettschüssel ist darunter. Auf der Wiese liegt neben aufgegrabener Erde ein weißer Plastiksack mit verrosteten Schrauben und Metallteilen, etwas weiter ragt ein langer Knochen aus der Erde. Das Janowski-Lager am Stadtrand von Lemberg war das größte der insgesamt fünf

Zwangsarbeiterlager in der Zeit der deutschen Besatzung. Von März 1942 fuhren die Deportationszüge nach Bełżec und Treblinka. Im Janowski-Lager selbst kamen nach unterschiedlichen Schätzungen bis zu 200 000 Menschen um. Die allermeisten Opfer waren Juden. Im Herbst 1943 musste ein Häftlingskommando die Knochen der Ermordeten ausgraben und sie in Knochenmühlen zermahlen. Ein Teil einer Knochenmühle ist im Stadtmuseum ausgestellt.

Zurück am Auto zeigen wir Mischa im Display der Kamera unsere Aufnahmen von dem Gelände. Er wendet sich sofort ab und bekreuzigt sich. Während der Rückfahrt schweigt er. Zum Abschied sagt er: «Wissen Sie, auch wir Ukrainer litten sehr während des Krieges. Die Männer vom NKWD begingen viele Morde. Als das die Unsrigen sahen, wollten sie sich rächen. Schreiben Sie das, bitte.» Wir wissen, was er meint. Die Behauptung, die Judenpogrome im Sommer 1941 seien eine spontane Reaktion auf die vorherige Schreckensherrschaft des NKWD gewesen, in dessen Reihen angeblich vor allem Juden waren, ist in der Westukraine weitverbreitet. Am 22. Juni 1941 marschierte die Wehrmacht in die Westukraine ein, begleitet vom ukrainischen Bataillon «Nachtigall». Acht Tage später erreichten sie Lemberg. In der Zeit zwischen dem Rückzug der Sowjets und dem Eintreffen der Deutschen fanden in vielen westukrainischen Städten Pogrome statt. Auch in Lemberg kam es zu einem Blutbad, über dessen Ursachen, Verlauf, Täter und Opfer seit einigen Jahren eine erbitterte Diskussion geführt wird. NKWD-Männer erschossen, bevor sie aus Lemberg flüchteten, in einigen Gefängnissen Tausende politische Gegner, überwiegend Ukrainer, aber auch Polen und Juden. Ukrainische Milizen, die dem Bandera-Flügel der OUN unterstellt waren, gaben den Juden Schuld. Die Nachricht über das grausame Verbrechen verbreitete sich wie ein Lauffeuer und entfesselte eine Welle antijüdischer Gewalt, wie Lemberg sie noch nie erlebt hatte. «Die Stadt war nicht wiederzuerkennen», notierte damals die zehnjährige Jüdin Janina Hescheles in ihr Tagebuch. «Auf den Haustüren wehten blau-gelbe Fahnen, Geschäfte waren geplündert. Vor dem Postamt standen Menschen mit Schaufeln, Ukrainer schlugen auf sie ein und schrien: Jude! Jude! (..) Ich ging weiter, durchquerte den Kindergarten-Hof und sah dort sechsjährige Jungs, die den Frauen Haare rauften und Männern ihre Bärte.» Der Mob trieb Juden zu den Gefängnissen und zwang sie, die Leichen der NKWD-Opfer zu bergen. Dann fiel die Menschenmenge über sie her und erschlug sie mit Knüppeln und Eisenstangen. Am 30. Juni 1941, dem Tag der Ankunft der Wehrmacht, wurden in Lemberg etwa 4000 Juden getötet.

«Jeder in der Stadt wusste es»

Die Ereignisse von damals werfen einen Schatten auf die Rosh Hashana-Feier im Hessed. Es ist guter Brauch, dass Direktorin Ada Dianova zum Neujahrfest auch nichtjüdische Gäste einlädt. Diesmal unter anderem Myroslawa Sydor. Die platinblonde Lembergerin mit knallrotem Lippenstift und hoher Stimme arbeitet als Hochzeitsunterhalterin, produziert patriotische Videos über ihre Stadt, bestickt Vyshivankas und liebt Juden und jüdische Kultur. Das alles erzählt sie uns rasch an dem festlich dekorierten Tisch, auf dem Teller mit Karpfenköpfen und Flaschen mit koscherem Wein stehen. Als Myroslawa ans Mikrophon tritt, wird klar, dass sie auch Bühnenerfahrung hat. «Shanah Tovah», beglückwünscht sie auf Hebräisch die etwa fünfzig Gäste. Kurz vor dem Sühnetag wolle auch sie etwas beichten, sagt sie. «Ich bin jetzt 47 Jahre alt. Erst vor vier Jahren erfuhr ich, was hier im Sommer 1941 mit den Juden geschah.» Im Saal tritt plötzlich völlige Stille ein. «Meine liebste Juden, ich bitte Sie sehr: Verzeihen Sie!» Laut schluchzend beugt sich Myroslawa in ihrem engen, langen Strickkleid fast bis zum Boden und verharrt so einige Sekunden. Niemand rührt sich, nur die goldenen Luftschlangen, die von den Deckenlampen herunterhängen, tanzen ungestört weiter. «Jeder in der Stadt wusste es!», ruft plötzlich eine ältere Frau aus der hinteren Ecke. Myroslawa Sydor reagiert nicht. Sie richtet sich auf und beendet ihren Vortrag mit einer Liebeserklärung an die Juden. Die meisten Zuhörer klatschen höflich, der pathetische Auftritt scheint aber nicht jeden überzeugt zu haben. Erst die alten jiddischen Songs der «Schönen Mädeles» lockern die Stimmung wieder auf. Die singenden «Mädchen» sind zwar alle deutlich über 70, um ihren Enthusiasmus können sie aber auch junge beneiden. Ein jüdisches Flüchtlingsehepaar aus Lugansk bedankt sich mit rührenden Worten für die herzliche Aufnahme in der Gemeinde, dann singen alle «Shalom Alejchem». Gegen 17 Uhr ist die Feier vorbei. Die meisten Gemeindemitglieder sind alt, sehen schlecht und haben Probleme beim Gehen. «Gott würde man keinen Gefallen tun, wenn sie in der Nacht auf dem Nachhauseweg stürzen würden», sagt man uns. Deshalb wird der Shabbat schon vor dem Sonnenuntergang gefeiert. Eine Frau am Nebentisch, die uns neugierig musterte, erzählt uns, dass ihre Tochter in Deutschland verheiratet ist. Der Großvater ihres Schwiegersohns war Chef der örtlichen Gestapo. «Zum Glück erzählte meine Tochter ihrem Mann nicht, dass wir Juden sind.»

Noch heute verstecken viele ältere Juden ihre Identität vor der Außenwelt, sogar in anonymen Umfragen geben sie sie nicht preis. Hessed-Direktorin Ada Dianova, eine attraktive Frau um die 60, will genau das ändern: «Wir versuchen, den Menschen beizubringen, dass sie gleichberechtigte Bürger der Ukraine sind.» Früher mochte sie die Deutschen nicht. Ihre Großeltern väterlicherseits wurden in ihrem Haus von Nazis im damals rumänischen Kischinew lebendig verbrannt, ihre Großeltern mütterlicherseits, Juden aus Russland, starben während der Leningrad-Blockade. Ada Dianova will aber nicht hassen, sondern verstehen. Was ist mit den Deutschen passiert, dass sie so geworden sind? Warum kollaborierten Ukrainer, Letten, Litauer und viele andere mit ihnen? Seit 2000 leitet die ehemalige Theaterschauspielerin die jüdische Wohlfahrtsorganisation Hessed. «Erst hier ist aus mir eine richtige Jüdin geworden», sagt sie. Eine entscheidende Rolle spielte dabei das Lemberger Judenmassaker. Ada Dianova trägt ein Gedicht des polnisch-jüdischen Dichters Julian Tuwim vor: «Ich bin ein Pole, denn in Polen bin ich geboren, aufgewachsen und zur Schule gegangen. Aber ich bin auch ein Jude. Ein Jude durch all das vergossene Blut und den Davidstern auf den Armbinden, die sie im Ghetto tragen mussten.» Bei ihr sei es noch ein Stück komplizierter: «Ich bin eine galizische Jüdin, die Lemberg und die Ukraine liebt, Russisch spricht und mit der russischen Kultur aufgewachsen ist.» Adas Eltern kamen 1947 nach Lemberg. Die Bevölkerungsstruktur in der Stadt hatte sich schon grundlegend verändert. Zu Beginn der fünfziger Jahre hatte Lemberg 410 000 Einwohner, 60 Prozent davon waren Ukrainer vom Land und Zwangsausgesiedelte aus Polen, 27 Prozent Russen. Juden und Polen stellten jeweils vier Prozent. In den ersten Jahren nach dem Krieg betrachtete Moskau die Westukraine als besetztes Feindesland. Der Kampf gegen die versprengten UPA-Kämpfer zog sich bis 1952 hin, den Aufbau der Sowjetverwaltung überwachte die Geheimpolizei. An allen ukrainischen Hochschulen wurde Russisch als Unterrichtssprache eingeführt. Unter Stalins Nachfolger, dem Ostukrainer Chruschtschow, kam es zu einem Kurswechsel. Die Ukraine stieg zum zweitwichtigsten sowjetischen Land nach Russland auf. 1956 kritisierte Chruschtschow auf dem 20. Parteitag der KPdSU in einer Geheimrede den stalinistischen Terror und leitete damit eine Tauwetter-Periode ein. Anfang der sechziger Jahre formierte sich in der Ukraine eine Gruppe junger Intellektueller und Künstler. Sie nannten sich die «Sechziger», forderten mehr Bürgerrechte, eine Stärkung der ukrainischen Sprache und Kultur und kritisierten den sowjetischen Antisemitismus. Der Kreml fürchtete eine Fernwirkung des Ungarn-Aufstands von 1956 sowie die polnischen Reformversuche und ging deshalb auf die nationalen Forderungen der Ukrainer nicht ein. Zudem bildeten sich in der Westukraine separatistische Untergrund-Gruppen und eine religiöse Opposition. Wie so oft in Zeiten der Verunsicherung setzte das Regime auf eine bewährte Waffe: den Antisemitismus. «Die Protokolle der Weisen von Zion» überschwemmten das Land, die Kiewer Akademie der Wissenschaften brachte Studien heraus, die vor der «zionistischen Gefahr» warnten und Juden eine SS-Mitgliedschaft nachzuweisen versuchten. 1962 schloss in Lemberg die letzte funktionierende Synagoge ihre Pforten. Unter dem Vorwand, im Gotteshaus würden Schwarzgeschäfte mit Ausländern getätigt, zwang der KGB die führenden Vertreter der Gemeinde, die Schließung selbst zu beantragen. Adas Vater betete danach allein zu Hause, seinen Kopf bedeckte er mit einem Handtuch. Sie selbst interessierte sich damals für ganz andere Sachen, wurde Pionierin, trat später dem Komsomol bei. Eine Sache unterschied sie aber doch von ihren Freundinnen: ihre schwarzen, lockigen Haare. Sie wurden zum Gegenstand antisemitischer Witze und kosteten Ada schließlich eine Karriere in der Hauptstadt. Zweimal bewarb sich Ada Dianova bei dem renommierten Moskauer Theaterinstitut um einen Studienplatz, nicht wissend, dass es an führenden sowjetischen Hochschulen für jüdische Studenten einen Numerus clausus gab. Beim dritten Mal nahm sie ein Kommissionsmitglied zur Seite: «Was willst Du mit Deinem jüdischen Gesicht? Du kannst ja weder Tschechow noch Dostojewski spielen.» Sie studierte schließlich in Lemberg und spielte danach in einem russischsprachigen Theater. In den siebziger Jahren setzten sich innerhalb der ukrainischen Partei nach Moskauer Vorbild die Hardliner durch. Vieles erinnerte wieder an Stalins Zeit. 1972 wurden führende Vertreter der «Sechziger», darunter der Literat Iwan Dsjuba, verhaftet und zu mehrjähriger Lagerhaft verurteilt. Wer in der Öffentlichkeit Ukrainisch sprach, galt als Nationalist, auch die Kinofilme liefen nur in Russisch. Die Repressionen endeten in der zweitgrößten Sowjetrepublik auch während Gorbatschows Perestrojka nicht. Einen Wendepunkt brachte erst das Reaktorunglück in Tschernobyl im April 1986. Zigtausende gingen auf die Straße. Ada Dianova und ihre Kollegen studierten Theaterstücke verbotener jüdischer Autoren ein. Sie übernahm die weiblichen Hauptrollen. 1989 wurde die «Volksbewegung der Ukraine für die Perestrojka» gegründet, kurz «RUCH» genannt. Ihre Aktivisten, unter ihnen wieder Dsjuba, traten für die ukrainische Unabhängigkeit ein. Innerhalb der nationalen Bewegung kam es jedoch bald zu einem Zerwürfnis: Die Mehrheit der RUCH-Aktivisten lehnte die Verehrung der westukrainischen Nationalisten für die OUN und deren Parole «Ukraine für die Ukrainer» ab. Mit der Unabhängigkeit der Ukraine Ende 1991 kehrten die Gespenster der Vergangenheit zurück. Die meisten ukrainischen rechtsextremistischen Parteien haben heute ihre Mitgliederbasis im Westen des Landes. In Lemberg findet jährlich ein von der Stadtverwaltung stillschweigend tolerierter Marsch zu Ehren der SS-Division Galizien statt. Unter den Teilnehmern sind alte OUN- und UPA-Kämpfer, aber auch viele Studenten.

Die Straße, die in Richtung Aessed führt, ist nach Bandera benannt. In der Buchhandlung am Marktplatz wird «Mein Kampf» ver-

kauft. Ada Dianova seufzt. Der Konflikt mit Russland vergifte zu-
sätzlich die Atmosphäre, sagt sie. «Manche jüdische Freunde hassen
Russland. Das tut weh. Ich kenne aber auch welche, die prorussisch
sind. Sie leben im Osten im Süden und auf der Krim.» Adas Hoffnung ruht auf den jungen nachdenklichen Menschen, die den plum-
pen Nationalismus ablehnten. Über die Zukunft der Lemberger Juden
will sie keine Prognose wagen. «Für unsere Alten ist es jetzt wichtig,
den nächsten Winter zu überstehen.»

Wer Olena Andronatij, Leiterin der Lemberger Filiale von «Hillel»
besuchen will, muss gut zu Fuß sein. Die Büros der jüdischen Jugendorganisation liegen in der obersten Etage eines alten Gebäudes ohne
Aufzug. «Wir bieten Fitness inklusive», lacht die sympathische Blon-
dine in Jeans und roter Lederjacke. Die Räume erinnern ein wenig
an alternative Kneipen in Berlin. Die Wandfarbe blättert ab, in der
Küche stapeln sich leere Bierdosen von der letzten Party, auf dem Küchentisch liegen Zeitungen, Farbpinsel, kunstvoll bemalte Steine und
Flaschen. Letztere sind für den Verkauf bestimmt, der Erlös geht an
die ukrainischen Soldaten im Donbass. Über dem ganzen Kreativ-
chaos hängen eine israelische und eine ukrainische Fahne. Olena, die
neben ihrem Job im Hillel als Online-Journalistin arbeitet, dachte oft
darüber nach, mit ihrem Mann und ihren zwei kleinen Töchtern nach
Israel auszuwandern. «Die wirtschaftliche Situation ist dort besser als
hier», sagt die 36-Jährige. Leider spreche sie kein Hebräisch. Wie alle
anderen jüdischen Organisationen in Lemberg ist auch der Hillel auf
ausländische, vor allem amerikanische Hilfe angewiesen. Das führt
zu einer gewissen Rivalität. «Jeder arbeitet für sich selbst», bedauert
Olena. Das internationale Jugendnetz «Hillel» wirkt in mehreren postsowjetischen Ländern und will die jüdische Jugend in den Wiederaufbau des jüdischen Lebens einbeziehen. Jüdisches Leben? Das gibt es
in Lemberg gar nicht, meint Olena, denn dafür wäre eine Gemeinde
nötig, koschere Lebensmittelläden und Restaurants, eine Schule, ein
ritueller Schlachthof, eine Begräbnisbruderschaft und vieles mehr.
Aber aufgeben will sie deshalb nicht. Olena mag ihre Arbeit. Ein Mitglied im «Hillel» kann jeder sein, dem Israel nach dem Rückkehrge-
setz die Einwanderung erlaubt. Neben halachischen Juden sind damit

Kinder und Enkel eines Juden gemeint sowie deren Ehepartner. Der Lemberger «Hillel» weichte die Regeln auf. Für die Mitgliedschaft reicht ein jüdischer Urgroßvater oder auch nur Interesse am Judentum aus. Kritiker nennen «Hillel» deshalb eine «sogenannte» jüdische Organisation. Olena verteidigt die Praxis. In einer Region wie dieser, sagt sie, sei es eben nicht leicht, «to be jewish». Auch sie hat erst mit dreizehn erfahren, dass ihre Großmutter väterlicherseits eine Jüdin gewesen war, wahrscheinlich auch ihr Urgroßvater mütterlicherseits, das muss sie aber erst noch klären. «Er kämpfte im Krieg», fügt sie hinzu. «In der Roten Armee?», fragen wir. «Oh, nein! Er war in der UPA.» Der Stolz in Olenas Stimme ist nicht zu überhören. Im Frühjahr 1943 durchkämmten OUN und UPA auf der Suche nach Verstecken der letzten noch lebenden galizischen Juden die Wälder, Städte und Dörfer. Im September 1944 lautete die neue OUN/UPA-Richtlinie, die Morde zu vertuschen. Das wirkt bis heute nach: Der mörderische Antisemitismus der OUN und UPA sei längst nicht bewiesen, sagt Olena, das sei nur russische Propaganda. «Wir im Hillel nennen uns deshalb Zhidobanderisten.» In der trotzigen Wortschöpfung sind zwei stereotype Vorstellungen der Russen über die Ukrainer vereint: dass sie alle Antisemiten sind – das russische Wort «Zhid» ist ein antisemitischer Ausdruck für einen Juden – und dass Bandera-Männer Verbrecher waren. Strebte die OUN aber nicht eine unabhängige Ukraine ohne Juden an? Für einen Moment wirkt Olena verunsichert. «Ich will in die Archive gehen und mich selbst überzeugen», sagt sie zögernd.

«Es gibt niemand, der die Tradition fortführen will.»

Bevor wir nach Kiew aufbrechen, besuchen wir den 93 Jahre alten jüdischen Intellektuellen Boris Dorfman. Auf dem durchgesessenen Sessel in seinem Wohnzimmer lauschten seinem melodischen Jiddisch schon viele westliche Historiker und Journalisten. Der hagere Mann mit markanter Stimme wartet nicht auf Fragen. Sein leidenschaftlicher Monolog hört sich wie ein Abgesang auf das ukrainische

Judentum an. Aufgewachsen in einer traditionellen jüdischen Familie einer damals rumänischen, heute moldawischen Kleinstadt, übte er sich schon früh im kritischen Denken. Seine Eltern und Onkel, alle überzeugte Zionisten, wurden unter Stalin des «bourgeoisen Nationalismus» beschuldigt. Dorfmans Mutter verbrachte 15 Jahre in Arbeitslagern, sein Vater starb in einem Gulag in Kasachstan. Nach Lemberg kam Boris Dorfman 1949. Er heiratete Betja, eine hübsche, gebildete, westukrainische Jüdin, wurde Chefingenieur einer pharmazeutischen Firma und jüdischer Aktivist. Er organisierte heimliche Gottesdienste in Privatwohnungen, gab mit ein paar Gleichgesinnten eine jiddischsprachige Zeitung heraus und verteilte sie an einen kleinen Kreis. Wir trafen Boris Dorfman schon während unserer ersten Reise nach Lemberg. Er wartete damals vor dem Hessed, trug eine Schiebermütze und war nicht besonders gut gelaunt. Während wir durch die Straßen schlenderten, kritisierte er, dass an der Universität keine Tafel hänge, die daran erinnert, dass dort einst Josef Roth studierte. Auch den Namen Martin Buber kenne niemand, obwohl er in Lemberg aufgewachsen ist. Am meisten störte ihn aber, dass die Juden im Hessed weder Jiddisch und Hebräisch lernen noch die Tora kennen. «In zehn, fünfzehn Jahren wird es hier keinen Juden mehr geben. Sie sterben aus.»

Diesmal besuchen wir ihn zu Hause. Er stellt eine Schüssel köstlicher Pflaumen vor uns und legt los. Zuerst der Majdan. Als Boris Dorfman im Winter 2013 die ersten Protestbilder im Fernsehen sah, stieg er in einen Bus und fuhr nach Kiew. Manches, was er dort sah, gefiel ihm, die Bilder von Bandera und dem früheren UPA-Führer Schuchewytsch aber nicht. Boris Dorfman nimmt kein Blatt vor den Mund. «Unter den Sowjets durfte man die Regierung nicht kritisieren, weil man sonst in der Psychiatrie landete. Wer sich heute kritisch äußert, gilt als Anti-Ukrainer», sagt er. Er hat mehrere Revolutionen erlebt. Alle begannen hoffnungsvoll und endeten in Desillusion. 1990 trat er mit anderen RUCH-Aktivisten für die Unabhängigkeit der Ukraine ein. 2004 war er bei der «Orangenen Revolution» dabei. «Wir konnten nicht ahnen, dass hier die Nationalisten die Oberhand gewinnen werden», bedauert er. Als größte Tagödie der Juden bezeichnet er aber die Assimilation. Unter den Kommunisten war sie erzwungen, heute ist sie freiwillig. Juden heiraten Christen und erziehen ihre Kinder nicht in der jüdischen Kultur und Religion. In seinen Augen sind ukrainische Juden deshalb unglückliche Menschen. Sie verstehen nicht, wer sie sind, interessieren sich nicht für ihre Religion, haben keine Tradition. «Hören Sie nicht auf ihn, er ist immer so pessimistisch», schimpft Betja, als sie das Wohnzimmer betritt. Boris Dorfman lächelt und stimmt ein jiddisches Liebeslied an. Seine blauen Augen strahlen wie bei einem jungen Mann.

Kiew: Der lange Weg nach Babij Jar

Michail Frenkel saß gerade in der Gemeinschaftsküche der Kommunalka und machte Schulaufgaben, als eine Nachbarin hereinstürzte. An ihren entsetzten Gesichtsausdruck kann sich der heute 64-Jährige noch gut erinnern: «Das war das Werk eures grausamen Gottes!», rief die alte Ukrainerin und bekreuzigte sich rasch. Es geschah an einem Sonntag, dem 13. März 1961. Am frühen Morgen brach über Kiew eine Katastrophe herein. Eine Schlammlawine, so hoch wie ein vierstöckiges Haus, durchbrach den Staudamm um die notdürftig zugeschüttete Babij Jar-Schlucht und begrub alles, was ihr im Weg stand, Autos, Gebäude, ein Straßenbahndepot. Mindestens tausend Bewohner des nahen Stadtteils Kurinewka erstickten unter dem Schlamm. Die Lawine riss auch sterbliche Überreste von jüdischen Frauen, Männern und Kindern mit sich. Sie waren Opfer des größten Einzelmassakers, das von Deutschen im Vernichtungskrieg gegen die Sowjetunion verübt worden war. Die Stadtverwaltung ließ die Erde auf die Spielplätze der Stadt verteilen.

Einige Monate später fand Wassilij Michajlowskij, ein 21-jähriger Student des Kiewer Polytechnikums, beim Fußballspiel auf einem der Spielplätze einen menschlichen Schädel. Er ahnte nicht, dass der grausige Fund etwas mit ihm zu tun hatte. Das erfuhr er erst 1963. Im Moskauer Bauarchiv läutete das Telefon. «Hier ist Pawlik, dein Bruder», sagte eine bekannte Stimme am anderen Ende der Leitung. «Dein Name ist Cäsar Katz. Wir sind Juden.» Wassilij wurde schwarz vor Augen. Bis jetzt hatte er geglaubt, ein russisches Waisenkind zu

sein. Den Anrufer kannte er bislang als seinen Onkel, der seit Kriegsende jeden September nach Kiew kam. Pawlik besuchte Babij Jar,
wo ihrer beider Vater ermordet worden war. Das aber wurde Wassilij
verschwiegen. Ende 1944 hatte ein kinderloses russisches Ehepaar ihn
adoptiert. Mit seinen sieben Jahren sah er wie ein Vierjähriger aus,
hatte Hungerödeme und ein krankes Herz. Seine Adoptiveltern ver-
einbarten mit Pawlik, dass er Wassilij erst nach dessen Studium die
Wahrheit erzählen sollte. Dazu musste sich auch Nadja verpflichten,
sein früheres Kindermädchen.

Nun war dieser Moment gekommen. Wassilijs Vater, ein Kaffee-
hausbesitzer, musste im Sommer 1941 einrücken. Seine ganze Sorge
galt den beiden Söhnen, deren Mutter bereits jung gestorben war. Pawlik, der schon alt genug war, um alleine zu reisen, schickte er zur
Großmutter aufs Land. Den erst vierjährigen Wassilij, damals Cäsar
genannt, sollte sein Kindermädchen zum Evakuierungszug bringen.
Offiziellen Angaben zufolge lebten 1939 in der Sowjetukraine mehr
als 1,5 Millionen Juden, ungefähr fünf Prozent der Gesamtbevölkerung. Kiew beherbergte die größte jüdische Gemeinde; von den rund
900 000 Stadtbewohnern waren etwa 224 000 jüdischer Herkunft.
Die meisten betrachteten sich als Sowjetbürger. Sie sprachen mehrheitlich Russisch, nur auf dem Land überwog noch Jiddisch. Seit dem
17. Jahrhundert war Kiew Teil des russischen Reiches. Die Zentraluk-
raine wurde damals entlang des Stromverlaufs des Dnjeprs geteilt.
Das Gebiet auf dem linken Ufer einschließlich Kiew begab sich nach
einer Phase von Religions- und Standeskriegen unter die Obhut des
russischen Zaren. Das Gebiet rechts des Dnjeprs verblieb bis zur zweiten Teilung Polens bei Polen-Litauen. Die Oktoberrevolution 1917
brachte der jüdischen Bevölkerung zum ersten Mal die rechtliche
Gleichstellung. Sie markierte auch das Ende des Ansiedlungsrayons,
in dem die Juden leben mussten. Sie erhielten freien Zugang zu den
Hochschulen, viele stiegen gesellschaftlich und wirtschaftlich auf. Jiddische Kultur und Sprache erlebte eine Blütezeit, die traditionelle, religiös geprägte Schtetl-Kultur hingegen einen schnellen Niedergang.
Unter den neuen ukrainischen Eliten im Partei- und Staatsapparat, in
Militär, Wissenschaft und Kultur waren Juden in den zwanziger Jah-

ren von allen Nationalitäten prozentual am stärksten vertreten. Das befeuerte antijüdische Ressentiments in der Bevölkerung. «Heute ist Sowjetrussland das einzige Land in Europa, in dem der Antisemitismus verpönt ist, wenn er auch nicht aufgehört hat, zu existieren», jubelte Joseph Roth 1927 in seinem Essay «Juden auf Wanderschaft». Er urteilte voreilig. In den dreißiger Jahren mussten die meisten jüdischen Organisationen, Schulen und Institutionen schließen, führende Vertreter nationaler Minderheiten, unter ihnen viele Juden, wurden als «bürgerliche Elemente» verfolgt und nach Sibirien, Nordural und Kasachstan deportiert. Kurz vor dem Einmarsch der deutschen Wehrmacht schaffte es die Mehrheit der Kiewer jüdischen Bevölkerung gerade noch, sich in den weiten Osten der Sowjetunion zu retten. Als die Truppen der 6. Armee unter Generalfeldmarschall Walter von Reichenau am 19. September 1941 Kiew einnahmen, trafen sie auf noch etwa 50 000 jüdische Kinder, Frauen, Alte und Kranke. 660 000 Rotarmisten gerieten bei der Kesselschlacht um Kiew in Kriegsgefangenschaft, unter ihnen der Vater von Wassilij und Pawlik. Es gelang ihm zwar, nach Hause zu fliehen, die ukrainische Hausmeisterin verriet ihn aber. Er wurde abgeholt und nie mehr gesehen. Nadja blieb mit Wassilij allein in der Wohnung zurück. Sie hatten den letzten Evakuierungszug verpasst.

Über Nacht ist der Herbst in Kiew eingezogen. Der Weg ist mit braunroten Laubblättern bedeckt. Ein kalter Wind weht. Wassilij Michajlowskij trägt eine Schiebermütze und einen dicken Kurzmantel, als wir mit ihm durch die verlassene Parkallee spazieren. Seine Haare sind längst nicht mehr blond und lockig wie früher, sondern schneeweiß und glatt. Auch die Babij Jar-Schlucht existiert nicht mehr, die Großstadt hat sie verschlungen. Dort, wo der alte jüdische Friedhof war, steht seit den sechziger Jahren ein Fernsehturm. Nur ein paar Grabsteine und ein kleiner Teil der Schlucht blieben erhalten, ganz so, als hätten sich die Verantwortlichen nicht getraut, die Erinnerung komplett auszulöschen. Bevor die Deutschen im Herbst 1943 abrückten, musste ein jüdisches Häftlingskommando aus dem nahen Syrezky-Lager die Toten ausgraben, sie verbrennen und ihre Knochen zermahlen. In der Schlucht lagen mindestens 100 000 Leichen, zum größten Teil Juden, aber auch Kriegsgefangene, psychisch Kranke, Kommunisten, Roma und ukrainische Nationalisten. Neben Weißrussland litt die Ukraine am schlimmsten unter den Deutschen. Erschießungen, Raub, Hunger. Zigtausende ukrainische Zivilisten wurden als Zwangsarbeiter nach Deutschland deportiert. Die Deutschen fanden unter Ukrainern aber auch willige Helfer. Sie dienten als Freiwillige in Wehrmacht oder Polizeiverbänden und sogenannten SS-Schutzmannschaften, die für die Bewachung der Ghettos, Konzentrations- und Vernichtungslager zuständig waren. Sie beteiligten sich auch am Judenmord. Von den 2,7 Millionen ukrainischen Juden überlebten 1,5 Millionen nicht. Seit Kriegsende pilgerten Trauernde immer wieder nach Babij Jar. Im Oktober 1959 verhinderte der Kiewer Schriftsteller und Stalingrad-Kämpfer Wiktor Nekrasow mit einem Zeitungsartikel den Bau eines Vergnügungsparks an diesem Ort. Nach dem Erddammbruch wurde das Gelände eingeebnet, ein Erholungspark mit Wiesen und Bäumen entstand. Wassilij kommt nicht gern hierher. Heute aber jährt sich der Tag, an dem er um Haaresbreite dem Tod entkam. Das meiste, was er darüber weiß, erzählte ihm sein Kindermädchen.

Auf der Treppe eines Waisenhauses

«Bring den Judenbalg nach Babij Jar!», zischte die Hausmeisterin Nadja ins Ohr. Es war der 29. September 1941, ein Montag. Am Tag davor hingen in der Stadt überall Plakate, die die Kiewer Juden aufforderten, sich morgen bis acht Uhr früh mit allen Wertsachen an bestimmten Sammelorten einzufinden. Sie würden umgesiedelt, hieß es. Eine riesige Menschenkolonne setzte sich in Bewegung. Die meisten gingen zu Fuß, manche nahmen auch Fuhrwerke und Pferde mit. Wassilij erinnert sich, dass er Nadjas Hand hielt und fröhlich auf einer Straßenbahnschiene balancierte. Er kam sich vor wie bei einer dieser prächtigen Paraden zum 1. Mai, die er früher nur aus dem Fenster der Wohnung oberhalb des Kreschtschatik-Boulevards verfolgen durfte. Nur die bunten Fahnen fehlten. Es war schon Nachmittag, als sie am jüdischen Friedhof am Stadtrand von Kiew eintrafen. Dahinter lag die 2,5 Kilometer lange Altweiberschlucht. Über den Köpfen der Menschen kreisten Flugzeuge, aus Lautsprechern dröhnte Opernmusik. Entlang der beiden Straßenseiten standen Uniformierte mit Schäferhunden. Sie schrien und schubsten die Vorbeigehenden. Jeder musste sich auskleiden und seine Wertsachen abgeben. Panik brach aus. Die nackten Menschen wurden durch einen engen Durchgang in der Friedhofsmauer getrieben. Sie stolperten, viele stürzten zu Boden, während die Nachdrängenden über sie stiegen. Nadja und Wassilij waren noch weit hinten in der endlosen Schlange von Menschen. Sie hielt ihren ukrainischen Pass hoch über den Kopf und schrie, dass der Junge ihr Sohn und wie sie ukrainisch sei. Er weiß noch, dass er furchtbar weinte, weil er sein Spielzeug verloren hatte, und da war auch noch dieser Schäferhund. Er biss Nadja in die Schulter. Sie blutete. «Verschwindet von hier!» Ein Uniformierter schubste das Kindermädchen zur Seite. Sie lief weg und zog Wassilij an der Hand hinterher. Zwei Wochen lang irrten sie durch die zerbombte Stadt und versteckten sich in Ruinen. In der Hoffnung, jemand würde sich des kleinen Jungen annehmen, setzte Nadja ihn schließlich auf die Treppe eines Waisenhauses. Dort fand ihn die Kinderärztin Nina. Am 29. und am 30. September 1941 hatten Einheiten der SS, unterstützt von Wehrmachtssoldaten, ukrainischen Freiwilligen und OUN-Nationalisten, in Babij Jar 33 771 Juden ermordet.

Michail Frenkel, der grauhaarige Chefredakteur zweier jüdischer Zeitungen, wusste schon als Kind Bescheid über Babij Jar. Seine Tante Dina, eine von etwa tausend Überlebenden des Massakers, erzählte immer wieder, wie sie sich auf den Leichen liegend tot gestellt hatte. Damals in der Küche verstand Michail deshalb sofort, was die entsetzte Nachbarin meinte. Viele Kiewer sahen in der Naturkatastrophe die Rache Gottes. Es war das schlechte Gewissen einer Nation, die vom Verschwinden ihrer einstigen Nachbarn nichts wissen wollte.

«Über Babij Jar,
da steht kein Denkmal»

Die Ersten, die über die Massenerschießungen in Babij Jar informierten, waren zwei Kiewer Juden, die Schriftsteller Ilja Ehrenburg und Lew Oserow. Beide waren bei der Befreiung Kiews durch die Rote Armee am 7. November 1943 dabei und widmeten den Opfern Gedichte. Im «Schwarzbuch» über den Genozid an sowjetischen Juden erschien darüber hinaus Oserows Bericht. Der Auftrag für das Buch kam vom Jüdischen Antifaschistischen Komitee, das jedoch in Ungnade fiel und 1948 liquidiert wurde. Das «Schwarzbuch» durfte nicht mehr erscheinen. Aus Oserows und Ehrenburgs Gedichten erfuhr der russische Dichter Jewgenij Jewtuschenko von Babij Jar. «Als ich dann 1961 sah, dass dieser Ort eine städtische Müllhalde ist, schämte ich mich», offenbarte er Jahrzehnte später. Jewtuschenko verfasste sein eigenes Gedicht: «Über Babij Jar, da steht kein Denkmal. Ein schroffer Hang – der eine, unbehauene Grabstein. Mir ist angst. Ich bin alt heute, so alt wie das jüdische Volk. Ich glaube, ich bin jetzt ein Jude.» Die Veröffentlichung in der «Literaturnaja Gazeta» im September 1961 machte den jungen Dichter weltberühmt. Zum ersten Mal wagte ein sowjetischer Künstler öffentliche Kritik an der Gedenkpolitik des Kremls und prangerte den Antisemitismus an. Die russische Jugend feierte Jewtuschenko wie einen Rockstar. Als der bedeutende russische Komponist Dmitrij Schostakowitsch auf der Grundlage von Jewtuschenkos Gedicht die 13. Symphonie komponierte, griff Chruschtschow selbst ein. Mit Schostakowitschs Musik konnte der Regierungs- und Parteichef ohnehin nicht viel anfangen. Sie verursache bei ihm «Koliken», soll er gesagt haben. Die 13. Symphonie nannte er eine «schändliche Tat». Die Moskauer Uraufführung am 18. Dezember 1962 war ein großer Erfolg, den die Moskauer Zeitungen aber weitgehend ignorierten. In Kiew durfte die 13. Symphonie erst 30 Jahre später erklingen.

«Die Ukraine war das antisemitischste Land innerhalb der Sowjetunion», sagt Michail Frenkel. Die Ukrainer seien aber keine schlechteren Menschen als Russen, Weißrussen oder Japaner. Aber die antijüdische Haltung «der da oben» hätten Presse und Bevölkerung übernommen. Im Alltag gab es zwischen Juden und Nichtjuden mal schlechtere, mal bessere Beziehungen. «Normal eben.»

Im September 1966, 25 Jahre nach dem Massaker, fand in Babij Jar die erste inoffizielle Gedenkveranstaltung statt. «Als Ukrainer schäme ich mich des Antisemitismus hier und in den anderen Nationen», sagte in seiner Rede Iwan Dsjuba, Vertreter der «Sechziger»-Bewegung. Vor ein paar Jahren fand Michail Frenkel im ehemaligen KGB-Archiv ein Dokument, das belegte, was jeder schon vermutet hatte: Der ukrainische KGB hörte überall mit. Das wusste Arkadij Monastyrskij schon als kleines Kind. Am 29. September 1971 nahm ihn sein Vater zum ersten Mal nach Babij Jar mit. Im Trolleybus bekam der damals Neunjährige wichtige Instruktionen. «Mein Papa sagte zu mir, dass dort KGB-Leute sein werden und ich niemandem erzählen darf, wo wir waren. Wir werden die Blumen niederlegen, eine Schweigeminute halten und verschwinden.» 1976 wurde ein Denkmal eingeweiht. Die Feier wurde im sowjetischen Geist abgehalten, wie sich der heutige Präsident des Jüdischen Forums erinnert. Die monumentale Statuengruppe war den «100 000 Bürgern der Stadt Kiew» gewidmet. Der offizielle Redner nannte die Juden erst an letzter Stelle, obwohl sie die Mehrheit der Ermordeten stellten. Bis zum Ende der Sowjetunion fand in Babij Jar keine offizielle Gedenkfeier mehr statt.

Seit 1991 treffen sich Kiewer Juden vor dem bronzenen Menora-Mahnmal. Der siebenarmige Leuchter ist einer von mindestens zwei Dutzend Denkmälern, die in den vergangenen 25 Jahren rund um die Mordstätte errichtet wurden. Das Schweigen ist gebrochen, Gedenken ist jetzt angesagt. An wen, wo und wie, darüber ist man sich in Kiew aber nicht einig. Neben dem heroischen Sowjetdenkmal und der Menora für die jüdischen Opfer erinnert ein Holzkreuz an die ukrainischen Nationalisten und an die Dichterin und OUN-Aktivistin Olena Teliha. In der Literaturzeitschrift, die sie herausgab, erschienen immer wieder antisemitische Texte. Andere Mahnmäler, Stelen und Tafeln sind erschossenen Priestern und Kriegsgefangenen gewidmet, Zwangsarbeitern, den getöteten Patienten einer psychiatrischen Klinik, Roma und einer Fußballelf. Ein eigenes Denkmal haben mittlerweile auch die Opfer der Schlammlawine von 1961. Es ist nicht einfach, sich in dieser polyphonen Gedenklandschaft zurechtzufinden. Im Ausland wird Babij Jar als ein zentraler Schauplatz des Holocaust wahrgenommen. Hier drängt sich der Eindruck auf, dass man diesen Ort nicht den jüdischen Opfern überlassen wollte. «Nur ganz wenige ukrainische Historiker beschäftigten sich heute mit dem Holocaust», beklagt Arkadij Monastyrskij und zählt sie an den Fingern beider Hände auf. Weitaus mehr Aufmerksamkeit findet der «Holodomor», die verheerende Hungersnot der frühen dreißiger Jahre. Sie war das Ergebnis der zwangsweisen Kollektivierung der Landwirtschaft. Stalins brutale Politik der Getreiderequisition in Zeiten wiederholter Missernten führte dazu, dass in der Ukraine 1932/1933 drei bis fünf Millionen Menschen verhungerten. 2003 erklärte das ukrainische Parlament den Holodomor offiziell zum Genozid am ukrainischen Volk. Damit wird der Holodomor dem Holocaust gleichgesetzt. National gesinnte Ukrainer gehen noch weiter und geben «den Juden» die Schuld an der Hungersnot, weil einer der engsten Vertrauten Stalins und Befürworter seiner Kollektivierungspolitik, Lasar Kaganowitsch, ein Jude war. Die Auffassung, die Hungersnot sei eine von Stalin mit Absicht eingesetzte Mordwaffe gegen die Ukrainer gewesen, ist zudem unter Historikern stark umstritten. Seit 2008 erinnert in Kiew eine Gedenkstätte an die Opfer des Holodomors. Sie steht gleich neben dem Höhlenkloster, einem der Wahrzeichen der Stadt. Eine Holocaust-Gedenkstätte gibt es bis heute nicht.

Juden auf dem Majdan

Die Gedenkveranstaltung vor der Menora neigt sich dem Ende zu. Die letzten Töne der ukrainischen und israelischen Nationalhymnen verklingen, dann löst sich die Menschenmenge auf. Manche verharren noch schweigend vor dem Denkmal. «Anfang der neunziger Jahre kamen hier noch viel mehr Juden zusammen», sagte in seiner Rede Landesrabbiner Jaakov Dov Bleich und spielte damit auf die Auswanderungswellen an. «Heute aber haben wir mehr Judentum», fügte er hinzu. Das Bonmot des langbärtigen Mannes aus Brooklyn, der einer chassidischen Gruppe namens Karlin-Stolin angehört, kam gut an. Die Zuhörer, es sind vielleicht 150 überwiegend ältere Menschen, klatschten laut. Heute leben in Kiew offiziellen Schätzungen zufolge noch etwa 20 000 Juden. Anatolij Shenget mit schwarzer Ledermütze über seiner Kippa nennt andere Zahlen: «50 000 plus, jüdische Flüchtlinge aus Donezk und Lugansk nicht eingerechnet.» Zu ihnen zählt der Sprecher der säkularen Kiewer jüdischen Gemeinde allerdings nicht nur halachische Juden und Konvertiten, sondern alle, die ein jüdisches Großelternteil haben, egal ob mütterlicher- oder väterlicherseits. Orthodoxe Rabbiner lehnen eine solche Definition freilich ab. Etwa 50 jüdische Organisationen und fünf jüdische Schulen gibt es in Kiew, neben der säkularen Gemeinde noch fünf orthodoxe, eine konservative und eine progressive. So gesehen hat der Landesrabbiner also recht, wenn er über mehr Judentum in der Stadt spricht, auch wenn dem jüdischen Leben die Selbstverständlichkeit fehlt, wie er sie aus seiner Heimatstadt kennt. Dazu zählt zum Beispiel Respekt. Michail Frenkel läuft uns über den Weg und erzählt, dass vor ein paar Tagen Unbekannte ein großes Hakenkreuz auf die Menora gesprüht haben. Es vergeht kaum ein Monat, ohne dass irgendwo in der Ukraine jüdische Gedenkorte, Friedhöfe, Schulen oder Synagogen geschändet werden.

Nathan Hazin schreckt das nicht ab. Der 39-jährige Israeli, ein orthodoxer Jude, ging nach Kiew, obwohl ihn hier Menschen auf der Straße wegen seiner Kippa anstarren, jemand in seine Synagoge neulich einen Molotow-Cocktail warf und es in der ganzen Stadt nur ein einziges koscheres Restaurant gibt, noch dazu ein ziemlich teures. Der breitschultrige Mann mit schwarzer Ray Ban-Sonnenbrille lässt sich nicht lange um ein Gespräch bitten. «Sure», lächelt er und macht damit klar, dass ihm Englisch lieber als Russisch wäre. Er trägt eine Kippa, Soldatenstiefel und eine Tarnuniform, über seiner Schulter hängt ein M4-Sturmgewehr. Als der gebürtige Odessiter 16 war, wanderte seine Familie nach Israel aus. Nach Rabbinerstudium und Militärdienst entschied er sich, in der Armee zu bleiben. Als die Majdan-Proteste begannen, warf er seine Berufspläne noch einmal über den Haufen und kehrte in die Ukraine zurück. «Ich liebe das Land und wollte helfen.» Er übernahm auf dem Majdan die Selbstverteidigung einiger besonders aktiver Gruppierungen. «Sie waren taktisch völlig unerfahren, konnten nicht einmal Barrikaden bauen», erzählt er. Seine Männer, darunter Mitglieder des Rechten Sektors und der ultranationalistischen Swoboda, waren mittendrin, als im Februar 2014 die ersten Todesschüsse fielen. Sie lieferten sich mit den Polizei-Sondereinheiten «Berkut» bewaffnete Kämpfe. Nathan, der jüdische Kommandant vom Majdan, wurde als Held verehrt. Später gründete er mit anderen das Asow-Freiwilligenbataillon und zog in den Donbass. Dort ist er immer noch, mittlerweile als Mitglied der ukrainischen Nationalgarde. Es ist schon erstaunlich: ein Jude, der gemeinsam mit Männern kämpfte, die rechtsextreme Ansichten vertreten und Fackelaufmärsche zu Ehren von Bandera organisieren. Es seien in Asow einige Neonazis, räumt Nathan ein, die schlimmsten hätten sie aber hinausgeworfen. «Diese Männer sind meine Brüder. Ich ziehe es vor, mit ihnen gegen den Feind zu kämpfen, als vor dem Fernseher zu hocken und zu schimpfen.» Nathan liegt der Krieg, das spürt man. Im Januar 2017, das können wir alle zu diesem Zeitpunkt noch nicht wissen, werden 5000 Menschen mit Fackeln in der Hand auf dem Chreschtschatik-Boulevard marschieren und Bandera ehren. Die Organisatoren: der Rechte Sektor, die Swoboda-Partei und das ehemalige Asow-Bataillon, das mittlerweile auch eine Partei gegründet hat. Ihr neuer Schlachtruf: «Juden, raus!»

Eine Passantin mit Hund spricht uns an. Sie wohne gleich um die Ecke, erzählt sie, und sei ein Mitglied der Vaterland-Partei von Julija Timoschenko. «Auch wir würden manchmal gern den Platz vor der Menora nutzen. Aber das dürfen nur diese Rosenbaums. Sie geben hier ihre alten Geschichten zum Besten, die doch niemanden mehr interessieren.» Wir sind froh, dass Wassilij das nicht hören kann. Er unterhält sich gerade mit einem Freund. Auf dem Rückweg nehmen wir eine Marschrutka. Der Mini-Trolleybus ist brechend voll. Fahrgäste, die hinten einsteigen, klopfen den vor ihnen Stehenden auf die Schulter und reichen ihnen das Geld, das über mehrere Hände bis zum Busfahrer wandert. Die Fahrkarte geht den umgekehrten Weg. In der Innenstadt staut sich der Verkehr. Kiew ist eine laute Stadt, die nichts von dem nostalgischen Flair Lembergs hat, der ehemaligen habsburgischen Provinzmetropole mit prunkvollen Barockbauten und kopfsteingepflasterten Straßen und Plätzen, auf denen Spaziergänger flanieren. Was Kiew aber so einzigartig macht, sind seine Kontraste. Östlich des Dnjeprs lässt die graue Silhouette der Plattenbauten die Drei-Millionen-Metropole wie jede andere postsozialistische Großstadt aussehen. Auf dem Westufer des Flusses aber, der nach 2200 Kilometern ins Schwarze Meer mündet, zeugen die Mauern des Höhlenklosters und die prachtvolle Sophienkathedrale von der tausendjährigen Geschichte des einstigen Zentrums der Kiewer Rus.

Am Abend treffen wir Alexandra Olejnikowa vom Kiewer «Hillel». Die 28-Jährige war auch auf dem Majdan und koordinierte die Hilfsaktionen des «Hillels». Die Mitglieder sammelten Geld für Schusswesten und kümmerten sich um Verletzte oder jüdische Flüchtlinge aus der Ostukraine. Alexandras jüdische Mutter stammt aus dem russischen Wolgograd, früher Stalingrad. Das ukrainische Dilemma, Moskau oder EU, betrachten Mutter und Tochter unterschiedlich. Der Ausbruch von Gewalt, die Aggressivität während und nach dem Majdan hätten aber auch sie erschreckt, sagt Alexandra. Die Männer, die auf offener Straße Waffen tragen, ängstigen sie. Als Kind verbrachte Alexandra ihre Ferien oft in Wolgograd, sie hat dort Freunde und Verwandte. «Russland ist für mich kein Feind», stellt sie klar. «Ich bin nur gegen die russische Regierung.» Die temperamentvolle, intelligente Frau war während der Majdan-Proteste Ansprechpartnerin israelischer und amerikanischer Korrespondenten. In ihrem fast akzentfreien amerikanischen Englisch informierte sie über die Stimmung unter jungen Kiewer Juden und widersprach mancher russischen Behauptung – zum Beispiel, dass sie auf dem Majdan zur Zielscheibe antisemitischer Attacken würden und viele Demonstranten Hakenkreuze trügen. «Ich sah kein einziges», betont sie, doch die Bandera-Transparente seien «schon seltsam» gewesen. Aber überrascht war sie nicht, weil sie schon vor einigen Jahren auf einer Reise durch die Westukraine in fast jeder Kleinstadt ein Bandera-Denkmal gesehen hatte. «Das war damals ein Schock für mich.» Viele ihrer Landsleute wüssten gar nicht, wer Bandera oder Chmelnizkij waren, und fielen deshalb auf Mythen herein. Sie hätten es sich in ihrer kleinen, postsowjetischen Welt «zwischen dem Big Brother Russland und Europa» bequem gemacht und seien zu faul, sich mit der Geschichte auseinanderzusetzen. Alexandra lebte eine Zeit lang in Israel und studierte in den USA. «Ich bin eine ukrainische Bürgerin, keine Nationalistin.» Vor allem aber eine praktizierende ukrainische Jüdin. Sie lernt Hebräisch, hält wichtige jüdische Traditionen ein, geht an Jom Kippur in die Synagoge und trennt beim Essen Fleischiges und Milchiges. Früher war all das für sie eine fremde Welt. Auch wusste sie aus der Schule fast nichts über den Holocaust. Das mit der jüdischen Zukunft wird noch dauern, meint sie. «Die Aufbruchsstimmung des Majdans ist schon verpufft.» Junge Juden würden deshalb weiter auswandern. Sie nicht. Man müsse Geduld haben. «Mose brauchte vierzig Jahre, bis er die Juden aus der Wüste herausführen konnte.»

Vom Komsomolchef zum Rabbiner

Wir verlassen die Metrostation Kontraktowa Ploschtscha und sind mitten in Podil, einem der ältesten Stadtviertel Kiews. Im Gegensatz zum zentralen Majdan Nesaleschnosti, der übersetzt Platz der Unabhängigkeit heißt, und der Flaniermeile Chreschtschatik sieht man hier keine stalinistischen Bauten. Kleine Häuser, Kirchen und Klöster aus der Zarenzeit prägen das Viertel, in dem im Mittelalter vor allem Handwerker und Händler, ab dem 19. Jahrhundert dann viele Juden lebten. Die erste Synagoge der Stadt wurde 1895 in Podil gebaut. 1929, unter Stalin, musste sie schließen. Nach dem Krieg war sie die einzige, die auf Beschluss des «Rates für Religiöse Kulte» wieder öffnen durfte. Die Shabbatruhe war den sowjetischen Juden schon in der Vorkriegszeit untersagt worden. Wie alle mussten sie an manchen Samstagen bei den «Subbotniks» mitmachen, jenen als freiwillig inszenierten Aufräumarbeiten, die unter den Menschen in der Sowjetunion so verhasst waren.

Im vierten Stock eines Neubaus in der Jaroslawska Straße eröffnete die progressive Gemeinde 2013 mit Hilfe von Spenden der World Union for Progressive Judaism ihr Gemeindezentrum. Die Räume wirken freundlich und modern, genau wie der 64-jährige Rabbiner, der uns in violettem Pullover, violetter Hose und mit einem breiten Lächeln empfängt. Alex Duchowny besuchte das Leo Baeck-Rabbinerseminar in London, ist weitgereist, wortgewandt und achtet sehr auf sein Äußeres. «That's a very good question!», ruft er, als wir von ihm wissen wollen, wie aus einem Sowjetmenschen ein Rabbiner geworden ist. Alex Duchowny war ein Komsomolführer, später arbeitete er an der linientreuen Nationalakademie der Wissenschaften. «Ich war immer eine Führungspersönlichkeit», sagt er, «jetzt bin ich halt ein spiritueller Leader.» «Duchowny» heißt übersetzt «spirituell», so hieß sein Großvater, ein orthodoxer Rabbiner. Der Enkel strahlt über beide Ohren: «Das ist doch ein toller Nachname für einen Rabbiner, nicht wahr?» Nach dem Zerfall der Sowjetunion suchte der ehrgeizige Mann nach einer neuen Herausforderung. Judaistik interessierte ihn, aber als Rabbiner sah er sich nicht. Er wollte nicht mit langem Bart, schwarzem Hut und einem langen Mantel auf die Straße gehen. 1990 begegnete Alex Duchowny in Amsterdam einem sehr elegant gekleideten Mann. Er war ein Rabbiner, und da war für Duchowny klar: So einer will er auch werden. «Für mich sah er aus wie jemand aus der Vogue.» Nach seinen Rabbiner-Studien arbeitete der ehemalige Komsomolfunktionär an der Wiedergründung der jüdischen Reformbewegung in der Ukraine mit. Eine Art Vorbild für ihn ist Abraham Kohn aus Böhmen, der 1844 in Lemberg in einer mehrheitlich orthodoxen Umgebung die Liturgie reformierte und die erste Reformsynagoge schuf. Vier Jahre später fand man ihn vergiftet auf. Es soll ein Auftragsmord der Orthodoxen gewesen sein. Heute existieren in der Ukraine mehr als 50 Reformgemeinden, viele sind allerdings sehr klein und haben nicht einmal einen festen Versammlungsort. Die ultraorthodoxen Rabbiner, die alle aus den USA oder Israel kommen, erkennen sie nicht an, beschwert sich Alex Duchowny, der auch Vorsitzender des Osteuropäischen Verbandes der progressiven Rabbiner ist. «Wir sind für sie nicht authentisch, dabei glauben wir genauso an Gott wie sie. Wir glauben auch an die Tora, aber nicht daran, dass sie auf direktem Weg von Gott zu Moses herabkam.» Seine Gemeinde zählt etwa tausend Mitglieder. Wer väterlicherseits einen

jüdischen Urgroßvater hat, kann beitreten. Der tschechische Landesrabbiner Sidon warnt genau deshalb vor einer «Verwässerung des
Judentums». Alex Duchowny sieht das anders. Freiheit, Gleichheit,
Brüderlichkeit, das mache für ihn das Wesen des Judentums aus. Die
Religion, die Einhaltung des Shabbats, das koschere Essen sind für
ihn nicht das Wichtigste. «Eine Kippa macht noch keinen Juden aus.»
Es sei eine Doppelmoral, vorzugeben, dass man am Shabbat zu Fuß
in die Synagoge gehe, tatsächlich aber sein Auto auf einem Parkplatz
gleich um die Ecke abgestellt habe oder mit dem Taxi gekommen sei.
Dann könne man ja gleich in den Synagogenhof reinfahren. «Ich bin
für einen Judaismus mit menschlichem Antlitz», paraphrasiert er den
tschechoslowakischen Reformkommunisten Dubček. Immerhin sei
er noch nicht wie Abraham Kohn vergiftet worden, sagt er und bricht
in schallendes Gelächter aus.

Wassilijs Lebensretterinnen

Wassilijs Frau Galina, eine zierliche, warmherzige Frau mit weißen,
streng nach hinten gebundenen Haaren, hat schon alles hergerichtet.
Als wir von Babij Jar kommen, stehen auf dem Wohnzimmertisch
Piroggen, heißer Borschtsch, eingemachtes Gemüse und koscherer
Wein. «Das Gemüse kommt aus unserer Datscha», sagt Galina stolz.
Das Wochenendhaus haben Wassilij und sie nach der Reaktorkatastrophe in Tschernobyl gekauft. Das Atomkraftwerk liegt nur 100 Kilometer von Kiew entfernt. Sie wollten möglichst weit weg etwas finden, damit ihre kleine Tochter zumindest in den Ferien nicht der
radioaktiven Strahlung ausgesetzt war. Galina, die aus Weißrussland
stammt und keine Jüdin ist, verbringt auf der Datscha fünf Monate
im Jahr. Wassilij fährt nur im Sommer hin, er ist zu beschäftigt mit
seiner Arbeit als Vizepräsident der «Ukrainischen Assoziation der
Jüdischen KZ- und Ghettoüberlebenden». Die erste Nacht in dieser
Wohnung hat er nie vergessen. Es war Ende 1944, seine Adoptiveltern
hatten ihn gerade aus dem Waisenhaus geholt. Er saß auf dem großen
Sofa und blickte verlegen um sich. Er konnte nicht einmal essen, so
schwach war er. Im Waisenhaus hatten die Kinder sich drei Jahre lang

nur von Kartoffelschalen aus Mülltonnen ernährt. Die Kinderärztin Nina, der Engel, kochte sie, damit sie etwas Warmes hatten. Die größeren Kinder kümmerten sich um die Kleinen. Wassilij sorgte für ein einjähriges Mädchen, das wie alle in ihrem Alter nicht durchkam. Als sie starb, weinte er die ganze Nacht. Sein russischer Adoptivvater war zum Glück ein Arzt, dessen Frau eine Krankenschwester. Sie versuchten, den Jungen gesund zu pflegen, trotzdem konnte Wassilij erst mit zehn in die Schule gehen. Meistens schlief er während des Unterrichts ein, die Lehrerin musste ihn jedes Mal wecken. Als er größer war, wollte er unbedingt Nina finden. Von seinem Taschengeld kaufte er heimlich eine Torte. Er trug sie durch alle Kiewer Waisenhäuser, fand sie aber nicht. Seine Adoptivmutter ertrug seine Trauer nicht und zeigte ihm eines Tages Nina auf der Straße. In den neunziger Jahren sorgte Wassilij dafür, dass sein ukrainisches Kindermädchen und die Kinderärztin von Yad Vashem posthum als «Gerechte unter den Völkern» geehrt wurden. Nina rettete während des Krieges 13 jüdische Kinder.

«Odessa trauert seinen Juden nach»

Durch einen Torbogen führt die Zufahrt unter einem Gewirr unverputzter Stromleitungen zum Hinterhof in der Neshinskaja 66. In der Mitte steht ein abgedeckter Brunnen. Sein schmiedeeiserner Aufsatz trägt die Jahreszahl 1861. Daraus holten sich einst die jüdischen Bewohner der drei- und vierstöckigen Häuser ihr Wasser. Auf einigen Balkonen der heute heruntergekommenen Gebäude flattert Wäsche im Wind. Das Jüdische Museum Migdal' Schoraschim am hinteren Ende des Hofs ist, sagt uns ein Mann mit wirrem Haarschopf, ausgerechnet heute geschlossen. Sergej ist 47 Jahre alt und renoviert Wohnungen. Wir folgen ihm in ein Treppenhaus. Von den pfefferminzgrün gestrichenen Wänden fällt der Putz. Stromkabel hängen von der Decke. Sergej schließt eine schwere, dunkle Holztür auf. Dahinter sehen wir kunstvoll verlegte Parkettböden, Stuck an den Decken, eine elegante Holztreppe zu höher gelegenen Zimmern. «So baute die Bourgeoisie im 19. Jahrhundert», erläutert unser Begleiter. Wann die jüdischen Bewohner gingen, weiß er nicht. «Odessa trauert seinen

Juden nach», sagt Sergej und läutet bei der Nachbarin. Eine alte Frau öffnet die Tür einen Spalt weit und guckt misstrauisch hervor. Sie sagt nur: «Sie sind alle weg.»

Ungefähr 35 000 Juden leben heute in Odessa, bei insgesamt gut einer Million Einwohnern. Als wir nach 450 Kilometern Busfahrt von Kiew, die durch flache gleichförmige Landschaften führte, in der Hafenstadt am Schwarzen Meer ankamen, glaubten wir, die Ukraine verlassen zu haben. Odessa ist anders. «Eine ganz spezielle Stadt», sagt uns Rabbi Refael Kruskal, der aus London stammt. Von ihrer Gründung 1794 an war Odessa eine moderne, kosmopolitische, pulsierende Stadt, Zentrum des russischen Getreidehandels, mit einem babylonischen Sprachengewirr: Russisch, Armenisch, Jiddisch, Griechisch, Polnisch, Französisch, Italienisch. Aus dem 19. Jahrhundert ist viel Jugendstil geblieben, Neobarock, überall Skulpturen, die Boulevards wie die Flaniermeile Deribasowskaja mit Kaffeehäusern, Passagen und Alleen, Akazien, Kastanienbäumen und Platanen. Die Schamlosen nennen die Odessiten sie wegen ihrer glatten, nackten Stämme. Malerische Hinterhöfe, das prachtvolle Opernhaus und die Potemkinsche Treppe, auf der gerade ein Straßenhändler Kaviar, Eiserne Kreuze und SS-Abzeichen anbietet. In diesen Tagen erscheint Odessa aber eher trist, vom Meer zieht ein kühler Wind herüber, die Badesaison ist zu Ende und viele russische Touristen sind wegen des Krieges im 700 Kilometer entfernten Donezk ohnehin ausgeblieben. Zwölf liegen noch in der blassen Herbstsonne am verlassenen Arkadija-Strand. Die nennt man in Odessa «die Robben».

Ein Mann mit Schiebermütze spielt auf dem Primorskij-Boulevard Saxophon, die traurige Melodie eines russischen Volksliedes. Der Schock wirkt nach: Im Mai 2014 setzte ein rechter Mob das Gewerkschaftshaus in Flammen. Ungefähr 40 Menschen starben. Der Ukrainekonflikt schwappte auf die Odessiten über, die sich im Grunde weder Moskau noch Kiew zugehörig fühlen. «Life is easy going», war bisher ihre Lebensphilosophie, Leichtigkeit und Humor das besondere Merkmal der weltoffenen Stadt. Das verdankte sie zu einem guten Teil ihren jüdischen Bewohnern, die nirgendwo sonst im Zarenreich so frei leben konnten. «Lebn Vi Got in Odes!», sagte man damals. Odessa war das Zentrum des reformierten russischsprachigen Judentums und der zionistischen Bewegung, Hauptstadt der jiddischen Kunst, Literatur, Musik und Wissenschaft. Bis 1941 waren 47 Prozent der Einwohner jüdisch. Der Schriftsteller und Zionistenführer Wladimir Zeev Jabotinsky stammte aus Odessa, auch der israelische Nationaldichter Chaim Nachman Bialik und Isaak Babel, der 1894 in der Moldawanka geboren wurde. Seine lebensprallen Geschichten machten das Stadtviertel der armen Juden und dessen Gaunerbanden in den zwanziger Jahren weltberühmt. Jüdische Firmen kontrollierten Anfang des 20. Jahrhunderts 89 Prozent des Getreidehandels. Aber mehr als ein Drittel der jüdischen Einwohner lebte in bitterer Armut. Das jüdische Leben erlosch, als deutsche und verbündete rumänische Truppen die Stadt 1941 eroberten.

Die Kinder von Odessa

Viel vom jüdischen Odessa, sagt Rabbiner Refael Kruskal, ist unwiederbringlich verloren. Seit 1999 arbeitet er für die Orthodoxe Gemeinde. Daneben gibt es noch eine Chabad Lubawitsch in der Stadt. Kruskal zählt zu den führenden Rabbinern der Litwaken, einem Zweig der Orthodoxie. Sein Vater überlebte Bergen-Belsen, die Großeltern seiner Frau wurden in Auschwitz ermordet. Der 39-Jährige ist humorvoll, locker, tolerant – fast ein Odessiter eben. Während der Sowjetzeit sei es um das jüdische Leben ganz schlecht bestellt gewesen. Kruskal erzählt einen Witz aus jener Zeit: «Welche ist die längste Straße in Odessa? Die nach Sibirien.» In den späten fünfziger Jahren lebten hier um die 120 000 Juden, die allermeisten waren nach dem Krieg zugezogen. Bis Anfang der neunziger Jahre wanderte die Mehrheit nach Israel, in die USA und später nach Deutschland aus. Nach der Finanzkrise 2008 gingen wieder viele. Dennoch gibt es heute wieder eine lebendige Gemeinde mit etwa eintausend Mitgliedern und eine Vielzahl jüdischer Organisationen und Einrichtungen: Theater, Zeitungen, Sportvereine, ein Kulturzentrum, Kindergärten, ein Waisenhaus, den Jugendverein Hillel, ein paar koschere Restaurants, Museen, zwei Synagogen – und sogar eine Universität mit

Rabbiner Refael Kruskal

250 Studenten, die den staatlichen Hochschulen gleichgestellt ist. Refael Kruskal will sich nicht in die Politik einmischen: «Unser Job ist völlig anders. Wir geben Hilfe und religiöse Erziehung.» Aber der Ukrainekonflikt spaltet inzwischen auch Odessa. Die Hälfte der Einwohner sei, sagt der Rabbiner, prorussisch, die andere Hälfte halte zu Kiew. Die wachsende Aggression richtet sich auch gegen Juden – Hakenkreuze in den Straßen, Rufe wie «Jews get out of Odessa». «Der Antisemitismus ist in Lemberg ein riesiges und in Kiew ein großes Problem», sagt Kruskal. In Odessa seien Juden jedoch noch sicherer. Aber am 9. Mai 2014, eine Woche nach der Tragödie im Gewerkschaftshaus ging Angst um. Kruskal brachte alle Kinder in der Obhut seiner Gemeinde vorsorglich für ein paar Tage an einen geheimen Ort außerhalb der Stadt. Die Evakuierungspläne hat der Rabbiner für alle Fälle noch in seiner Schreibtischschublade. Er wirkt erstaunlich gelassen für einen Mann, der den Schutz von Bodyguards in Anspruch nimmt, nachdem vor Kurzem in der Nacht Männer mit Messern in sein Haus eindrangen.

Der Vorfall kann Refael Kruskal nicht von seiner großen Aufgabe abbringen. Tikva – Hoffnung – heißt das einzigartige Projekt, das er leitet. 30 Mitarbeiter holen aus der ganzen Ukraine jüdische verwaiste und obdachlose Kinder in die Tikva-Heime nach Odessa. Tausende sind es seit 1993 gewesen. Zur Zeit sind 1000 Kinder im Programm, das Kindergärten, Wohnheime, vier Schulen und die Universität umfasst. Wie genau die Kinder gerettet werden, will er nicht sagen. «Je weniger man darüber spricht, desto erfolgreicher sind wir.» Aber woher weiß er, dass sie jüdischer Herkunft sind? Die Sowjets, lacht Kruskal, hätten doch jeden genau dokumentiert. Er schätzt, dass heute in der Ukraine noch mehr als 2500 jüdische Kinder in erbärmlichen Zuständen leben.

Im Kiosk vor der Zentral-Synagoge, Ecke Richelieu- und Jewrejskaja Straße, kostet der koschere Falafel 20 Hriwna. Drei junge Männer holen sich dort ihr Mittagessen, plaudern kurz miteinander und kehren ins Gebäude zurück. Sie tragen Kippas und die Zizit der Strenggläubigen. 1996 gab die Stadtverwaltung das desolate Synagogengebäude der orthodoxen Gemeinde zurück. Während der Sowjetzeit hatten im Gebetsraum angehende Sportlehrer geturnt. Heute versammeln sich in der Synagoge zu hohen Feiertagen mehr als tausend Gläubige. Anfang der neunziger Jahre waren es gerade mal zwanzig. Wir informieren den Wachmann, dass wir Süßigkeiten für Kinder im Tikva-Heim kaufen wollen. Er ruft jemanden an und lässt uns hinein. Der koschere Lebensmittelladen liegt in einem Seitenflügel des Gebäudes. Der Verkäufer ist vielleicht zwanzig, trägt eine Nike-Kappe und weiß genau, welche Bonbons den Kindern am besten schmecken. «Kaufen Sie lieber mehr», rät er uns. Eines Tages wolle er auch in Deutschland leben, obwohl Odessa nicht übel sei: «Wir sind hier total entspannt, ganz anders als die Lemberger.» Mit drei Kilogramm Süßigkeiten in Tragetaschen steigen wir in Alinas Auto ein. Die 23-Jährige hat alles schon organisiert. Wir fahren zur jüdischen Schule nach Moldawanka. Das ehemalige Judenviertel wirkt trist. Wie in den zwanziger Jahren wohnen hier fast nur die Armen. Die meisten der kleinen Häuser sind stark heruntergekommen. Das Schulgebäude, ein modernes Ausbildungszentrum, wird bewacht. Lachend und schreiend laufen Kinder die Treppe herunter, die Mittagspause beginnt, jeder will als Erster im Speisesaal sein. Die Schuldirektorin begrüßt uns mit einem geschmerzten Lächeln. Schon wieder jemand, dem sie alles von Anfang an erklären muss, denkt sie vermutlich. Oft kommen Sponsoren, um das Haus zu besichtigen. Zum Glück ist Alina dabei. Die sympathische Frau mit langen, schwarzen Haaren ging hier früher selbst zur Schule. Die Direktorin und ältere Mädchen begrüßen sie herzlich. Die Schülerinnen tragen blaue Blusen und schwarze Röcke, die Jungen eine Kippa. Im ersten Stock liegen die Räume der Kleinen. Sie lernen noch gemeinsam, erst ab der fünften Klasse läuft der Unterricht nach Geschlechtern getrennt. Mit 16, 17 Jahren ist die Ausbildung beendet. Den Gleichaltrigen in staatlichen Schulen dürften diese Kinder in nichts nachstehen, tatsächlich sind sie ihnen häufig weit voraus. Neben Russisch, der Unterrichtssprache, beherrschen sie dann Ukrainisch, Englisch und Hebräisch und kennen die Tora. Dafür sorgen Lehrer aus Israel. Der jüdische Staat ist überall präsent: Israel-Fähnchen schmücken Flure und das Lehrerzimmer, in der angeschlossenen Synagoge hängt das Bild des israelischen Ministerpräsidenten. Die Kinder kommen aus der ganzen Ukraine, die meisten wohnen im Internat. Sie stammen aus zerbrochenen Familien oder von Eltern ab, die an Krebs oder Aids erkrankt sind und in bitterer Armut leben. Einige wurden missbraucht, lebten in staatlichen Waisenhäusern oder auf der Straße und nahmen Drogen. Essen, Internat, Kleidung, Schulbücher und Unterricht werden durch Spenden finanziert. Für die Aufnahme im Tikva-Programm gibt es nur eine Bedingung: Das Kind muss eine jüdische Mutter haben.

Wir besuchen eine Gruppe von Erstklässlern, der Unterricht läuft noch. «Priwet», grüßen sie uns brav. In der ersten Bank sitzt Maja. Ihre Eltern flüchteten gleich bei Kriegsbeginn aus Donezk nach Odessa. Welche Stadt magst Du lieber? «Beide», antwortet die kleine Diplomatin mit den Schleifen im blonden Haar. In Odessa gebe es so schöne Plätze, und sie habe schon viele Freundinnen gefunden. «Maja ist ein gutherziges Mädchen», flüstert uns die Lehrerin ins Ohr. «Über den Krieg sprechen wir vor ihr nie.» Seit dem Anschlag auf das Gewerkschaftshaus wurden in allen Tikva-Häusern die Sicherheitsmaßnahmen verschärft. Die Busse, die die Kinder nach der Schule in die Internate fahren, haben abgedunkelte Fenster. Wenn Lehrer und Kinder in die Stadt gehen oder im Sommer ans Meer fahren, sind mehrere bewaffnete Wachmänner dabei.

Unsere neue Begleiterin, Larissa, ist wie Alina eine orthodoxe Jüdin und 23 Jahre alt. Sie zeigt uns eines der Internate. Die zierliche Sozialpädagogin kommt aus dem südukrainischen Nikolajew und lebte selbst einmal im Tikva-Mädchenheim. In einem gemütlich eingerichteten Zimmer mit Pflanzen, Kissen und viel Spielzeug zeichnen die Kleinen. Sie springen auf, umringen uns, reden durcheinander und stürzen sich auf die Bonbons. Die achtjährige Ljuda, ein aufgewecktes Mädchen mit großen blauen Augen, erzählt uns, dass ihre Eltern auf der Krim leben. Später einmal will sie Köchin werden, vor allem Salate zubereiten. Sie stellt uns das schüchterne Mädchen vor, das neben ihr steht. «Das ist Alissa. Sie hat keine Mama mehr.» Elf Kinder sind Waisen. Ungefähr 80 Prozent kommen aus Familien, in denen sie vernachlässigt wurden und Hunger litten. Ein Mädchen zieht uns nach nebenan. In Windeln eingepackt, schlummert ein Baby, ihre Schwester, in einem Bettgestell. Die Mutter hat ihre beiden Kinder abgegeben. Was macht Ihr am liebsten, fragen wir. «Lernen und in die Synagoge gehen», rufen alle. «Wir geben den Kindern eine Erziehung, Ausbildung und ermöglichen ihnen gute Jobs», sagt Refael Kruskal. «Wir arbeiten im Unterschied zu anderen Gemeinden in Osteuropa völlig anders. Von Anfang an haben wir alles Geld in die Kinder gesteckt.»

Im Durchgang zu dem Gebäude, in dem Larissa Abendkurse besucht, sehen wir ein Hakenkreuz, das jemand an die Wand geschmiert hat. Die Jewish Agency bereitet junge odessitische Juden auf die Aliyah, die Ausreise nach Israel, vor. Ungefähr einhundert orthodoxe Jugendliche sind heute gekommen. Larissa ist sich noch nicht ganz sicher. Jetzt braucht sie vor allem ein neues Foto, weil sie ihr Haar kürzer und flotter als vor einem Jahr trägt. Das Bild will sie der Heiratsvermittlerin geben, die bald wieder die Gemeinde besucht. Wie stellt sie sich ihren künftigen Mann denn vor? Religiös könne er sein, aber bitte kein «Talmud-Verrückter». «Wichtiger ist mir, dass er eine Arbeit hat.» Auf das Hakenkreuz angesprochen, zuckt Larissa nur mit den Schultern. Sie ist wahrscheinlich sowieso bald weg. Und was wird aus dem jüdischen Odessa? Refael Kruskal sagt: «Ich will die Kinder für die Welt retten, nicht nur für diese Stadt.»

Bibliographie

Tschechien

Ein grundlegender Überblick zur Geschichte Prags: Peter Demetz, *Prag in Schwarz und Gold*, München 1997 und *Prague in Danger: The Years of German Occupation 1939–45*, New York 2008. Ctibor Rybár lässt in seinem historischen Reiseführer *Das jüdische Prag*, Prag 1991, wieder auferstehen, ähnlich wie der deutsch-englische Stadtführer *Jüdisches Prag/Jewish Prag* von Jindřich Lion, Wien 2005 (Vorwort von Peter Ambros). *Tschechische und slowakische Juden im Widerstand 1938–1945*, Hg. Jaroslava Milotová, Zlatica Zudová-Lešková und Jiří Kosta, Berlin 2008, behandelt ein bislang wenig beachtetes Thema. Milena Jesenská beschreibt in ihren letzten Reportagen die Atmosphäre in Prag unmittelbar nach dem deutschen Einmarsch: *Alles ist Leben. Feuilletons und Reportagen 1919–1939*, (Hg. Dorothea Rein, München 1999). Die Zeit der stalinistischen Prozesse schildern u. a. *Eine Jüdin in Prag. Unter dem Schatten von Hitler und Stalin* von Heda Margolius Kovály, Berlin 1994, sowie Arthur Londons *Ich gestehe. Der Prozess um Rudolf Slansky*, München 1982. Alena Heitlinger zur «zweiten Generation» tschechischer und slowakischer Juden: *In the Shadows of the Holocaust and Communism. Czech and Slovak Jews since 1945*, New Brunswick 2006. Der Erinnerungskultur widmet sich Peter Hallamas Studie *Nationale Helden und jüdische Opfer. Tschechische Repräsentationen des Holocaust*, Göttingen 2015.

Die Geschichte der Karlsbader Juden ist kaum erforscht. Einen knappen Überblick bietet der unveröffentlichte Text des Historikers Stanislav Burachovič: *Židé a Karlovy Vary* (Juden und Karlsbad), Karlovy Vary 2001, sowie die Publikation der Karlsbader jüdischen Gemeinde *Židé a židovské obce v Karlových Varech a okolí (Juden und jüdische Gemeinden in Karlsbad und Umgebung)*, Karlovy Vary 2006. Jörg Osterloh hat das Standardwerk über die Judenverfolgung im Sudetenland vorgelegt: *Nationalistische Judenverfolgung im Reichsgau Sudetenland 1938–1945*, München 2006. An die «Reichskristallnacht» erinnert sich Karl J. Hahn: *Kristallnacht in Karlsbad*, Praha 1998. Zu den Restitutionen Milan Augustín im Aufsatz *K otázce židovského majetku v Karlových Varech po roce 1945* (Zur Frage des jüdischen Eigentums in Karlsbad nach 1945, in: Židé v Čechách 3, Praha 2011). Eine wichtige Studie zur so genannten wilden Vertreibung: Tomáš Staněk: *Verfolgung 1945. Die Stellung der Deutschen in Böhmen, Mähren und Schlesie*n, Wien 2002. Einen guten Überblick über die Lage der jüdischen Bevölkerung in der Tschechoslowakei im 20. Jh. bieten die Publikationen des Jüdischen Museums in Prag: *Židovská menšina za druhé republiky* (Jüdische Minderheit während der Zweiten

Bibliographie

Republik), Hg. Miloš Pojar, Blanka Soukupová und Marie Zahradníková, Praha 2007; *Židovská menšina v Československu. Po druhé světové válce. Od osvobození k nové totalitě* (Jüdische Minderheit in der Tschechoslowakei. Nach dem Zweiten Weltkrieg. Von der Befreiung bis zur neuen Totalität), Hg. Blanka Soukupová, Peter Sallner und Miroslava Ludvíková, Praha 2009, sowie *Židovská menšina v Československu v letech 1956–1968. Od destalinizace k Pražskému jaru* (Jüdische Minderheit in der Tschechoslowakei in den Jahren 1956–1968. Von der Destalinisierung bis zum Prager Frühling), Hg. Blanka Soukupová und Miloš Pojar, Praha 2011.

Im Archiv der Sicherheitseinheiten des Innenministeriums der Tschechischen Republik in Prag befindet sich ein Torso der Dokumente der Geheimoperation mit dem Code-Namen «Pavouk» (Spinne), Fond A 34/1, Inv. Nr. 451. Aus diesem Archiv stammt auch die Meldung über die antijüdische Demonstration im Karlsbader Stadtteil Rybáře (Archiv MV SSR, Mikrochip A 14–548, Fond ZNB Praha, 1947) sowie Dokumente zur Situation im Grenzgebiet nach 1945 (Niederlassung Brno-Kanice; Archiv MV SSR, A 14, Inv. Nr. 44, Fond Zemské velitelství ZNB Praha, sign. Pomery v pohraničí, správy, 1945).

Slowakei

Zitate von Jozef Tiso sind *Jozef Tiso: Prejavy a články (1938–1944)* entnommen, einer Sammlung von Tisos Reden und Artikeln (Hg. Miroslav Fabricius und Katarína Hradská, Bratislava 2007). Ivan Kamenec hat als erster slowakischer Historiker die Judenverfolgung durch den Slowakischen Staat kritisch aufgearbeitet: *Po stopách tragédie* (Auf den Spuren der Tragödie), Bratislava 1991. Über Tisos Prozess informiert *Proces s dr. Jozefom Tisom* des damaligen Anklägers Anton Rašla und Tisos Verteidigers Ernest Žabkay, Bratislava 1990. Die Berichte der Geheimdienstagenten über die Stimmung in der slowakischen Bevölkerung während des Prozesses liegen im Archiv der Sicherheitsdienste des Ministeriums des Inneren der Tschechischen Republik in Brno-Kanice. Literatur über Bánovce nad Bebravou, Tisos Wirken in der Stadt und die jüdische Gemeinde gibt es nur auf Slowakisch: die 2002 erschienene Stadtchronik *Bánovce nad Bebravou 1232–2002* sowie die *Encyklopédia židovských náboženských obcí A-K* (Enzyklopädie der jüdischen religiösen Gemeinden A-K), Bratislava 2009. Der Band enthält auch ein Kapitel über die Geschichte der Juden in Bratislava. Über die antijüdische Gewalt in der Slowakei und in Polen nach 1945 informiert die Studie von Anna Cichopek-Gajraj: *Beyond Violence: Jewish Survivors in Poland and Slovakia 1944–48*, Cambridge 2014.

Ungarn

Zwei Standardwerke haben wir für alle Länder zu Rate gezogen: *Das Dritte Reich und die Juden*, München 2006, von Saul Friedländer, und *Bringing The Dark Past*

Bibliographie

To Light, The Reception Of The Holocaust In Postcommunist Europe, Hg. John-Paul Himka, Joanna Beata Michlic, London 2013. Zur ungarischen Geschichtspolitik seit 1944 Regina Fritz: *Nach Krieg und Massenmord,* Göttingen 2012. Der Sammelband *Ungarn und der Holocaust. Kollaboration, Rettung und Trauma, hrsg. von Brigitte Mihok,* Berlin 2005, fasst die aktuelle Diskussion über die verschiedenen Aspekte der Judenverfolgung zusammen. Das Standardwerk zum Holocaust in Ungarn ist *The Politics of Genocide: The Holocaust in Hungary* von Randolph L. Braham, Condensed Edition, Detroit 2000. Christian Gerlach und Götz Aly: *Das letzte Kapitel: Der Mord an den ungarischen Juden 1944–1945*, Frankfurt am Main 2004. György Konráds *Über Juden*, Berlin 2012, verhilft zu einem vertieften Verständnis ebenso die Autobiografie von Ágnes Heller: *Der Affe auf dem Fahrrad*, Berlin-Wien 1999. Victor Kárády hat eine Gesamtdarstellung jüdischer Sozialgeschichte vorgelegt: *Gewalterfahrung und Utopie. Juden in der europäischen Moderne*, Frankfurt a. M. 1999. Ein wertvoller Reisebegleiter: *Jüdisches Städtebild Budapest*, Hg. Peter Haber, Frankfurt a. M. 1999.

Polen

Henryk Grynbergs *Unkünstlerische Wahrheit* und *Der Sieg*, Berlin 2014 und 2016, bewahren in einzigartiger Weise die Erinnerung an den Massenmord. Ein wichtiges Zeugnis ist auch *Mein Bericht an die Welt*, München 2011, des polnischen Widerstandskämpfers Jan Karski. Maria Janion hinterfragt in *Die Polen und ihre Vampire*, Berlin 2014, die Mythen der polnischen Geschichte. Einen anhaltenden Streit über die Beteiligung von Polen am Judenmord hat Jan T. Gross ausgelöst: *Nachbarn. Der Mord an den Juden von Jedwabne*, München 2001, und *Angst. Antisemitismus nach Auschwitz in Polen*, Berlin 2012. Von Andrea Löw und Markus Roth stammt die Monographie *Juden in Krakau unter deutscher Besatzung,* Göttingen 2011. Der polnische Dichter Adam Zagajewski hat in *Ich schwebe über Krakau*, München 2000, seine Heimatstadt nach jüdischen Spuren abgesucht. *Unbequeme Wahrheiten. Polen und sein Verhältnis zu den Juden* wurde von Barbara Engelking und Helga Hirsch, Frankfurt a. M. 2008, herausgegeben. Diesem Thema widmet sich auch der Band *Der Fremde als Nachbar. Polnische Positionen zur jüdischen Präsenz. Texte seit 1800*, Hg. François Guesnet, Frankfurt a. M. 2009. Den jüdischen Alltag in Ostpolen beschreibt Eva Hoffman in *Im Schtetl*, Wien 2000, auf Spurensuche begibt sie sich in *Exit into History. A Journey through the New Eastern Europe*, London 2014. Zur untergegangenen Welt der Ostjuden Yehuda Bauer: *Der Tod des Schtetls*, Berlin 2013. Die Geschichte des jüdischen Lublins erzählt Adina Cimet in *Jewish Lublin. A Cultural Monograph,* Lublin 2009. Eine Vielzahl Autoren beschäftigt sich mit der jüdischen Identität: z. B. *Living in the Land of Ashes* von Konstanty Gebert, Kraków-Budapest 2008, oder *Poland and the Jews. Reflections of a Polish Polish Jew* von Stanislaw Krajewski, Kraków 2005. Ruth E. Gruber erkundet die Situation der Juden im postkommunistischen Europa u. a. in *Virtually Jewish: Reinventing Jewish Culture in Europe*,

Bibliographie

Berkeley 2002. Viele Daten liefert das *Jahrbuch Polen 2008. Jugend*, Hg. Deutsches Polen-Institut, Wiesbaden 2008. Eine profunde Darstellung jüdischer Kultur in der Diaspora stammt von Paul Kriwaczek: *Yiddish Civilisation. The Rise and Fall of a Forgotten Nation*, New York 2006.

Weißrussland

Zur sowjetisch-jüdischen Identität in Minsk vor dem Zweiten Weltkrieg: Elissa Bemporad, *Becoming Soviet Jews: The Bolshevik Experiment in Minsk*, Bloomington 2013. Christian Gerlach erforschte die deutsche Besatzungszeit: *Kalkulierte Morde. Die deutsche Wirtschafts- und Vernichtungspolitik in Weißrussland 1941 bis 1944*, Hamburg 2000. Petra Rentrop: *Tatorte der «Endlösung»: Das Ghetto Minsk und die Vernichtungsstätte Maly Trostinez*, Berlin 2011. Der israelische Historiker Leonid Smilovitsky gewährt in *Jewish Life in Belarus: The Final Decade oft the Stalin-Regime, 1944–1956*, New York 2014, tiefe Einblicke in das jüdische Leben der Nachkriegszeit. Einen knappen Überblick zur weißrussisch-jüdischen Geschichte bietet der Aufsatz *Versunkene Welten. Geschichte und Kultur der Juden Weißrusslands* von Frank Nesemann (in: Ost-West. Europäische Perspektiven 2/2004, Schwerpunkt Weißrussland, Regensburg 2004). Die Anthologie *Novogrudok: The History of a Shtetl*, Hg. Jack Kagan, London 2006, enthält ausgewählte Texte zur Geschichte des Shtetls. Das Leben unter den Bielski-Partisanen schildert u. a. Mosche Beirach in *Aus dem Ghetto in die Wälder*, Frankfurt a. M. 2009, oder Nechama Tec in *Defiance: The Bielski Partisans*, Oxford 2008. Eine unschätzbare Informationsquelle zu den Judenmorden im besetzten sowjetischen Gebiet ist *Das Schwarzbuch. Der Genozid an den sowjetischen Juden*, Hg. Wassili Grossman und Ilja Ehrenburg, Frankfurt a. M. 1994. Rolf-Dieter Müller widmet sich in seiner Studie *An der Seite der Wehrmacht. Hitlers ausländische Helfer beim «Kreuzzug gegen den Bolschewismus» 1941–1945*, Frankfurt a. M. 2010, der Kollaboration.

Litauen

Wolfram Wette hat den Holocaust in Litauen erforscht: *Karl Jäger, Mörder der litauischen Juden*, Frankfurt a. M. 2011; *Holocaust in Litauen*, Hg. Wolfram Wette, Joachim Tauber und Vincas Bartusevicius, Köln 2003. Den Umgang der Litauer mit dem Holocaust analysiert Joachim Taubers *Gespaltene Erinnerung*, in «Umdeuten, verschweigen, erinnern. Die späte Aufarbeitung des Holocaust in Osteuropa», Frankfurt a. M. 2010. Bewegende Zeitzeugenberichte: Rachel Margolis, *Als Partisanin in Wilna*, Frankfurt a. M. 2008; Grigorij Schur, *Die Juden von Wilna*, München 1999, oder Abba Naor, *Ich sang für die SS*, München 2014. Einblicke in die Welt der litauischen Chassidim bietet Dovid Katz in *Ostjüdische Geschichten aus dem alten Litauen*, München 2012. Er gibt auch das informative und kritische Web-Journal «DefendingHistory.com» heraus. Der litauische Dichter Toma Venclova hat sich als einer der ersten mit der Schuld seiner Landsleute auseinandergesetzt: *Forms of Hope*, New York 1999, und *Vilnius. Eine Stadt in Europa*, Frankfurt a. M. 2006; Ruta Vanagaite hat mit *Musiskiai* (Die Unsrigen), Vilnius 2016, eine anhaltende Debatte angestoßen.

Ukraine

Einen guten Überblick bieten zwei Standardwerke: *Geschichte der Ukraine*, Hg. Frank Golczewski, Göttingen 1993, und *Kleine Geschichte der Ukraine* von Andreas Kappeler, München 2014. Der historische und literarische Stadtführer *Lemberg – Eine Reise nach Europa*, Hg. Hermann Simon, Irene Stratenwerth und Ronald Hinrichs, Berlin 2007, informiert auch über die jüdische Geschichte. Martin Pollacks *Galizien: Eine Reise durch die verschwundene Welt Ostgaliziens und Bukowina*, Frankfurt a. M. und Leipzig 2001, führt in die verlorene Welt von Paul Celan und Josef Roth. Roth reiste in seine galizische Heimat in den 1920er Jahren: *Reisen in die Ukraine und nach Russland*, Hg. Jan Bürger, München 2015; ferner Josef Roth: *Juden auf Wanderschaft*, München 2006. Eine kritische, quellenreiche Studie über die Organisation Ukrainische Nationalisten (OUN) und ihres militärischen Arms, der UPA, verfasste Franziska Bruder: *«Den ukrainischen Staat erkämpfen oder sterben!» Die Organisation Ukrainischer Nationalisten (OUN) 1929–1948*, Berlin 2007. Grzegorz Rossolinski-Liebe ist Autor des Standardwerks über *Stepan Bandera: The Life and Afterlife of a Ukrainian Nationalist: Fascism, Genocide and Cult*, Stuttgart und Hannover 2014. Dem jüdischen Leben in der Westukraine am Vorabend des Zweiten Weltkrieges sowie dem Holocaust widmet sich Jakob Honigsman aus Lemberg: *Juden in der Westukraine*, Hg. R. M. Guggenheim und E. R. Wiehn, Konstanz 2001. Über die Gewalttaten an westukrainischen Juden im Sommer 1941 informiert Kai Struve *Deutsche Herrschaft, ukrainischer Nationalismus, antijüdische Gewalt*, Berlin 2015. Während der deutschen Okkupation Lembergs schrieb Janina Chescheles ein Tagebuch: *Glazami dvenadtzatiletnej devotschki* (Mit den Augen eines zwölfjährigen Mädchens), Kiew 2011. Geschichte und Gegenwart der osteuropäischen Juden behandeln die Aufsätze in *Impulse für Europa. Tradition und Moderne der Juden Osteuropas*, in: *Osteuropa*, Hg. Manfred Sapper, Volker Weichsel und Anna Lipphardt, Berlin 2008.

Über das Massaker von Babij Jar informieren mehrere Studien, u. a. Harald Welzer: *Täter. Wie aus ganz normalen Menschen Massenmörder werden*, Frankfurt a. M. 2005; Wolfram Wette: *Die Wehrmacht. Feindbilder, Vernichtungskrieg, Legenden*, Frankfurt a. M. 2005; Anatoli Kusnezow: *Babi Jar. Ein dokumentarischer Roman*, Berlin 2001. *Nur wir haben überlebt: Holocaust in der Ukraine, Zeugnisse und Dokumente*, Hg. Boris Zabarko und Werner Müller, Berlin 2016. Jewgeni Jewtuschenko erzählt in *Ja prischjol k tebe, Babij Jar»* (Ich kam zu dir, Babij Jar), Moskau 2012, über die Entstehung seines Gedichtes über Babij Jar. Frank Grüner befasst sich in *Patrioten und Kosmopoliten. Juden im Sowjetstaat 1941–1953* (Beiträge zur Geschichte Osteuropas Bd. 43, Köln/Weimar/Wien 2008) mit der Sicht der sowjetischen Juden auf die stalinistische Judenpolitik. Mykola Rjabtschuk nimmt den

Bibliographie

Leser auf einen Streifzug durch *Die reale und die imaginierte Ukraine,* Berlin 2006, mit. Matthias Messmers analysiert den *Sowjetischen und postkommunistischen Antisemitismus. Entwicklungen in Russland, der Ukraine und Litauen*, Konstanz 1997. Charles King zeichnet ein Portrait der Stadt *Odessa. Genius and Death in a City of Dreams*, New York 2011. In den Werken des Schriftstellers Isaak Babel lebt das jüdische Odessa fort. Für unsere Recherchen war auch die Lektüre zahlloser Zeitungsartikel in verschiedenen Sprachen hilfreich.

Bildnachweis

Karte

TAUEN

Vilnius
unas

WEISSRUSSLAND

Minsk

Nowogrudok

Prypjat

olin

Bug

Lemberg

Dnjestr

d

RUMÄNIEN

0   100   200   300 km

RUSSLAND

Desna

Kiew

UKRAINE

Dnjepr

Bug

Pruth

Odessa

Donau

Schwarzes
Meer